IIDP 北理国际争端预防和解决研究丛书

李寿平◎总主编

跨境旅游纠纷
非诉讼解决机制研究

A STUDY ON
THE ALTERNATIVE DISPUTE RESOLUTION MECHANISMS
IN CROSS-BORDER TOURISM

连俊雅　著

社会科学文献出版社
SOCIAL SCIENCES ACADEMIC PRESS (CHINA)

总　序

自 2013 年习近平主席提出共建"丝绸之路经济带"和"21 世纪海上丝绸之路"的重大倡议以来，沿线各国秉持共商、共建、共享的理念，不断推动开放连通、合作共进、互利共赢。我国与"一带一路"倡议参与国间的经贸合作增长迅猛，经贸及投资纠纷、争议、争端也呈现上升趋势。然而，现有国际争端解决机制主要由欧美等西方国家创设并主导，难以满足涉"一带一路"国际争端解决的需求。构建公正、便捷、开放、高效的"一带一路"国际争端预防和解决机制，不仅有利于保证"一带一路"倡议相关项目的有效落地，还有助于提高我国在涉"一带一路"国际争端解决上的话语权。因此，强化对"一带一路"国际争端预防和解决的研究具有重大的学术意义。

2018 年 10 月，北京理工大学与中国国际贸易促进委员会合作共建了北京理工大学国际争端预防和解决研究院（以下简称"北理工国争院"）。北理工国争院致力于建成促进国家"一带一路"建设的国家级法律智库，通过集中法学教育和研究、理论与实践等各类国际化资源，为"一带一路"建设提供高质量智库服务。北理工国争院培育了一支老中青结合、科研热情高昂的科研队伍，在"一带一路"法律、国别地区、区域合作、争端预防和解决等方面积极开展研究，已形成了一批有深度有分量的学术成果。

北理工国争院打造的此套国际争端预防和解决研究丛书，选取具有影响力的高质量、高层次科研成果进行出版，以期发挥智库功效、服务国家需要，并提供与学界和实务界开展学术交流与合作的渠道。

李寿平

国际宇航科学院院士

北京理工大学法学院院长、教授、博士生导师

摘　要

中国已跃居为世界第一大旅游客源国和第四大旅游目的地国。然而,伴随着跨境旅游产业的蓬勃发展,旅游纠纷的数量和发生频率也不断攀升,使处于相对弱势地位的旅游者的合法权益受到侵害。这不仅不利于旅游者休闲娱乐目的的实现,也不利于跨境旅游业的健康发展。如何妥善解决跨境旅游纠纷以切实维护旅游者的合法权益成为国际社会日益关注的焦点。在当前旅游电子商务迅猛发展的背景下,旅游形式复杂多样。无论旅游形式为何,跨境旅游纠纷主要具有涉及主体众多和国家或地区多、法律关系相对简单、发生频率高、纠纷金额小、解决时间急迫、属于消费纠纷以及旅游者处于相对弱势地位的特点。在跨境旅游纠纷发生后,旅游者期望以最短的时间、最少的精力、最低的成本、最便利的方式获得最适宜的解决结果。

跨境旅游纠纷解决机制总体上实现了从以诉讼为主到以非诉讼纠纷解决机制为主的过渡。跨境诉讼在管辖权、法律适用和判决的承认和执行上尽可能保护处于相对弱势地位的旅游者。但是,诉讼方式存在固有的局限性,如对抗性、零和思维、对法律技术和律师的依赖等,且在多数情况下存在程序复杂、耗时长、成本高、执行难等问题。诉讼方式难以有效应对小额、频发的跨境旅游纠纷,无法及时满足跨境旅游者的需求,使得多数旅游者宁愿放弃寻求救济而不愿意诉诸法院。

相比而言,非诉讼纠纷解决机制克服了诉讼中的缺陷,凭借其专业性、灵活性、高效性、经济性和保密性的优势,逐渐成为主要的跨境旅游纠纷解决机制。相关实体法和程序法的不断完善也为非诉讼纠纷解决机制在解决跨境旅游纠纷方面发挥日益重要的作用提供坚实的法律依据。实践中,旅游者也往往先通过非诉讼方式解决跨境旅游纠纷,且通常在失败的情况下才考虑提起诉讼,即将诉讼作为最后的救济手段。虽然各非诉讼纠纷解决方式之间存在较大差异,但在解决具体的跨境旅游纠纷时并不相互排斥。只有实现跨境旅游纠纷非诉讼解决机制的协同，各非诉讼纠纷解决方式之间相互衔接、密切配合，充分发挥各自的优势，才能真正确保跨境旅游纠纷得到及时、高效、灵活、经济的解决。另外，由于跨境旅游通常涉及两个或两个以上国家或地区，越来越多的国家或地区已经或正在尝试构建跨境旅游纠纷非诉讼解决合作框架。

在跨境旅游纠纷非诉讼解决机制中，协商是旅游纠纷发生后旅游者与旅游经营者最先采用的纠纷解决方式，也通常是其他非诉讼纠纷解决方式启动的前提条件。协商的有效运行依赖旅游经营者完善的内部纠纷处理机制和旅游者对相关法律的知悉。调解是协商的延伸，通过中立第三人利用其法律和旅游专业知识以及实践经验来促使跨境旅游纠纷当事人达成和解以解决纠纷。调解在解决跨境旅游纠纷上的优势主要包括自愿性、开放性、灵活性、高效性、经济性、保密性和可执行性。由于调解协议不具有法律强制力，因此通常与仲裁相衔接，以更好地解决跨境旅游纠纷。

仲裁是一种准司法性质的纠纷解决方式，在解决跨境旅游纠纷方面具有专业性、灵活性、保密性和终局性优势且仲裁裁决可在国外得到执行。仲裁在跨境旅游纠纷非诉讼解决机制中处于中心地位，并在解决跨境旅游纠纷方面发挥日益重要的作用。各国对于跨境旅游纠纷具有可仲裁性已达成一致意见，但对于旅游纠纷发生前签订的仲裁协议的法律效力存在分歧。但是，这种分歧开始出现缩小的趋势。另外，旅游经营者事先同意提交仲裁的机制利于有效仲裁协议的达成。

行政投诉指旅游者以书面或口头形式请求旅游投诉受理机构对跨境旅游纠纷进行处理。旅游者的投诉多由旅游行政管理部门受理，并主要通过行政调解方式解决。旅游行政管理部门在解决跨境旅游纠纷上具有权威性、合法性和专业性，不仅有助于保护旅游者的合法权益，还有助于及时纠正和预防旅游市场中的不当行为。在西方国家盛行的旅游纠纷申诉专员制度集协商、调解和裁决方式为一体，对处于弱势地位的旅游者给予倾斜性保护。

中国旅游经营者对旅游者投诉的不重视和旅游者相关法律知识的缺乏，使协商的成功率并不高，且容易引发旅游者的不理性行为。调解在解决跨境旅游纠纷中发挥的作用最大，但旅游行业协会在调解中严重缺位。中国的跨境旅游纠纷仲裁基本由商事仲裁机构提供，但因程序高度制度化、有效仲裁协议和适用于消费纠纷的仲裁规则的缺乏等问题而在解决跨境旅游纠纷中发挥的作用十分有限。另外，中国的跨境旅游纠纷非诉讼解决方式之间的协同较差。中国已建立以网络为依托的全国旅游投诉受理平台，集法律咨询和纠纷解决功能为一体。跨境旅游纠纷非诉讼解决合作框架已初步形成，但缺少统筹规划和法律制度的保障。跨境旅游纠纷非诉讼解决机制中有关调解和仲裁的程序法还不完善。跨境旅游纠纷非诉讼解决机制所依据的《旅游法》尚未对新形式的旅游服务产品和违约精神损害赔偿问题作出规定。

　　针对中国现有跨境旅游纠纷非诉讼解决机制中存在的问题，本书提出以下几个方面的完善建议。（1）完善旅游经营者的内部纠纷解决机制，提高旅游者的法律意识，确保调解程序公正公平并发挥旅游行业协会在旅游纠纷解决中的作用，设立专门的旅游纠纷仲裁机构并完善仲裁协议法律效力的规定，实现非诉讼纠纷解决方式间的协同并培育多元纠纷解决文化。（2）借助中国已有的统一旅游投诉网络平台，建立包含港澳台在内的区域性跨境旅游纠纷非诉讼解决合作机制，构建与"一带一路"沿线国家间的跨境旅游纠纷非诉讼解决合作机制，积极参与有关跨境旅游者保护的国际条约的制定工作。（3）由我国消费者协会主导并联合"一带一路"沿线国家的消费者保护机构建立"一带一路"跨境消费纠纷解决机构，建立"以协商和调解为优先、以仲裁为中心、以司法为保障"的三位一体、有效衔接的多元化纠纷解决机制。（4）在程序规则方面，制定专门适用于旅游纠纷的仲裁规则并对在旅游纠纷发生前签订的仲裁协议的效力作出规定，在《人民调解法》增加调解程序的保密性、调解员的信息披露义务和调解期限规定；在实体法规定上，在《旅游法》中增加或以司法解释方式扩大包价旅游的内涵和增加关于关联旅游安排的规定，对《旅游法》中的"损失"作出扩大解释以支持违约精神损害赔偿。

关键词：跨境旅游纠纷　非诉讼纠纷解决机制　协商　调解　仲裁

目　录

导　论

一　研究背景及意义

旅游业是一个专业性、特色性较强的现代服务产业，也是一个涉及多领域、多行业、多利益主体的综合性产业。《服务贸易总协定》（1995 年）在"旅游业及相关服务业"附则中，对旅游业的内涵和外延作了严格的界定，把与旅游活动关系最为直接的服务界定为：住宿服务；餐饮服务；旅游代理服务；导游、翻译服务；游览、娱乐服务。旅游业是朝阳产业和绿色产业，资源消耗低，带动系数大，就业机会多，综合效益好。旅游业在扩大内需、增加就业、提高国民收入、增加税收和外汇以及完善社会基础设施、促进产业结构调整、扶贫脱困和实现国民经济可持续发展等方面起着重要作用。[1]

世界旅游业经过约 180 年的发展，且自 20 世纪 60 年代以来已成为许多国家和地区经济发展中的重要组成部分。在全球经济相对强劲发展、发展中国家中产阶级人数不断增多、科技迅猛发展、新经济模式涌现、旅游成本不断下降以及签证日益便利等利好因素的推动下，世界旅游业的发展再掀新高潮。[2] 根据世界旅游组织（United Nations World Tourism Organization，以下简称"UNWTO"）发布的《2019 年世界旅游组织之旅游业重大事件》中的数据，旅游业已成为世界上规模最大和增长最快的经济部门，且跨境旅游者访问量保持迅猛增长势头，如 2018 年全球游客访问量达到 14 亿人次并创造了 1.7 万亿美元的外汇收入。[3]

一方面，中国大陆的出境旅游市场保持迅猛增长态势。根据中国旅游

---

[1] 梁学成：《旅游服务供需关系的合作契约设计研究》，中国经济出版社，2012，第 1 页。
[2] CCG 研究报告：《出境游持续火热 中国入境游发展还需要更大提升》，2017 年 7 月第 8 期。
[3] UNWTO，UNWTO Tourism Highlights（2019），p. 2，https://www.e-unwto.org/doi/pdf/10.18111/9789284421152，visited on 28 October 2020.

研究院发布的《2019 年旅游市场基本情况》，2019 年中国公民出境旅游人数达 1.55 亿人次，比上年同期增长 3.3%。① 中国游客因基数大、消费能力强而成为世界各国争抢的"香饽饽"。另一方面，中国作为安全的旅游目的地的形象得到国际社会广泛认可，全域旅游的建设提升了中国旅游发展的内生动力，入境旅游政策环境持续优化等多重利好因素叠加，增强了中国旅游业对国际游客的吸引力。② 加之，"一带一路"倡议的稳步实施也为中国旅游业的发展带来了机遇，使中国的入境旅游市场从 2015 年开始扭转了自 2007 年以来连续 8 年增长乏力的局面。2016 年，中国大陆在国际游客访问量、旅游外汇收入方面保持领先地位，居世界第四位。③ 另外，跨境旅游活动的自发性、民间性、亲和性和文化性也有助于促进"一带一路"沿线国家间人民的友好往来、增进相互了解、消除"重资金"带来的消极影响、巩固传统友谊。④ 跨境旅游业将为深化双边和多边合作奠定坚实的民意基础，是实现民心相通的重要路径。跨境旅游业为"一带一路"倡议、中印缅孟经济走廊倡议、中巴经济走廊倡议、东北亚经济走廊倡议等的顺利实施开路导航。⑤ 目前，中国与"一带一路"沿线国家双向旅游人数已达到 6000 万人次，且若无新冠肺炎疫情影响，2020 年可达到 8500 万人次，旅游消费将达到 1100 亿美元。⑥

　　跨境旅游业的发展离不开法治保障，而跨境旅游纠纷解决机制是法治建设中的重要环节。旅游纠纷是与旅游业相伴而生的，如同一枚硬币的两面。德国的旅游专家 Karl Born 曾说过，旅游活动中旅游纠纷所处的地位正如巴黎旅游景点中的埃菲尔铁塔或慕尼黑旅游景点中的德国皇家啤酒屋。跨境旅游活动具有跨国性或跨地域性，这意味着旅游者享受旅游服务的国家或地区并非自己的居住地或惯常居所地所在国。两国或地区之间存在语

---

① 周音：《2019 年中国入出境旅游总人数 3 亿人次 同比增长 3.1%》，http://www.chinanews. com/cj/2020/03 – 10/9120457. shtml，最后访问日期：2020 年 10 月 28 日。

② 赵珊：《不断提升国家形象 入境游客连续增长》，《人民日报海外版》2017 年 1 月 20 日，第 12 版。

③ UNWTO, UNWTO Tourism Highlights (2019), https://www.e-unwto.org/doi/pdf/10.18111/ 9789284421152, visited on 28 October 2020.

④ 参见国家发展改革委、外交部、商务部《推动共建丝绸之路经济带和 21 世纪海上丝绸之路的愿景与行动》。

⑤ 孙小荣：《中国旅游的变革力量》，新华出版社，2017，第 14 ~ 15 页。

⑥ 赵珊：《中国和参与国双向旅游交流已逾 6000 万人次"一带一路"带火沿线游》，http:// www.gov.cn/xinwen/2019 – 04/26/content_5386441. htm，最后访问日期：2020 年 10 月 29 日。

言、文化、风俗、消费习惯、法律规定等方面的差异，而这种差异在处理
不当的情况下容易产生旅游纠纷。另外，跨境旅游活动注重精神愉悦性，
旅游者对旅游服务提供者的服务质量要求较高。跨境旅游活动涉及"吃、
住、行、游、购、娱"等方面的多个国家或地区的多个行业的多个旅游服
务提供者①。而旅游行业标准的国别或地区差异以及旅游者与旅游服务提
供者之间的信息不对称也容易导致纠纷的发生。加之，在竞争日益白炽化
的旅游市场，旅游服务提供者之间为了吸引尽可能多的旅游者和追求利润
的最大化，出现高标准向低标准看齐现象，形成"探底竞争"，也导致旅
游纠纷的增加。另外，近些年全球安全形势更趋复杂，自然灾害频繁发生
以及世界传染病疫情频仍，都给跨境旅游活动带来不确定性，增加旅游纠
纷发生的概率。伴随着中国出境旅游者人数的迅猛增长，其合法权益在旅
游活动中遭受侵害的案件数量也在日益攀升。例如，2019 年 3 月份，长沙
市旅游质量监督管理所受理的旅游投诉中，63% 为出境旅游投诉。② 再如，
2015 年第一季度，深圳市文体旅游局共接到旅游投诉 562 起，而关于中国
香港、澳门特别行政区和泰国的旅游投诉就占了 70%。③

　　当在跨境旅游活动中发生旅游纠纷时，尤其是当纠纷相对人为境外或
国外的旅游服务提供者时，旅游者在获得权利救济上面临较大的困难。首
先，跨境旅游者大部分情况下存在语言障碍，且对旅游目的地的司法程序
和其他非诉讼纠纷解决方式不熟悉。其次，旅游者的行程紧凑和旅游签证
时间有严格期限，难以保证有足够的时间和精力来解决旅游纠纷。再次，
跨境旅游纠纷通常涉及的金额并不大，旅游者不希望付出过多的时间和过
高的金钱成本来解决纠纷。跨境旅游纠纷的发生势必会影响旅游者的旅游
体验，还可能对旅游目的地国的旅游形象产生负面影响，甚至影响其本国
旅游业的可持续性发展。

　　对跨境旅游纠纷的处理方式和效率是检验一个旅游国家成熟度和机制
完善的"试金石"。④ 功能互补、相互衔接的非诉讼纠纷解决机制能确保跨

---

① 为方便讨论，本书的"旅游服务提供者"代指所有旅游服务提供的主体，包括下文中的
　旅游经营者和旅游履行辅助人。
② 康蒙：《长沙发布"3·15"旅游投诉报告：十大维权问题 出境游、社交平台参团上榜》，
　https://baijiahao. baidu. com/s？ id = 1627257561806845592&wfr = spider&for = pc，最后访问
　日期：2020 年 11 月 28 日。
③ 解冰等：《港澳游和泰国游仍是投诉热点》，《深圳商报》2015 年 5 月 2 日，第 A1 版。
④ 刘倩：《桂林首个旅游巡回法庭挂牌成立》，《桂林日报》2016 年 6 月 16 日，第 1 版。

境旅游纠纷得到及时、高效、灵活、经济的解决。另外，跨境旅游纠纷非诉讼解决机制的协同具有独特的优势，例如有助于修复旅游服务提供者与旅游者之间的合作关系，促进旅游活动的顺利进行，增加旅游者的信心和忠诚度，提升其再次旅游消费的意愿，以及降低旅游者通过网络或口头方式传播其不好旅游经历而对旅游服务提供者的声誉造成的负面影响。当前，无论是国际性机构、区域性组织还是单个国家，都积极完善跨境旅游纠纷非诉讼解决机制并构建跨境旅游纠纷解决合作框架，以更好地维护旅游者的合法权益和发挥旅游业对经济的拉动作用。作为世界上重要的跨境旅游者输出国和输入国，中国也需进一步完善跨境旅游纠纷解决机制，尤其是非诉讼纠纷解决机制。

本书将对境外富有成效的跨境旅游纠纷非诉讼解决机制予以分析和研究，从中汲取有益经验，提出完善中国跨境旅游纠纷非诉讼解决机制的建议。本书首先就跨境旅游纠纷的特殊性作出具体分析，再结合跨境旅游产业的发展趋势分析跨境旅游纠纷解决机制的演变，尤其是非诉讼纠纷解决机制的兴起和发展，并就跨境旅游纠纷非诉讼解决机制的协同及其优势进行论述，然后就境外典型的跨境旅游纠纷非诉讼解决机制予以分析和研究，最后立足中国的跨境旅游纠纷非诉讼解决机制的现状并就其不足之处提出完善建议。

二 研究现状

（一）国内研究现状

中国学者对旅游纠纷解决的研究较多，但是，这些研究大多是从经济和文化角度开展，法学类专著还比较少。目前，涉及旅游纠纷解决机制的法学著作主要有夏雨所著的《跨国旅游服务纠纷解决机制研究》[①]、闻银铃等所著的《涉外旅游法律问题研究》[②]、王琦等著的《旅游纠纷解决机制研究》[③]、孟凡哲和王惠静所撰写的《旅游法前沿问题研究》[④]、刘敢生所著的《WTO与旅游服务贸易的法律问题》[⑤]、王建所著的《中国旅游业发展

---

① 夏雨：《跨国旅游服务纠纷解决机制研究》，中国社会科学出版社，2012。
② 闻银铃等：《涉外旅游法律问题研究》，上海财经大学出版社，2014。
③ 王琦等：《旅游纠纷解决机制研究》，法律出版社，2015。
④ 孟凡哲、王惠静：《旅游法前沿问题研究》，中国法制出版社，2011。
⑤ 刘敢生：《WTO与旅游服务贸易的法律问题》，广东旅游出版社，2000。

中的法律问题》①、刘劲柳所著的《中外旅游纠纷百案评析》②。

　　《跨国旅游服务纠纷解决机制研究》着眼于整个跨境旅游纠纷解决机制的研究，从诉讼以及投诉、协商、调解、仲裁四种不同的非诉讼纠纷解决方式在跨国旅游纠纷解决中的作用、特点和适用范围入手，分析了不同纠纷解决方式的运用价值与发展动向，并就跨境旅游纠纷解决中的管辖权、冲突规范以及统一实体法问题进行了探讨，意在构建包括非诉讼纠纷解决机制和诉讼方式在内的多元化旅游纠纷解决机制。该著作对本研究的开展具有重要的借鉴意义。但是，该著作是对 2012 年以前跨境旅游纠纷解决机制的研究，未反映当前旅游纠纷非诉讼解决的新发展趋势，在一定程度上存在资料陈旧的问题。另外，《涉外旅游法律问题研究》就涉外旅游争议类型与法律责任、涉外旅游关系的法律适用、涉外旅游纠纷的非诉讼纠纷解决途径与机制等问题进行研究。但是，该著作对跨境旅游纠纷的诉讼以及非诉讼纠纷解决方式只是概括介绍，并没有进行深入的探讨。

　　《中外旅游纠纷百案评析》收集了近 100 个中外旅游纠纷案例，以旅游合同相关理论原理探讨中国有关旅游纠纷解决的法律规定是否适当。但是，该著作主要围绕旅游诉讼进行研究，对非诉讼纠纷解决机制鲜有探讨。《旅游纠纷解决机制研究》对中国现有旅游纠纷的成因、合同基础以及侵权责任进行清晰界定，并对当前诉讼、协商、投诉、调解、仲裁方式的特点及其基本特征按照价值标准和微观标准予以分析，还针对中国旅游纠纷解决机制的不足提出相应完善建议。然而，该著作并不涉及跨境旅游纠纷的解决。《旅游法前沿问题研究》围绕旅游立法问题、旅游合同相关问题、旅游侵权责任、旅游行业管理中的法律问题等内容进行研究，并结合相关法院判例予以分析。但是，该著作注重对旅游纠纷中的法律问题进行研究，而对非诉讼纠纷解决机制并没有涉及。《WTO 与旅游服务贸易的法律问题》和《中国旅游业发展中的法律问题》均完成于 20 世纪末期，对跨境旅游纠纷解决机制仅有概要性阐述，且资料较为陈旧。由此可见，中国现有的法学专著对跨境旅游纠纷非诉讼解决机制进行全面、深入研究的并不多。

　　另外，中国也有《旅游法论丛》、《旅游学刊》和《中国旅游法评论》③这样的专业刊物。《旅游法论丛》致力于从多侧面、多维度探讨旅游

---

① 王健：《中国旅游业发展中的法律问题》，广东旅游出版社，1999。
② 刘劲柳：《中外旅游纠纷百案评析》，中国旅游出版社，2008。
③ 韩玉灵、申海恩主编《中国旅游法评论》（第1辑），旅游教育出版社，2014。

实体法问题，包括旅游立法研究、旅游合同研究、旅游纠纷研究、旅游法专题研究和外国旅游法研究等。但是，该刊物中关于旅游纠纷解决机制的研究数量很少，如《奥运旅游与小额诉讼程序的建立》。《中国旅游法评论》的主要内容为旅游立法和建议、专题研讨、调研报告、国际视角。该刊物也是侧重国内旅游法律法规研究，对旅游纠纷解决机制鲜有涉及。《旅游学刊》为旅游业专业类期刊，偏重于业务管理，对法律问题有所关注，但数量上并不多。因此，上述专业期刊中关于跨境旅游纠纷解决机制的研究数量较少，还存在以介绍为主、篇幅短、讨论不够深入等问题。

中国学者对跨境旅游纠纷解决机制的研究，主要围绕诉讼以及协商、调解、行政投诉和仲裁开展。

1. 国内学者关于跨境旅游纠纷诉讼的研究

有学者主张诉讼以国家强制力为后盾，用一种正统的、公开的、最符合形式合理性的方式解决纠纷。因此，无论人类的纠纷解决方法如何演进，诉讼仍然是旅游纠纷解决中不可或缺的选择。[1] 也有学者认为诉讼具有权威性、法定的审理程序以及国家强制性的优势。[2] 但学者们也承认，普通诉讼在解决跨境旅游纠纷上存在一系列的问题，例如专业性难以保证、诉讼成本高、耗时长、判决结果难以达到满意和执行难等问题。[3] 为此，学者们主张通过诉讼方式解决小额旅游纠纷时需要进行相应的调整，例如对我国代表人诉讼制度进行改革并引入外国的示范性诉讼，确立"回国诉讼"的管辖权规则，在邮轮旅游纠纷管辖上将地方法院与海事法院的管辖权进行科学划分，设立小额诉讼法庭，推广旅游巡回法庭，完善判决执行程序。[4] 另外，这些学者均主张完善多元旅游纠纷解决机制，即将诉讼方式

---

① 夏雨：《跨国旅游服务纠纷解决机制研究》，中国社会科学出版社，2012，第103～104页。
② 王琦等：《旅游纠纷解决机制研究》，法律出版社，2015，第233～234页。
③ 夏雨：《跨国旅游服务纠纷解决机制研究》，中国社会科学出版社，2012，第43页；王琦等：《旅游纠纷解决机制研究》，法律出版社，2015，第236～239页。
④ 毕玉谦、吐热尼萨·萨丁：《示范性诉讼：旅游消费者群体性纠纷救济的制度更新》，《南京师大学报》（社会科学版）2019年第5期；孙思琪、胡正良：《邮轮旅游纠纷管辖：错位与复归》，《湖北社会科学》2019年第5期；夏雨：《跨国旅游服务纠纷解决机制研究》，中国社会科学出版社，2012，第279～282页；韩阳：《旅游纠纷中群体诉讼的交易成本分析》，《法学杂志》2007年第6期；王天星、孟凡哲：《奥运旅游与小额诉讼程序的设立》，《北京政法职业学院学报》2006年第2期；王琦等：《旅游纠纷解决机制研究》，法律出版社，2015，第246～264页。

与其他非诉讼纠纷解决方式相衔接来解决旅游纠纷。

2. 国内学者关于跨境旅游纠纷协商的研究

有的学者强调协商在解决旅游纠纷方面发挥的重要作用。他们认为协商具有当事人自愿、程序灵活、成本低且不损害纠纷当事人名誉或信誉的优势。同时，他们也承认协商属于私力救济方式，缺乏法律的有效制约，达成的和解协议常常显失公平，且无固定的程序规则，协商僵局还可能造成时间的浪费。① 基于此，他们建议提高旅行社的行业水准，降低诚信危机对协商和解所带来的消极影响，并提高旅游者的相关专业知识水平，改善其在协商中的弱势地位。②

3. 国内学者关于跨境旅游纠纷调解的研究

有的学者则认为跨境旅游纠纷解决的优选途径应是调解。他们认为调解在解决旅游纠纷方面的优势包括机构设置方便，成本低廉，程序灵活，体现当事人合意和主动解决纠纷的意愿，且调解协议易于执行。同时，他们也承认调解存在一些问题，如强迫调解或久调不决，调解的专业水平难以保证，调解成功率较低，调解协议无法律强制力以及调解的合意性和保密性可能导致调解结果规避法律或损害旅游者的利益。③ 有的学者建议构建专门针对旅游纠纷的人民调解制度，包括在旅游景区设立人民调解组织，组建人民调解专家队伍，构建与旅游纠纷特点相适应的调解制度（如巡回调解制度和网上调解制度），在旅游纠纷人民调解委员会设立司法确认机构和执行机构，以及建立保证金制度。④ 也有学者建议在旅游行业协会中设立调解组织，并加强法院对调解的支持力度。⑤ 还有学者建议推广行政调解，因为其在解决旅游纠纷上具有权威性强、成本低廉、程序灵

---

① 王琦等：《旅游纠纷解决机制研究》，法律出版社，2015，第 67～68 页。
② 夏雨：《跨国旅游服务纠纷解决机制研究》，中国社会科学出版社，2012，第 276 页。
③ 唐茂林：《论人民调解解决旅游纠纷的优势与制度创新》，《广西民族大学学报》（哲学社会科学版）2013 年第 6 期，第 150 页；安晨曦、王琦：《旅游纠纷非诉讼解决机制研究——以海南国际旅游岛为例》，《旅游世界·旅游发展研究》2014 年第 2 期，第 13～14 页；王琦等：《旅游纠纷解决机制研究》，法律出版社，2015，第 73～74 页。
④ 唐茂林：《论人民调解解决旅游纠纷的优势与制度创新》，《广西民族大学学报》（哲学社会科学版）2013 年第 6 期，第 151～152 页；王琦等：《旅游纠纷解决机制研究》，法律出版社，2015，第 204～205 页。
⑤ 夏雨：《跨国旅游服务纠纷解决机制研究》，中国社会科学出版社，2012，第 277 页。

活、专业性强等方面的优势。[①] 他们建议，在法院审理前优先适用行政调解程序，对行政调解协议的效力予以司法确认，严格监督行政调解程序以确保程序正义。[②]

4. 国内学者关于跨境旅游纠纷仲裁的研究

有的学者主张解决跨境旅游纠纷的优选途径是仲裁。他们认为，跨境旅游纠纷具有法律关系错综复杂、标的金额小、解决时间急迫等特点。[③]在解决跨境旅游纠纷方面，仲裁具有专业性强、程序灵活和公正、保密度高、效率高和终局性的优势，更在管辖权、法律适用以及裁决被外国法院承认与执行上具有独特优势。[④] 同时，他们指出由于旅游者对仲裁的认知程度比较低，有效仲裁协议难以达成以及仲裁制度在机构设置上存在缺陷等现实问题，仲裁在旅游纠纷解决中得到使用的比例较低。[⑤] 对此，有的学者建议，建立国际性仲裁机构，制定与国际接轨的仲裁规则；设立旅游仲裁委员会，吸收旅游行业专家担任仲裁员；设立巡回旅游仲裁庭，并推行临时仲裁以及网上仲裁制度；等等。[⑥] 也有学者建议，提升旅游者的仲裁意识，推行仲裁协议制度，设立旅游仲裁庭，制定高效便捷的仲裁程序，降低旅游仲裁费用。[⑦] 还有学者建议，选择在旅游业较为发达、公民法律意识较强和旅游纠纷频发的城市设立旅游纠纷仲裁机构，设立旅游纠

---

① 安晨曦：《论我国旅游投诉解决机制及其完善——以非诉讼纠纷解决方式为视角》，《安徽农业大学学报》（社会科学版）2012 年第 4 期，第 64 ~ 65 页；安晨曦、王琦：《旅游纠纷非诉讼解决机制研究——以海南国际旅游岛为例》，《旅游世界·旅游发展研究》2014 年第 2 期，第 13 页。

② 安晨曦、王琦：《旅游纠纷非诉讼解决机制研究——以海南国际旅游岛为例》，《旅游世界·旅游发展研究》2014 年第 2 期，第 15 ~ 16 页。

③ 王崇敏、齐虎：《试论旅游纠纷仲裁解决机制》，《海南大学学报》（人文社会科学版）2010 年第 3 期，第 40 页。

④ 王崇敏、齐虎：《试论旅游纠纷仲裁解决机制》，《海南大学学报》（人文社会科学版）2010 年第 3 期，第 38 ~ 39 页；王欣：《建立和完善海南国际旅游仲裁机制》，《今日海南》2010 第 3 期，第 38 页；王琦等：《旅游纠纷解决机制研究》，法律出版社，2015，第 57 ~ 59 页。

⑤ 叶勇：《设立旅游消费纠纷专门仲裁机构有关问题探讨》，《消费导报》2008 年第 1 期，第 6 页。

⑥ 王崇敏、齐虎：《试论旅游纠纷仲裁解决机制》，《海南大学学报》（人文社会科学版）2010 年第 3 期，第 39 ~ 41 页；王琦等：《旅游纠纷解决机制研究》，法律出版社，2015，第 230 ~ 231 页。

⑦ 夏雨：《跨国旅游服务纠纷解决机制研究》，中国社会科学出版社，2012，第 277 ~ 279 页。

纷仲裁委员会以及在旅游合同中增加仲裁条款。①

5. 国内学者关于跨境旅游纠纷行政投诉的研究

有的学者主张应将行政投诉作为解决旅游纠纷的优先救济途径。他们认为行政投诉具有成本低廉，程序法定性且更为灵活和便捷，以及解决纠纷的权威性和行政权的有效性方面的优势。② 另外，行政投诉有助于完善旅游纠纷解决机制，维护旅游法律关系主体的合法权益和旅游业的健康发展。同时，他们承认行政投诉可解决的旅游纠纷类型有限，单次投诉通常难以完全解决特定类型旅游纠纷，且行政调解协议不具有法律效力。③ 基于上述问题，有些学者主张赋予行政调解协议以法律效力和强制执行力，确立旅游纠纷和解协议的实体和诉讼效力，以及增设旅游投诉司法救济的前置程序。④ 有的学者还建议制定旅游投诉机制应遵守的原则，包括效率原则、公正原则、确保投诉权正当行使原则、投诉处理权正当和依法独立行使原则、原则性与灵活性相结合原则。⑤ 学者们还提出完善旅游投诉机制的对策，包括提高旅游投诉规范的法律效力、构建全国性旅游投诉平台、健全旅游投诉处理综合应对体系、提升投诉处理人员素质、加强旅游投诉机制的公共宣传、提高投诉处理人员的协商能力。⑥ 此外，还有学者建议要尽快制定《行政调解法》，并由行业组织、消费者协会和国家行政机关共同设立旅游投诉机构并扩大投诉的受理范围。⑦

① 叶勇：《设立旅游消费纠纷专门仲裁机构有关问题探讨》，《消费导刊》2008年第1期，第6页。
② 邓和军：《论我国旅游投诉机制的完善》，《齐齐哈尔大学学报》（哲学社会科学版）2012年第5期；王琦等：《旅游纠纷解决机制研究》，法律出版社，2015，第174~177页；安晨曦：《论我国旅游投诉解决机制及其完善——以非诉讼纠纷解决方式为视角》，《安徽农业大学学报》（社会科学版）2012年第4期。
③ 王琦等：《旅游纠纷解决机制研究》，法律出版社，2015，第107页。
④ 安晨曦：《论我国旅游投诉解决机制及其完善——以非诉讼纠纷解决方式为视角》，《安徽农业大学学报》（社会科学版）2012年第4期。
⑤ 王琦等：《旅游纠纷解决机制研究》，法律出版社，2015，第125~129页。
⑥ 王琦等：《旅游纠纷解决机制研究》，法律出版社，2015，第129~134页；邓和军：《论我国旅游投诉机制的完善》，《齐齐哈尔大学学报》（哲学社会科学版）2012年第5期，第37~38页。
⑦ 夏雨：《跨国旅游服务纠纷解决机制研究》，中国社会科学出版社，2012，第276页；王琦等：《旅游纠纷解决机制研究》，法律出版社，2015，第184页。

最后，还有学者注意到跨境旅游纠纷的有效解决仅凭一国之力是难以实现的，需要包括旅游客源国和目的地国在内的两个或两个以上的国家或地区共同合作。当前国际社会注意到国际合作在解决跨境旅游纠纷方面的重要性，纷纷起草相关公约。这些公约草案或从冲突法层面或从统一实体法层面规范跨境旅游活动中各方参与主体的权利和义务，从而实现保护旅游者合法权益和促进跨境旅游业持续健康发展的目标。①

总体而言，基于目前中国学者对跨境旅游纠纷解决机制的研究可以看出，大多数学者侧重对某一种旅游纠纷解决机制的研究。虽然也有个别学者对现有的旅游纠纷解决机制予以整体研究，但主要是将各种纠纷解决方式予以分别阐述，未注重它们相互之间的协同。此外，上述研究主要针对中国国内旅游纠纷的解决，对跨境旅游纠纷的解决涉及较少，并且对国外旅游纠纷解决机制的介绍和比对分析也存在不全面、资料陈旧等问题。

（二）国外研究现状

关于跨境旅游的研究在欧美旅游发达国家开展的时间比较长。相当一部分国家还建立了较为完整的旅游法律体系。国外旅游法学类期刊主要是《国际旅游法杂志》（*International Travel Law Journal*）② 和《旅游法季刊》（*The Travel Law Quarterly*）③。其他一些相关的法学论文也散见于某些旅游行业期刊，例如《旅游研究年刊》（*Annals of Tourism Research*）、《国际旅游研究杂志》（*International Journal of Tourism Research*）、《欧洲消费者和市场法杂志》（*Journal of European Consumer and Market Law*）等。这些期刊的内容基本涵盖了所有旅游法律关系，如旅行社、饭店、酒店、交通运输部门等旅游服务提供者与旅游者之间的权利义务关系。具体而言，《国际旅游法杂志》介绍和评析了不同国家旅游业法律法规的新进展以及相关的司法判例。但是，该期刊关于旅游纠纷解决机制的研究较少，仅有少数几篇

---

① 王小娇：《跨境游客权益保护的国际合作初探》，《新疆大学学报》（哲学·人文社会科学版）2014 年第 2 期。

② 格兰特教授曾任诺桑比亚大学旅游法中心主任，他创办了《国际旅游法杂志》，并担任主编 15 年，且该期刊已于 2008 年停刊。在他退休后，他又于 2009 年创办了《旅游法季刊》。

③ 该期刊现为网络期刊，创始于 2009 年，除了 2009 年发行了 6 期之外，每年平均发布四期。

且时间较早。① 《旅游法季刊》收录的文章主要介绍欧洲法院（CJEU）以及其他国家关于旅游纠纷解决的最新判例，以及研究欧盟关于旅游纠纷解决的立法及政府报告。但是，关于旅游纠纷解决机制的文章数量有限。②

除了上述文章，在法学专著方面，国外学者关于跨境旅游纠纷的研究也较少，且更多地侧重从实体法层面探讨旅游法律关系和旅游者的保护问题。其中，最新的法学著作为 Josep BechSerrat 的《远程销售旅游服务——基于对欧盟消费者保护法律的分析》。该著作指出旅游者通过电话、网络、电子邮件等远程通信方式签订旅游合同已占较大比重。然而，欧盟关于消费者权利保护的第 2011/83 号指令中关于远程合同的规定并不适用于包价旅游合同、《欧盟分时度假合同指令》（1994 年）中规定的合同以及约定具体履行时间的航空旅客运输、住宿、租车、餐饮和娱乐服务合同。该著作还分析了欧盟现有法律对与旅游合同相关的信息提供要求、撤销权或提供替代服务存在规定不明确的问题。基于上述问题，该著作指出欧盟关于消费者保护的法律对旅游消费者提供的法律保护不足够，建议可依据《欧盟民法典草案》（*Draft Common Frame of Reference*）制定专门的法律。③ 除此之外，有著作还讨论了旅游中间商、旅游组织者的职责及国际私法中的旅游合同问题。④ 还有著作分析了与旅游经营者、交通运输服务者和旅店相关旅游

---

① Louise Longdin, "Alternative Disputes Resolution in the International Travel Industry: the New Zealand Position", *International Travel Law Journal* 1 (1997): 37 – 48; Douglas Crozier & Babak Barin, "Travel, International Arbitration and Appropriate Discretion", *International Travel Law Journal* 1 (1999): 22 –25; Thomas Dickerson, "Travel Abroad. Sue at Home", *International Travel Law Journal* 3 (1997): 125 – 127; Ian Kilbery, "Juridiction and Choice of Law Clauses in Internet Contracts-Part One-Package Holidays", *International Travel Law Journal* 4 (2002): 203 – 206.

② Christopher Hodges, "New EU Frameworks for Consumer Complaints: Time for an Air Ombudsman", *Travel Law Quarterly* 3 (2014); Jamie Macdonald, "Tour Operator Class Actions in Canada", *Travel Law Quarterly* 3 (2013); Anna Masutti, "A Class Action Against an Italian Tour Operator", *Travel Law Quarterly* 3 (2013); Stephen Mason, "Report from the Front Line – It's All Change at Court", *Travel Law Quarterly* 1 (2009).

③ Josep M. BechSerrat, *Selling Tourism Services at a Distance: An Analysis of the EU Consumer Acquis* (Springer Berlin Heidelberg, 2012).

④ Robert M. Jarvis et al., *Travel Law: Cases and Materials* (Carolina Academic Press 1998); *ZahdYaqub & Becket Bedford*, *European Travel Law* (Wiley, 1997).

纠纷的法院判例。①

　　不过，国外很多法学著作对跨境旅游纠纷解决机制有所涉及。这些著作多数侧重旅游诉讼，并通过分析相关的法律规定和司法判例讨论跨境旅游者保护和旅游纠纷解决的问题。例如，Matthew Chapman 等学者基于英国《包价旅游条例》（1992 年）就旅游诉讼中涉及的法律问题以及相关的英国法院判例进行了分析。在具体内容上，这些学者对包价旅游合同、旅游消费者、旅行社、包价旅游合同的内容予以分析界定，对旅游合同违约和侵权责任承担的情形予以全面分析，还对发生人身损害时管辖权、法律适用以及相关国际或区际统一实体法规定问题予以研究。② Maria Goretti Sanches Lima 就当前国际组织在跨境旅游者保护方面所作出的努力进行分析，主要包括世界旅游组织起草的《游客和旅游服务提供者保护公约》（草案）和海牙国际私法学会讨论的《跨境游客和访问者保护公约》（草案），并强调制定有关旅游者保护国际公约的重要性。③ Claudia Lima Marques 指出在国际私法层面保护旅游者主要有四种模式：统一实体法规定，例如 1970 年的《布鲁塞尔旅游合同国际公约》④（*International Convention on Travel Contracts*）；制定关于消费者保护的冲突法规定，例如欧盟 2008 年制定的《关于合同之债法律适用的第 593/2008 号条例》（以下简称 "《罗马条例 I》"）⑤；建立快速解决旅游纠纷的行政合作机制，例如 2005 年南方共同市场关于跨境旅游者所倡议建立的司法行政机构以实现快速解决旅游纠纷的目的；确

---

① Michael Hall et al. , *Nordic Tourism*：*Issues and Cases*（Channel View Publications 2009）；Anne Graham et al. , *Aviation and Tourism Implications for Leisure Travel*（Ashgate, 2008）；Karen Morris et al. , *Hotel*，*Restaurant*，*and Travel Law*（Cengage Learning, 2007）.

② Matthew Chapman et al. , *Saggerson on Travel Law and Litigation*（Wildy, Simmonds & Hill, 2017）.

③ Maria Goretti Sanches Lima, "The Supernational Organizations' Initiatives Aimed at Protection of Tourists. Why Internaitonal Conventions Are Needed", in Claudia Lima Marques & Dan Wei, *Consumer Law and Socioeconomic Development*：*National and International Dimensions*（Springer, 2017）.

④ 该公约已于 1976 年 2 月 24 日生效，但是只在少数几个国家生效。比利时于 1994 年和阿根廷于 2010 年退出该公约。

⑤ Regulation（EC）No 593/2008 of the European Parliament and of the Council of 17 June 2008 on the Law Applicable to Contractual Obligations（Rome I）. 该条例已于 2008 年 7 月 24 日生效，自 2009 年 12 月 17 日适用于除丹麦以外的欧盟所有成员国。

保旅游者能够优先在其本国进行诉讼。①

1. 国外学者关于跨境旅游纠纷诉讼的研究

Thomas Dickerson 的《国外旅游，回家诉讼》论证了跨境旅游诉讼的新发展，即产生了旅游者所属国的法院具有优先管辖权的趋势。② Thomas Dickerson 的《国外旅游，回家诉讼——非方便法院原则和法院选择协议条款和强制性仲裁条款的执行》研究了大量美国旅游者在国外发生人身伤亡事件（例如意外死亡、人身伤害、被强奸、被抢劫、溺亡和其他水上运动事故）后提起诉讼的案例。该学者发现这些旅游者通常使用的诉讼技巧是根据长臂管辖原则在美国联邦或州法院提起诉讼。但是，即使在美国法院起诉，仍然需要解决一系列的问题，例如管辖权的确认和冲突规范的适用。在考虑美国法院是否为方便法院时，审理法院通常会考虑以下因素：所应适用的准据法，被告是否放弃相应的权利（如放弃诉讼时效），原告在受诉法院所在地是否有住所，被告在受诉法院所在地是否有住所或从事营业活动或进行广告宣传，其他法院是否具有管辖权，原告的心理负担，证人和证据的所在地和受诉法院的案件积压情况。另外，旅游经营者在旅游合同中通常加入强制性仲裁条款将纠纷交由仲裁庭来审理，或者增加法院选择协议条款以选择远离旅游者居住地或惯常居所地国的法院来审理案件，以达到降低旅游者提起诉讼意愿的目的。在美国的司法实践中，这些强制性仲裁条款和法院选择条款大部分被认为有效并得到适用。③

Ian Kilbey 的《网络合同之包价旅游合同的管辖权确定和法律选择条款》分析了被人们广泛使用的跨国旅游合同——"包价旅游合同"电子化后应如何确定管辖权以及如何选择准据法的问题。④ Thomas Dickerson 的《旅游服务的网上营销及对美国属人管辖权的影响》分析了旅游服务提供者通过被动网站和主动网站提供旅游服务产品时对美国属人管辖权的影

① Claudia Lima Marques, "Relationship Between International Law and Consumer Law in the Gol-balized Word: Chanllenges and Prospects", in Claudia Lima Marques & Dan Wei, *Consumer Law and Socioeconomic Development: National and International Dimensions* (Springer, 2017).

② Thomas Dickerson, "Travel Abroad, Sue at Home", *International Travel Law Journal* 3 (1997): 125 – 127.

③ Thomas Dickerson, "Travel Abroad, Sue at Home 2012: Forum Non Conveniens & the Enforce-ment of Forum Selection and Mandatory Arbitration Clauses", *Pace Law Review* 32 (2) (2012): 407 – 435.

④ Ian Kilbery, "Juridiction and Choice of Law Clauses in Internet Contracts-Part One-Package Holi-days", *International Travel Law Journal* 4 (2002): 203 – 206.

响，并指出通过网络销售旅游服务的行为已促使美国法院对在旅游纠纷诉讼中确立的管辖权标准进行反思。① Stephen Mason 在《出国旅游，回国诉讼？》中认为选择与英国旅游公司签订包价旅游合同的优势在于，在旅游过程中无论旅游者在哪个国家遭受人身伤害，均可以在英国法院提起诉讼。因此，该学者建议旅游者与旅游经营者签订以下管辖权约定："与该合同有关的任何争议都应当由英格兰和威尔士的法院管辖并且适用英国法。"②

Jamie Macdonald 在《针对加拿大旅游经营者提起的集体诉讼》中指出尽管集团诉讼在加拿大已经运行 30 多年，但是针对旅游经营者提起的集团诉讼在数量上十分有限，并且胜诉率也很低。究其原因有二：在加拿大法律中旅游经营者承担的法律责任有限，只对违约或关于旅游景点存在虚假陈述的情况下承担法律责任；加拿大法律中关于集团诉讼的定义范围较窄，在地理范围和时间上均对"集团"予以限制，使可获得的整体赔偿额也相对较低，导致旅游者出于成本的考虑而放弃集团诉讼。③ Anna Masutti 在《一起针对意大利旅游经营者提起的集团诉讼案件》中指出，意大利关于集团诉讼规定的《消费者法则》第 140 – bis 条于 2010 年 1 月才开始生效。在 2010 年受理的三起集团诉讼案中，有一起就是关于旅游经营者提供的酒店不符合合同约定标准的集团诉讼。不过，第 140 – bis 条规定于 2012 年 1 月得到修订，即提起集团诉讼所基于的"同样的"（identical）权利被修订为"同类型"（homogeneous）的权利，将对该旅游集团诉讼产生积极影响。④ 此外，Stephen Mason 在《审判前沿报告——法院已发生全面改变》中分析了旅游诉讼所发生的变化。例如，英国的简易程序所受理的纠纷标的额高于一般的小额纠纷涉及的金额，因而不适于解决小额旅游纠纷；欧盟新颁布实施的《小额诉讼程序》和正在倡议的跨境集体救济机制为小额旅游纠纷解决提供了新出路。⑤

---

① Thomas Dickerson, "The Marketing of Travel Services Over the Internet and the Impact Upon the Assertion of Personal Jurisdiction: 2004", *International Travel Law Journal* 1 (2004): 39.

② Stephen Mason, "Travel Abroad, Sue at Home?", *International Travel Law Journal* 1 (2000): 15 – 17.

③ Jamie Macdonald, "Tour Operator Class Actions in Canada", *Travel Law Quarterly* 3 (2013).

④ Anna Masutti, "A Class Action Against an Italian Tour Operator", *Travel Law Quarterly* 3 (2013).

⑤ Stephen Mason, "Report from the Front Line—It's All Change at Court", *Travel Law Quarterly* 1 (2009).

2. 国外学者关于跨境旅游纠纷非诉讼解决机制的研究

Louise Longdin 在《新西兰跨境旅游业中的非诉讼纠纷解决机制》中认为，由于诉讼花费高、对抗性强且纠纷当事人对判决结果满意度低等原因，越来越多的新西兰旅游者选择通过低廉、非正式、高效且更保密的非诉讼方式来解决旅游纠纷。他介绍和分析了新西兰能够以非诉讼方式解决旅游纠纷的机构，主要包括新西兰旅行社协会、保险公司内部旅游纠纷处理服务部门以及仲裁裁决所等。① Ruth Bamford 在《对于跨境消费者咨询可提供的帮助》中主要介绍了欧洲跨境旅游纠纷非诉讼解决网络机制，即欧洲的消费者中心。该学者还以英国消费者中心为例，介绍了该中心如何与英国的非诉讼纠纷解决机构合作解决旅游纠纷，并提出存在的问题以及完善建议。② Christopher Hodges 在《欧盟新的消费纠纷解决法律框架：设立航空旅客运输申诉专员的时间到了》中对欧盟成员国的非诉讼消费纠纷解决机制的现状及发展进行了分析，指出非诉讼纠纷解决机制在北欧已成为主要的纠纷解决机制，而非仅仅作为诉讼方式的替代。欧盟也已经逐渐形成有别于一般非诉讼纠纷解决机制的消费纠纷解决机制，并成为未来欧盟司法体系的重要组成部分。考虑到航空旅客运输纠纷为主要的旅游纠纷类型，该学者建议航空运输行业的相关主体应加入专门的申诉专员机构，并建议该类机构逐渐扩大案件受理范围，受理整个欧盟范围甚至全球范围内的航空旅客运输纠纷。③

值得注意的是，国外的研究并不是孤立地探讨跨境旅游纠纷解决机制，而更多的是将旅游纠纷按其性质归属，即消费纠纷进行研究。其目的在于为解决包括跨境旅游纠纷在内的所有小额跨境消费纠纷构建多层级、相衔接的纠纷解决机制。其中，欧洲学者长期致力于欧盟境内小额消费纠纷解决机制的研究，取得令人注目的成就。他们首次将专门针对小额消费纠纷的纠纷解决机制称为非诉讼消费纠纷解决机制（Consumer ADR Mechanism，本部分简称为"CDR 机制"），并与一般的非诉讼纠纷解决机制相区

① Louise Longdin, "Alternative Disputes Resolution in the International Travel Industry: the New Zealand Position", *International Travel Law Journal* 1 (1997): 37 – 48.

② Ruth Bamford, "Assistance Available in Resolving European Cross-border Consumer Queries", *International Travel Law Journal* 4 (2004): 137 – 144.

③ Christopher Hodges, "New EU Frameworks for Consumer Complaints: Time for an Air Ombudsman", *Travel Law Quarterly* 3 (2014).

分。这些最新的研究成果为跨境旅游纠纷机制的研究提供了良好的理论范式和现实范例。

比利时的 Jules Stuyck 教授等以及 Frank Alleweldt 博士等最先开始非诉讼消费纠纷解决机制的研究，并发布了一系列的研究报告。① 例如，Frank Alleweldt 博士等于 2011 年向欧盟议会提交的研究报告立足于 27 个成员国的 CDR 机制，比较它们之间的异同，分析影响 CDR 机制解决跨境消费纠纷的障碍因素。另外，该报告还分析了与消费者争议解决有关的立法在促进跨境消费纠纷解决方面发挥的作用。该报告还提出了提高 CDR 机制解决跨境争议的效率和完善欧盟相关法律规定实施的建议。② 牛津大学 Christopher Hodges 教授及其研究团队于 2012 年出版了第一本关于 CDR 机制的专著——《欧洲非诉讼消费纠纷解决机制》。该著作对 10 个欧盟成员国 CDR 机制的发展现状以及与法院之间的关系进行了批判式的分析，并提供了最佳实践范例。③ 此外，Pablo Cortés 在《欧盟消费纠纷在线解决》中深入分析了欧盟境内的在线纠纷解决，例如在线仲裁、在线调解和在线小额诉讼程序，在解决跨境网络消费纠纷中所发挥的重要作用。对于在线消费纠纷解决方式面临的困境和挑战，该著作提出应在欧盟层面制定关于在线纠纷解决的法律规定。④ 然而，由于上述著作是在欧盟于 2013 年颁布《消费纠纷非诉讼解决指令》和《消费纠纷在线解决条例》之前完成的，所以没有涉及上述法律规定对欧盟成员国消费纠纷解决机制所产生的深刻影响。

在上述条例和指令颁布后，许多著作讨论了这一重大立法发展对欧盟成员国的立法和司法实践所产生的深刻影响。其中，莱斯特大学 Pablo

---

① Jules Stuyck et al., An Analysis and Evaluation of Alternative Means of Consumer Redress Other Than Redress Through Ordinary Judicial Proceedings, http://www. eurofinas. org/uploads/documents/policies/OTHER%20POLICY%20ISSUES/comparative_report_en. pdf, visited on 28 October 2020; Frank Alleweldt et al., Final Rep-ort to DG SANCO-Study on the Use of Alternative Dispute Resolution in the European Union, http://www. civic-consulting. de/reports/adr_study. pdf, visited on 28 October 2020; Frank Alleweldt et al., Cross-Border Alternative Dispute Resolution in the European Union, http://www. europarl. europa. eu/meetdocs/2009_2014/documents/imco/dv/adr_study_/adr_study_en. pdf, visited on 28 October 2020.

② Frank Alleweldt et al., Cross-Border Alternative Dispute Resolution in the European Union, http://www. europarl. europa. eu/meetdocs/2009_2014/documents/imco/dv/adr_study_/adr_study_en. pdf, visited on 28 October 2020.

③ Christopher Hodges et al., *Civil Justice Systems: Consumer ADR in Europe* (Hart, 2012).

④ Pablo Cortés, *Online Dispute Resolution for Consumers in the EU* (Routledge, 2010).

Cortés 教授着重分析欧盟《消费纠纷非诉讼解决指令》和《消费纠纷在线解决条例》实施后 9 个欧盟成员国 CDR 机制的发展和变化。该著作指出欧盟新消费纠纷解决指令和条例的实施促使成员国反思和完善其本国消费纠纷解决机制，建立覆盖所有行业部门的 CDR 机制。[①] 另外，Michael Stürner 等学者深入分析了新实施的欧盟指令和条例对欧盟成员国的消费纠纷解决机制所产生的具体影响。[②]

　　总体而言，国外虽尚未有关于跨境旅游纠纷解决机制的法学专著，但是很多法学著作中对跨境旅游纠纷解决机制有所涉及。这些著作主要侧重对跨境旅游诉讼的研究，对跨境旅游纠纷非诉讼解决机制的研究较少。另外，国外学者更多地将跨境旅游纠纷按其性质归属，即跨境消费纠纷进行研究。尽管国外学者对跨境消费纠纷非诉讼解决机制的研究较多且较深入，但是对跨境旅游纠纷解决机制的专门研究仍存在较大的不足。

三　研究方法

（一）案例分析方法

　　案例分析方法属于实证研究方法的一种，在法学研究中占有十分重要的地位。本书选取了跨境旅游纠纷的协商、调解、仲裁和行政裁决这几种适用最为广泛的非诉讼纠纷解决方式，结合典型范例进行深入分析。例如，在跨境旅游纠纷协商方面，本书以新西兰保险公司内设的旅游纠纷协商程序为例进行分析。在跨境旅游纠纷调解方面，本书主要分析了英国旅行社协会、比利时旅游纠纷委员会和中国台湾地区消费争议调解委员会的调解模式。在跨境旅游纠纷仲裁方面，本书对英国旅行社协会、北美商业促进局、美国仲裁协会、西班牙国家消费者仲裁委员会和澳门特别行政区消费争议仲裁中心的仲裁模式进行了深入的分析。在跨境旅游纠纷的行政裁决方面，本书研究了中国大陆、香港特别行政区和瑞典的旅游投诉受理模式，以及法国、荷兰和德国的跨境旅游纠纷申诉专员模式。本书通过对上述国家或地区关于跨境旅游纠纷非诉讼解决机制的典型范例予以研究和分析，从中汲取有益经验，并立足中国跨境旅游纠纷非诉讼解决机制的现

---

①　Pablo Cortés, *The New Regulatory Framework for Consumer Dispute Resolution* (Oxford University Press, 2017).

②　Michael Stürner et al., *The Role of Consumer ADR in the Administration of Justice—New Trends in Access to Justice under EU Directive* 2013/11 (Sellier European Law Publishers, 2015).

状和不足，提出完善建议。

（二）比较研究方法

比较研究方法是法学研究中较为常用的一种研究方法，是对两个或两个以上的事物或对象加以对比，以找出它们之间的相似性与差异性的一种分析方法。本书比较和分析了不同国家或地区的跨境旅游纠纷非诉讼解决机制，了解影响各国独特旅游纠纷解决机制形成的政治、经济和文化等原因并探求跨境旅游纠纷解决机制的基本理论和通用范式。然后，本书立足中国跨境旅游纠纷协商、调解和仲裁的现状与不足，将上述提炼的理论和通用范式运用到中国的实践中，以构建符合中国国情的跨境旅游纠纷非诉讼解决机制。

（三）历史研究方法

历史研究法是运用历史资料，按照历史发展的顺序对过去的事件进行研究的方法。本书结合跨境旅游业的不同发展阶段，考察旅游纠纷解决机制的发展与演进，从而对跨境旅游纠纷解决机制的总体发展趋势予以把握。另外，本书还对上述发展趋势背后的法律政策、法律文化等因素进行探究，从而对中国跨境旅游纠纷解决机制的未来发展趋势进行预测，并提出完善建议。

第一章　跨境旅游纠纷的特殊性

人类旅游的历史悠久，几千年来，随着人类社会的历史演进而不断发展。全球跨境旅游业的发展，大致可以分为三个阶段。第一个阶段是 19 世纪 40 年代以前的古代跨境旅游，第二个阶段是 19 世纪 40 年代开始到 20 世纪二战时的近代跨境旅游，第三个阶段是 20 世纪 50 年代以来迅速发展的现代跨境旅游。①

人类旅游史发端于世界四大文明古国即古中国、古埃及、古巴比伦、古印度，以及古希腊、罗马。在公元前 4000 年前后，苏莫人（巴比伦人）社会产生了货币，贸易的交往随之兴起，旅游的时代也就开始了。最初的旅游一般都是在本国国内进行。只是随着各国经济的不断发展，旅游基础设施的建立和完善，旅游、旅行的区域才超出了国界。一般认为，早期的探险者、传教士、朝圣者或者旅行商人以及那些按图索骥者开创了旅游历史的先河。由于交通运输工具的限制，古代旅游的主要方式是海运。在中国，唐朝时有日本的"遣唐使"，明朝时郑和率领大型船队下西洋，便是国际海上旅游的典型代表。跨境旅游对各国人民之间经济、文化交流和人民友好合作关系的发展，起到了积极的促进作用。但是，无论是国内旅游还是跨境旅游均受到交通、信息、服务等条件的限制，旅游者人数极为有限，规模很小。②

19 世纪 40 年代西欧工业革命的兴起，使交通、通信等基础设施得到根本性改善，极大地促进了跨境旅游业的发展。旅游形式大为改观，旅游人数猛增，整个欧洲的旅游业呈现一派繁荣的景象。1839 年，德国人贝德克尔出版了第一批新型旅游指南，即《贝德克尔指南》，为旅游者提供旅游信息服务。与此同时，英国人托马斯·库克意识到旅游的重要性，首创了包价旅游业务，并创设"托马斯·库克父子旅行社"，被誉为近代旅游业的创始人。1863 年他首次组织了赴瑞士的跨境旅游，并于 1872 年组织了一

---

① 刘敢生：《WTO 与旅游服务贸易的法律问题》，广东旅游出版社，2000，第 7 页。

② 刘敢生：《WTO 与旅游服务贸易的法律问题》，广东旅游出版社，2000，第 51 页。

次团体环球旅行，同时还发明了旅行支票。这一时期旅游开始作为一项经济活动和一项产业得到重视和发展。而在同期的中国，跨境旅游主要为出境旅游，如"洋务运动"的出洋考察、"革命派"的"西学""师夷"等。①

从 1950 年开始至今，跨境旅游业经历了起步、发展、兴盛、成熟的四个阶段。旅游业从一个无足轻重、不受重视的产业发展成为一个举足轻重、举世瞩目的重要产业。伴随着世界经济的全面复苏，跨境旅游也在战争的废墟中重新起步。尤其是 20 世纪 90 年代以来，旅游业步入了成熟的发展时期，真正进入大众旅游的新时代。

由于政治、经济等原因，中国旅游业走过了与其他一些国家不同的历程。一般来说，世界上大多数国家是先发展国内旅游，再发展跨境旅游。而中国却经历了先发展入境旅游，然后才发展国内旅游和出境旅游的过程。具体而言，20 世纪 50 ~ 60 年代，中国国家旅游局设立在外交部下，出于外交的需要，旅游接待活动的对象主要是友好国家的团体和个人。在这一时期，入境旅游人数较少，规模较小。中国现代旅游的起步，源自1979 年邓小平的"黄山讲话"。② 另外，在改革开放政策的推动下，尤其是在中共十一届三中全会以后，中国旅游业从 20 世纪 70 年代末开始崛起，也使中国用 30 多年的时间就创造了跃升世界第二大经济体的奇迹。③ 随着国民经济的发展，国内居民所拥有的可支配收入和闲暇时间增多，特别是自 1995 年 5 月 1 日起中国实行五天工作制后，国内旅游开始迅速发展。经国务院 1997 年 3 月 17 日批准，国家旅游局、公安部 1997 年 7 月 1 日联合发布了《中国公民自费出国旅游管理暂行办法》，这标志着国家正式开办中国公民自费跨境旅游。当前，中国已成为令世界瞩目的旅游者输出大国，也成为主要的旅游者输入国。

第一节　跨境旅游活动主体和合同类型

一　跨境旅游的定义和参与主体

（一）跨境旅游的定义

自 19 世纪 40 年代开始，近现代旅游业开始得到发展。随着旅游活动的

---

① 刘敢生：《WTO 与旅游服务贸易的法律问题》，广东旅游出版社，2000，第 52 页。
② 孙小荣：《中国旅游的变革力量》，新华出版社，2017，第 15 页。
③ 孙小荣：《中国旅游的变革力量》，新华出版社，2017，第 15 页。

开展，人们尝试对旅游进行界定。但直至现在，国际社会也未对旅游的定义达成一致意见。尽管如此，人们在旅游的定义上仍取得了一些基本的共识。例如，1942 年，瑞士的汉泽克尔教授（Hunziker）和克拉普夫教授（Krapf）将旅游定义为："旅游是非定居者的旅行和暂时居留而引起的一种现象及关系的总和，这些人不会因而永久居留，并且主要不从事牟利的活动。"[①] 该定义强调了旅游活动的综合性、异地性、暂时性和非营利性。该定义于 1970 年为"旅游科学专家国际联合会"（AIEST）所采用，被称为"艾斯特定义"。于 1991 年 6 月在加拿大召开的"世界旅游统计大会"（International Conference on Tourism Statistics）将旅游界定为"人们基于获取报酬外的目的，离开惯常居住的环境到其他地方旅行，但停留时间不超过特定时间段"。[②] 该定义同样明确了旅游活动的异地性和非营利性，并对旅游时间上限作出了明确规定，排除移民定居情形。1994 年世界旅游组织在《旅游统计国际大会建议书》（*Recommendations on Tourism Statistics*）中将旅游界定为"人们基于娱乐、商务和其他除获取报酬外的目的，到其惯常居住地之外旅行和暂时居住，且连续时间不超过一年"。[③] 该定义与上述两个定义保持一致，但对停留的时间作出具体的规定，即少于 1 年。中国现有的法律尚未对旅游作出界定。不过，《中华人民共和国旅游法》（草案）第 2 条第 2 款曾对旅游作出了界定。该条款规定，旅游指自然人为休闲、娱乐、游览、度假、探亲访友、就医疗养、购物、参加会议或从事经济、文化、体育、宗教活动，离开常住地到其他地方，连续停留时间不超过 12 个月，并且主要目的不是通过所从事的活动获取报酬的行为。该定义与上述定义也保持一致。

[①] The sum of the phenomena and relationships arising from the travel and stay of non-residents, in so far as they do not lead to permanent residence and are not connected to any earning activity. 蒋冬梅：《旅游法若干理论问题探析》，《广东社会科学》2015 年第 6 期，第 239 页。

[②] Tourism is defined as the activities of a person travelling to a place outside his or her usual environment fie less than a specified period of time and whose main purpose of travel is other than the exercise of an activity remunerated from within the place visited：（a）the term "usual environment" is intended to exclude trips within the place of residence（1）and routine trips（2）；（b）the term "less than a specified period of time" is intended to exclude long-term migration；and（c）the term "exercise of an activity remunerated from within the place visited"（3）is intended to exclude only migration for temporary work.

[③] Tourism comprises the activities of persons travelling to and staying in places outside their usual environment for not more than one consecutive year for leisure, business and other purposes not related to the exercise of an activity remunerated from within the place visited. See Recommendations on Tourism Statistics United Nations World Tourism Organization 1994 Series M No 83.

综上所述，旅游活动具有综合性、娱乐性、异地性、暂时性、非营利性的特点。① 据此，笔者认为跨境旅游②可被定义为，人们出于工作和移民以外的目的（包括进行观光、度假、探亲访友、就医疗养、购物、参加会议或从事经济、文化、体育、宗教活动等），离开居住地或惯常居所地国，到其他国家或地区停留，时间上不超过 12 个月或一年。

值得注意的是，中国旅游相关法律法规以及部门规章并没有将跨境旅游和跨国旅游明确区分，有的还混合使用。另外，对于跨境旅游是否包括往来香港特别行政区、澳门特别行政区和台湾地区旅游的问题，也未明确予以规定。例如，《国家旅游局关于加强中国公民出境旅游市场管理的通知》（2003 年）和《中国公民出国旅游管理办法》（2001 年）同时使用"出国旅游"和"出境旅游"。但是，对于这两个词语的内涵是否一致和是否包含港澳台地区的问题没有予以明确。同样，2013 年实施的《中华人民共和国旅游法》（以下简称"《旅游法》"）和《旅行社条例》（2009 年）也多次使用"出境旅游"一词，但均未对出境旅游作出具体的界定。然而，经修订的《旅行社条例实施细则》（2010 年）在第 3 条中明确规定，《旅行社条例》第 2 条中的"出境旅游"和"入境旅游"包括往来港澳台地区旅游。因此，本书中的跨境旅游指中国大陆的旅游者赴其他国家以及香港特别行政区、澳门特别行政区和台湾地区（以下简称"港澳台地区"）的旅游，和外国以及港澳台地区的旅游者来中国大陆的旅游。

（二）跨境旅游的主要参与主体及其权利义务

跨境旅游活动的参与主体是指跨境旅游服务法律关系中一定权利的享有者和一定义务的承担者。为便于讨论，本书主要研究跨境旅游活动的三类参与主体，即跨境旅游者、跨境旅游经营者和跨境旅游履行辅助人。

1. 跨境旅游者的定义和权利义务

（1）跨境旅游者的定义。跨境旅游者是一切旅游活动开展的中心。关于跨境旅游者的定义，国际社会进行了有益的探讨。1937 年国际联盟专家统计委员会（The Committee of Statistics Experts of the League of Nation）对跨境旅游者作出了一个颇有影响力且较为权威的界定，即离开自己的居住

---

① 李肇荣等主编《旅游学概论》，清华大学出版社，2006，第 48 ~ 49 页。

② 值得注意的是，旅游与旅行的关系是，旅游都要经过旅行过程，但并非所有的旅行都属于旅游。

国到另一个国家访问超过 24 小时的人。① 跨境旅游者主要包括以下几类人员：为了寻求娱乐、消遣，或为健康、家庭原因而进行跨境旅游的人；为出席国际会议或作为各国公务代表而出国的人；为洽谈商务而跨境旅行的人；在海上巡游途中登岸访问的人（即使其逗留时间不超过 24 小时）。同时，不属于跨境旅游者的人员包括：到外国就业任职的人；到外国定居的人；到国外学习，膳宿在学校的学生；居住在边境地区而跨越边界去工作的人；临时过境而不停留的人。1989 年在荷兰海牙通过的《海牙旅游宣言》（*The Hague Declaration on Tourism*）也对跨境旅游者进行了界定：①拟前往或前往一个与居住国不同的国家；②旅游的主要目的是访问或逗留，时间不超过 3 个月，除非超过 3 个月的逗留经过允许或得到延期；③在所访问的国家中，不得从事任何有薪酬的活动，无论是否受命从事这种活动；④在访问或逗留期满后离开访问的国家，返回居住国或前往另一个国家。凡不属于上述定义中的任何人，特别是以旅游者的身份进入他国但以谋求定居为目的或从事有薪酬活动的人员，都不属于跨境旅游者。② 1991 年，世界旅游组织在旅游统计国际大会上通过的《旅游统计国际大会建议书》（*Recommendations on Tourism Statistics*），对跨国旅游者的定义作出了全面、系统的规定。③ 其中，国际游客指一个人到他通常居住的国家以外的另一个国家

---

① A. K. Bhatia, *The Business of Tourism: Concepts and Strategies* (Sterling Publishers, 2006), pp. 55 – 56.

② The Hague Declaration on Tourism Principle IV.

1. In view of the eminently human character of tourism, conaideration should always be given to the specific problems of tourists themselves, whether they be domestic or international. An international tourist is any person:

(a) Who intends to trsvel, and/or travels, to a country other than that in which he or she has his or her usual place of residence, and (b) Whose main purpose of travel is a visit or stay not exceeding three months, unless a stay longer than three months is authorized or the three months authorization is renewed, and (c) Who will not exercise, whether or not he or she is called upon to exercise, any activity remunerated in the country visited, and (d) Who, at the end of the said visit or stay, will obligatorily leave the country visited, either to return to the country where he or she has his or her usual place of residence or to travel to another country.

2. It logically follows that a person cannot be considered an international tourist if he or she does not fulfil all the conditions enumerated in paragraph 1 and, in particular, if, after entering the country as a tourist for a tourist visit or stay, he or she seeks to prolong his or her length of visit or stay so as to establish residence and/or to exercise a remunerated activity there.

③ John Jenkins & John Pigram, *Encyclopedia of Leisure and Outdoor Recreation* (Routledge, 2004), pp. 534 – 535.

旅游，时间不超过一年，且主要目的不是从到访国获得经济利益。国际游客又分为两类：国际旅游者在访问国停留至少一夜，最多不超过一年；国际一日游客在访问国停留不超过 24 小时且不过夜。

综上，跨境旅游者共有三个概念特点。其一，具有空间移动性，指离开居住地或惯常居所地所在国到另外一个国家。其二，具有一定的时间性，包括访问时间不超过 24 小时且不在外过夜的旅游者，和访问时间超过 24 小时但不超过一年的旅游者。其三，具有明确的目的性，排除了居住、就业或有其他经济目的的人员。值得注意的是，根据马斯洛的需要层次理论，旅游消费属于满足人们高层次需求的生活消费，用于提高人们的文化素质，陶冶情操，发展智力与体力。① 参照国际化标准组织消费政策委员会于 1978 年在瑞士日内瓦召开的第一届年会上对消费者所作的定义，旅游者是从旅游市场购买和使用旅游服务，满足其旅游需求的个体，属于消费者。② 另外，2016 年联合国《保护消费者准则》（*United Nations Guidelines for Consumer Protection*）在第 69 条③中要求各成员国保护作为消费者的旅游者的合法权益。因此，跨境旅游者属于跨境消费者。

（2）跨境旅游者享有的主要权利和义务。旅游者作为消费者，享有一般消费者所享有的基本权利。例如，《旅游法》第 9～12 条规定，旅游者享有自主选择权、公平交易权、知情权、受尊重权、人身财产安全权和求偿权。同时，鉴于旅游业的特殊性，旅游者还享有其他几种特殊的权利。第一，无理由退货权。旅游经营者以不合理的低价组织旅游活动，通过安排购物或另行付费旅游项目获取回扣等不正当利益。那么，旅游者有权在旅游行程结束后 30 日内，要求旅行社为其办理退货并先行垫付退货货款，或退还另行付费旅游项目的费用。④ 第二，获得惩罚性赔偿的权利。旅游

---

① 傅林主编《国际旅游法律问题研究》，天津人民出版社，2008，第 19～20 页。

② An individual member of the general public purchasing or using goods, property or services for private purposes. 消费者是为个人消费目的而购买或使用商品和服务的个体社会成员。

③ Article 69 In advancing consumer interests, particularly in developing countries, Member States should, where appropriate, give priority to areas of essential concern for the health of the consumer, such as food, water, pharmaceuticals, energy and public utilities, and also address the specificities of tourism. Policies should be adopted or maintained for product quality control, adequate and secure distribution facilities, standardized international labelling and information, and education and research programmes in these areas. Member State guidelines in regard to specific areas should be developed in the context of the provisions of the present document.

④ 《旅游法》第 35 条。

经营者具备履行条件，经旅游者要求仍拒绝履行合同，造成旅游者人身伤害、滞留等严重后果的，旅游者可要求旅游经营者支付旅游费用一倍以上三倍以下的赔偿金。[①] 另外，在获得赔偿方面，旅游者可依据相关的国内法、区域性或国际条约请求旅游组织者、交通运输承运人或其他侵权责任人中的一个或多个主体予以赔偿。但是，为了避免旅游者重复获得赔偿，旅游者依据欧盟《关于包价旅游和关联旅游安排指令》[②]（以下简称"欧盟第 2015/2302 号指令"）或其他欧盟立法或国际公约获得赔偿或降低合同价款的应扣除重复的部分。[③] 第三，自由转让旅游合同的权利。在旅游行程开始前，旅游者可以将包价旅游合同自由转让给第三人。但是，旅游者需在行程开始前的一定时间内告知旅游经营者关于合同转让的事宜。例如，欧盟第 2015/2302 号指令第 9 条规定最少应提前 7 天告知。另外，旅游者和第三人需承担因合同转让而增加的费用，但费用不得超过旅游经营者因合同转让而产生的实际费用。[④] 第四，任意解除权。作为《合同法》基本根基的"有约必守原则"在消费者保护领域被推翻。[⑤] 旅游者缔结合同后可以不必遵守。旅游者可在旅游行程开始前或结束前解除合同。旅游者的任意解除权，脱胎于承揽合同中定作人的任意解除权。[⑥] 这种任意解除权是形成权，只要旅游者向旅游经营者作出解约的意思表示且到达旅游经营者时，即发生解约效果。如果旅游经营者试图通过约定排除旅游者这种法定权利，则约定无效。[⑦] 另外，旅游经营者应当在扣除必要的费用后，将余款退还给旅游者。[⑧] 其中，旅游者需要承担的"必要费用"主要包括

---

① 《旅游法》第 70 条。

② Directive 2015/2302 of the European Parliament and of the Council of 25 November 2015 on Package Travel and Linked Travel Arrangements.

③ 欧盟《关于包价旅游和关联旅游安排指令》序言第 36 点。

④ 《旅游法》第 64 条和欧盟《关于包价旅游和关联旅游安排指令》第 9 条。

⑤ 于颖、克里斯托福·霍金斯：《消费者纠纷解决的 CDR 机制》，第 8 页，http://www.fljs.org/sites/www.fljs.org/files/publications/CDR%20Mechanism%20for%20Consumer%20Dispute%20Resolution.pdf，最后访问日期：2020 年 10 月 29 日。

⑥ 申海恩：《旅游者任意解除权初探》，载韩玉灵、申海恩主编《中国旅游法评论》（第 1 辑），旅游教育出版社，2014，第 181～182 页。

⑦ 汪传才：《论旅游者任意解约权》，载杨富斌、侯作前主编《旅游法论丛》（第 3 辑），中国法制出版社，2013，第 173 页。

⑧ 例如《旅游法》第 65 条、欧盟《关于包价旅游和关联旅游安排指令》第 12 条、《德国民法典》第 651 条、中国台湾地区"民法"第 514 条第 9 款和《布鲁塞尔旅游合同国际公约》第 9 条。

两个部分。其一，旅游经营者已经提供的服务或已经完成的工作的成本，如支付给第三方且无法退还的费用和旅行社工作人员的劳务费用。其二，与前述成本相应的合理利润。但是，成本与利润的数额确定存在较大的模糊性和难度。为此，中国国家旅游局和国家工商行政管理总局制定的《团队出境旅游合同（示范文本）》第 15 条①采取了事先在合同条款中约定相应的扣除比例来统一计算标准的方式。②

跨境旅游者应遵守的义务主要分为以下几个方面。第一，文明旅游的义务。跨境旅游者在旅游活动中应当遵守社会公共秩序和社会公德，尊重当地的人文和自然环境。③ 第二，不损害他人合法权益的义务。跨境旅游者在旅游活动中或解决旅游纠纷时，不得损害他人的合法权益，包括不得损害旅游目的地国居民、其他旅游者、旅游经营者和从业人员的合法权益。④ 第三，遵守如实告知义务、安全警示义务和配合义务。⑤ 跨境旅游者应遵守旅游合同约定，如实告知与旅游活动相关的个人健康信息，遵守旅游活动中的安全警示规定。跨境旅游者应配合国家应对突发事件暂时限制旅游活动的措施和有关部门、机构或旅游经营者采取的安全防范和应急处置措施。⑥ 第四，不得非法滞留和擅自分团、脱团的义务。跨境旅游者不得在境外或境内非法滞留，不得擅自分团、脱团。⑦

---

① 第 15 条：必要的费用扣除 1. 旅游者在行程开始前 30 日以内提出解除合同或者按照本合同第十二条第 2 款约定由出境社在行程开始前解除合同的，按下列标准扣除必要的费用：行程开始前 29 日至 15 日，按旅游费用总额的 5%；行程开始前 14 日至 7 日，按旅游费用总额的 20%；行程开始前 6 日至 4 日，按旅游费用总额的 50%；行程开始前 3 日至 1 日，按旅游费用总额的 60%；行程开始当日，按旅游费用总额的 70%。2. 在行程中解除合同的，必要的费用扣除标准为：旅游费用×行程开始当日扣除比例 +（旅游费用 – 旅游费用×行程开始当日扣除比例）÷旅游天数×已经出游的天数。如按上述第 1 款或者第 2 款约定比例扣除的必要的费用低于实际发生的费用，旅游者按照实际发生的费用支付，但最高额不应当超过旅游费用总额。解除合同的，出境社扣除必要的费用后，应当在解除合同通知到达日起 5 个工作日内为旅游者办结退款手续。
② 胡斌等：《旅游行政执法与投诉处理典型案例评析》，西泠印社出版社，2016，第 3 页。
③ 《旅游法》第 13 条、《全球旅游伦理规范》（1999 年）第 1 条和《旅游权利法案和旅游者守则》第 11 条。
④ 《旅游法》第 14 条。
⑤ 杨富斌、苏号朋主编《中华人民共和国旅游法释义》，中国法制出版社，2013，第 59 页。
⑥ 《旅游法》第 15 条和最高人民法院《关于审理旅游纠纷案件适用法律若干问题的规定》第 8 条。
⑦ 《旅游法》第 16 条。

2. 跨境旅游经营者的定义和权利义务

（1）跨境旅游经营者的定义。跨境旅游经营者是指招徕、组织、接待一国旅游者到另一个国家旅游并向其推介和销售相关旅游服务产品的人。跨境旅游经营者可以与旅游者的所属国相同，即具有共同的客源地国国籍，也可以与旅游者所属国不同，即具有旅游目的地国或第三国国籍。旅游经营者可分为旅游组织者和旅游经销商。旅游经销商又可细分为旅游批发商和旅游零售商。一般而言，旅游组织者是专门生产包价旅游服务产品并予以出售的旅游经营者。旅游批发商和旅游零售商是直接面对旅游者并向其推销旅游服务产品或为其购买产品提供便利的旅游经营者。但是，随着旅游电子商务的发展，旅游服务产品的形式更为复杂多样，导致旅游组织者和旅游经销商区分困难。这也导致在旅游纠纷发生后各自法律责任难以确定的难题。为此，欧盟第 2015/2302 号指令在其第 3 条中对这两者分别进行了界定并明确了各自应承担的法律义务。欧盟第 2015/2302 号指令将旅游组织者界定为，直接或通过其他经营者或与其他经营者合作将旅游服务产品组合并以包价旅游形式予以销售，或根据第 3 条第 2 款第 2 项的规定将旅游者的信息传递给其他经营者。[①] 在组合的包价旅游服务产品中，若一个以上的经营者符合第 3 条第 2 款所规定的要求，那么这些经营者均属于旅游组织者，除非他们明确告知旅游者某个经营者为旅游组织者。旅游经销商是除旅游组织者以外销售经旅游组织者组合的包价旅游服务产品的经营者。[②]

（2）跨境旅游经营者的主要权利和义务。旅游经营者的权利主要为获得提供旅游服务的相应报酬的权利。旅游经营者的义务主要包括签订合同时的信息告知义务、按照旅游合同提供旅游服务的义务以及在紧急情况下对旅游者的救助义务。为避免与下文内容的重复，本部分仅以欧盟第 2015/2302 号指令第 10 条规定为例，讨论旅游经营者在变更旅游合同价款方面享有的权利和义务。在更改旅游合同价款方面，旅游经营者享有的权利和义务主要包括五个方面。第一，旅游经营者应在旅游合同条款中明确规定将来合同价款存在上涨的可能，但旅游者享有价款降低的权利以及知悉价格变动的计算方法的权利。第二，旅游经营者上涨合同价款只能是基

---

① 欧盟《关于包价旅游和关联旅游安排指令》第 3 条第 8 款。
② 欧盟《关于包价旅游和关联旅游安排指令》第 3 条第 9 款。

于交通燃油费或其他燃料费、由第三方收取的与旅游服务相关的税费和汇率上涨的原因。合同价款上涨幅度不得超过包价合同总价款的8%，否则旅游者有权解除合同。第三，旅游经营者需要至少在行程开始前20天告知旅游者合同价款上涨的事宜，并且说明具体理由。第四，旅游经营者必须告知旅游者有关合同价款降低的信息。第五，在出现合同价款降低的情形时，旅游经营者可在扣除实际发生的行政管理费用后将剩余钱款交付给旅游者。值得注意的是，当旅游经营者对包价旅游合同的未履行或未适当履行承担法律责任时，享有援引国际公约[1]中关于旅游服务提供者责任限制规定的权利。[2]

3. 跨境旅游履行辅助人的定义和权利义务

（1）跨境旅游履行辅助人的定义。跨境旅游活动至少涉及"吃、住、行、游、购、娱、商、养、学、闲、情、奇"十二个要素，牵扯到相关行业110多个。[3] 因此，仅凭旅游经营者是难以完成的。旅游履行辅助人的参与对于旅游目的的实现至关重要。在跨境旅游活动中，旅游履行辅助人多为旅游目的地国的自然人或法人，或是受旅游目的国法律管辖的自然人或法人。[4] 2010年最高人民法院出台的《关于审理旅游纠纷案件适用法律若干问题的规定》（以下简称"《旅游纠纷司法解释》"）舍弃了《旅行社条例》采用只包括旅行社与旅游者在内的当事人模式，改用旅游者、旅游经营者及旅游履行辅助人[5]这一创造性的法律关系结构。该司法解释将旅游履行辅助人界定为，与旅游经营者存在合同关系，协助旅游经营者履行旅游合同义务，实际提供交通、游览、住宿、餐饮、娱乐等旅游服务的人。按照这一定义，旅游履行辅助人不局限于《旅行社条例》第36条规

---

[1] 相关的国际公约如1999年的《统一国际航空运输某些规则的公约》、1980年的《国际铁路运输公约》和1974年的《海上旅客及其行李运输雅典公约》。

[2] 欧盟《关于包价旅游和关联旅游安排指令》序言第35点。

[3] 王崇敏、齐虎：《试论旅游纠纷仲裁解决机制》，《海南大学学报》（人文社会科学版）2010年第3期，第37~38页。

[4] 与跨境旅组组织者一样，世界各国也对旅游服务提供者的资质和条件也有一定的要求。但是，作为跨境旅游民事法律关系的主体而言，当事人的主体资格涉及的调整法律并不是唯一的，因此不会因为当事人一方未经行政认证而否定有关涉外民商事权利义务关系的存在。此种现状意味着当法院管辖和法律适用上出现冲突时，对跨国旅游经营者的不同判断会有不同的结果。

[5] 值得注意的是，《旅游纠纷司法解释》使用的是"旅游辅助服务者"一词。为便于讨论，本书统一采用《旅游法》中的"履行辅助人"一词。

定的受托旅行社,即地接社。旅游履行辅助人还包括所有通过与旅游经营者订立合同,为旅游经营者履行旅游合同提供协助的自然人或法人,如出租汽车公司、旅游景点的经营者、酒店、餐厅、商店、娱乐设施的经营者等。① 《旅游纠纷司法解释》还规定旅游履行辅助人为侵权责任的承担主体,并就履行辅助、转团法律关系及由此产生的连带责任、安全保障义务等问题进行了规则上的梳理。另外,2013 年《旅游法》首次在法律文本中明确采纳传统大陆法系"履行辅助人"之概念。《旅游法》在归责机制上对一般违约采"债务人为债务履行辅助人负责"的路径,对人身财产损害则设置了不真正连带责任。这与《旅游纠纷司法解释》中的二分架构一脉相承。②

(2)跨境旅游履行辅助人的主要权利和义务。旅游履行辅助人的主要权利为在提供旅游服务后向旅游经营者请求支付报酬。旅游履行辅助人须按照与旅游经营者签订的合同履行合同义务。因此,旅游履行辅助人不是旅游合同的当事人,但根据其与旅游经营者签订的合同负有向旅游经营者指定的旅游者履行旅游合同的义务。当旅游履行辅助人未向旅游者履行合同义务或履行不符合合同规定时,由于受"合同相对性"原则的限制,旅游者无法直接向旅游履行辅助人主张履行,只能追究旅游经营者的违约责任。这在中国《旅游法》第 71 条中得到明确规定,即因履行辅助人的原因导致违约的,由旅游经营者承担责任;旅游经营者承担责任后可以向履行辅助人追偿。这在实践中导致旅游者诉讼成本增加。不过,2020 年 5 月 28 日由十三届全国人大三次会议表决通过的《中华人民共和国民法典》第 522 条在合同法规定的基础上,直接赋予旅游者对旅游履行辅助人的履行请求权。③ 另外,由于履行辅助人的原因造成旅游者人身损害、财产损失的,旅游者可以要求履行辅助人承担赔偿责任,也可以要求旅游经营者承担赔偿责任。旅游经营者承担责任后可以向履行辅助人追偿。④

---

① 苏号朋、唐慧俊:《论旅游辅助服务者的法律地位及责任承担》,《法学杂志》2011 年第 6 期,第 4~5 页。

② 刘凯湘、吴才毓:《论旅行社转团的法律关系与责任承担——基于一个典型案例的解释》,《法学杂志》2014 年第 4 期,第 29~30 页。

③ 范文文:《向第三人履行合同相关规定对旅游纠纷处理的影响》,《中国旅游报》2020 年 11 月 26 日,第 7 版。

④ 《旅游法》第 71 条。

二 跨境旅游合同的类型和法律规制

任何旅游服务产品若没有旅游者来消费则无法实现其价值。因此，在旅游市场中处于核心地位的是旅游者。只有旅游者的合法权益得到有效保护，才能充分调动旅游者购买旅游服务产品的积极性和促进旅游业的发展。而旅游者合法权益的保护不仅依赖于完善的旅游立法，还需要将大量与旅游相关的法律法规内容转化为现实的旅游合同。旅游合同是旅游者与旅游经营者之间明确相互权利义务关系的一种协议，也是保护旅游者合法权益的最为直接和重要的依据之一。[①] 现实中，旅游合同对当事人权利义务规定不明确和不合理成为旅游纠纷发生以及旅游者合法权益受到侵害的主要原因。

（一）跨境旅游合同的定义

虽然旅游合同具有重要地位，但是对于其确切含义，各国和国际立法的理解和界定并不太一致。《德国民法典》第651a条规定，旅游合同是指旅游举办人向旅游者提供旅行给付的全部，旅游者向旅游举办人支付约定的旅游费用的合同。当旅游举办人表示其仅为个别旅游服务提供人的媒介者，若依其他客观情事应由其以自己责任给付约定的旅游服务时，旅游举办人的表示不予考虑。[②] 根据此定义，旅游合同指包价旅游合同，而不包括仅提供单项旅游服务的合同。1978年的《南斯拉夫债务关系法》将旅游合同分为旅游组织合同、旅游代理人合同和分配房间合同。[③] 由此可见，符合该定义的旅游合同主要分为三类，即包价旅游合同、旅游代办合同和住宿合同。日本旅行业法和标准旅行业约款中的旅游合同，主要指旅行社与参加包价旅游团体的旅游者为明确双方在旅游活动中的权利和义务而缔结的合同。[④] 因此，日本法下的旅游合同为包价旅游合同。2013年的《旅游法》未对旅游合同的概念作出具体界定，只在第111条中对包价旅游合同[⑤]作

---

① 郑文科：《旅游合同研究》，首都经济贸易大学出版社，2014，第8页。
② 陈卫佐：《德国民法典》，法律出版社，2004，第220页。
③ 《南斯拉夫债务关系法》第859~879条、第880~884条和第885~896条。
④ 韩阳等：《旅游合同研究》，知识产权出版社，2007，第3页。
⑤ 第111条：包价旅游合同，是指旅行社预先安排行程，提供或者通过履行辅助人提供交通、住宿、餐饮、游览、导游或者领队等两项以上旅游服务，旅游者以总价支付旅游费用的合同。

出了界定。但是，该法在第 73 条①和第 74 条②就包价旅游合同和代办旅游合同涉及的法律问题作出了规定。由此可见，《旅游法》下的旅游合同包括包价旅游合同和代办旅游合同。《布鲁塞尔旅游合同国际公约》第 1 条第 1 款③规定，旅游合同指有组织的旅游合同或中间人承办的旅游合同。按照该公约的规定，旅游合同分为包价旅游合同和代办旅游合同。由此可见，无论是国内立法还是国际立法，旅游合同都至少包含包价旅游合同，也可包含代办旅游合同，甚至是住宿合同。

　　学者们对旅游合同的界定也存在较多的讨论。例如，中国台湾地区的学者认为，旅游合同指旅行社为旅游者设计全程的旅游计划，并提供旅游服务，其报酬由旅行社预先确定总额，为旅游者所接受而承诺，成立合同。④因此，按该学者的观点，旅游合同仅指包价旅游合同。中国大陆的学者认为，狭义的旅游合同的订立主体限于旅游者和旅游经营者（主要为旅行社）；广义的旅游合同则是旅游者和旅游过程中各个旅游服务提供者所签订的合同，涉及交通、住宿、餐饮等多个行业。⑤然而，由于广义的旅游合同会导致旅游合同立法涉及面过宽，难以反映旅游业和旅游合同的内在特殊性，因而不予采纳。⑥鉴于此，《中华人民共和国合同法》（征求意见稿）当初也采纳了狭义概念。其第 325 条规定，旅游合同是旅行社提供旅游服务，旅游者支付旅游费用的合同。⑦因此，按照中国大陆学者和《合同法》（征求意见稿）的界定，旅游合同包括包价旅游合同和代办旅游合同。

　　综上所述，跨境旅游合同指依法取得旅游业经营权的主体与旅游者之

---

① 第 73 条：旅行社根据旅游者的具体要求安排旅游行程，与旅游者订立包价旅游合同的，旅游者请求变更旅游行程安排，因此增加的费用由旅游者承担，减少的费用退还旅游者。

② 第 74 条：旅行社接受旅游者的委托，为其代订交通、住宿、餐饮、游览、娱乐等旅游服务，收取代办费用的，应当亲自处理委托事务。因旅行社的过错给旅游者造成损失的，旅行社应当承担赔偿责任。旅行社接受旅游者的委托，为其提供旅游行程设计、旅游信息咨询等服务的，应当保证设计合理、可行，信息及时、准确。

③ Article 1. 1 "Travel Contract" means either an organized travel contract or an intermediary travel contract.

④ 孙森焱：《旅游契约之研究》，《东吴大学法律学报》1998 年第 1 期，第 3 页。

⑤ 王家福：《中国民法学·民法债权》，法律出版社，1991，第 733 页。

⑥ 郑晶：《旅游合同立法的几个基础性问题》，《旅游学刊》2011 年第 4 期，第 44 页。

⑦ 全国人民代表大会常务委员会法制工作委员会民法室：《〈中华人民共和国合同法〉及其重要草稿介绍》，法律出版社 2000 年版，第 151～152 页。不过遗憾的是，在 1999 年 3 月 15 日公布的《中华人民共和国合同法》中删除了"旅游合同"一章。而其删除理由未有详细的解释。

间订立的，由前者提供相关旅游服务并收取旅游费用的合同。[①]

（二）跨境旅游合同的主要类型

按照不同的标准，旅游合同可分为不同的类型。根据旅游目的地与旅游者所在国的关系，可将旅游合同分为国内旅游合同和出境旅游合同。根据旅游合同的客体，可将旅游合同分为包价旅游合同和代办旅游合同。[②]根据上述对旅游合同定义的探讨，旅游合同中最为重要且最为常见的类型为包价旅游合同和代办旅游合同。因此，本部分主要探讨跨境包价旅游合同和跨境代办旅游合同这两种合同类型。

1. 跨境包价旅游合同

《布鲁塞尔旅游合同国际公约》第 1 条第 2 款将包价旅游合同界定为，自然人或法人以自己的名义为他人提供交通运输、住宿（不属于交通运输工具组成部分）或其他旅游服务并以总价款方式收取费用的合同。《旅游法》第 111 条第 3 款将包价旅游合同界定为，旅行社预先安排行程，提供或者通过履行辅助人提供交通、住宿、餐饮、游览、导游或者领队等两项以上旅游服务，旅游者以总价支付旅游费用的合同。由此可见，在包价旅游合同中，一般由旅游经营者事先将各种旅游服务有机整合起来，并负责向旅游者提供"一揽子旅游服务"。包价旅游合同一般具有两个特点。其一，合同的标的是综合性旅游服务的给付，即旅游经营者所提供的给付至少有两项与旅游有关。其二，旅游经营者与旅游者直接订立旅游合同，以提供整体服务的给付。[③]另外，根据《旅游法》的界定，包价旅游合同并不仅限于旅行社组织的团队旅游这一种形式，还包括现在流行的"机票＋酒店"形式。值得注意的是，按照《旅游法》第 28 条[④]的规定，任何自然人或法人要从事包价旅游业务，应先取得旅游主管部门的许可，申请旅行社业务许可证，并取得工商部门颁发的营业执照。具备旅行社业务经营许可

---

① 郑文科：《旅游合同研究》，首都经济贸易大学出版社，2014，第 25 页。

② 郑文科：《旅游合同研究》，首都经济贸易大学出版社，2014，第 32 页。

③ 周晓晨：《论旅游服务提供者在包价旅游合同中的法律地位及责任》，《旅游学刊》2013 年第 7 期，第 48～49 页。

④ 第 28 条：设立旅行社，招徕、组织、接待旅游者，为其提供旅游服务，应当具备下列条件，取得旅游主管部门的许可，依法办理工商登记：（一）有固定的经营场所；（二）有必要的营业设施；（三）有符合规定的注册资本；（四）有必要的经营管理人员和导游；（五）法律、行政法规规定的其他条件。

证和营业执照的企业，才具有从事包价旅游业务的资质。① 由此可见，包价旅游业务是旅行社的专属业务。

为对新形式的包价旅游予以规制和充分保护旅游者的合法权益，欧盟委员会通过第 2015/2302 号指令，对欧盟第 90/314 号指令中关于包价旅游合同的内涵②进行了重大修订。具体而言，旅游服务产品主要包括四类：①旅客交通运输服务；②住宿服务（不属于交通运输的组成部分且不以居住为目的）；③租用汽车或其他符合欧盟第 2007/46 号或第 2006/126 号指令的机动车辆服务；④不属于上述三项旅游服务组成部分的其他类型旅游服务。③ 包价旅游服务产品是基于同一旅行或度假目的将两种或两种以上不同旅游服务组合起来，只要这种组合满足下列两种条件之一即可。其一，在签订包含所有所需旅游服务产品的单一合同之前，同一旅游经营者在旅游者的要求下或根据旅游者的选择将这些旅游服务产品进行组合。其二，无论旅游者是否与单个的旅游服务提供者分别签订合同，只要这些服务产品满足以下两种情形之一：①是由旅游者通过同一销售地点④购买且在支付钱款前都已选择好，并由旅游经营者以总价款的方式提供、销售或收取钱款，以"包价旅游合同"或类似名称进行广告宣传或销售，且对旅游者所选择的不同旅游服务产品进行组合后缔结的旅游合同；②通过相互关联的在线预订系统从不同的旅游经营者处购买旅游服务产品，在旅游者与第一个旅游经营者签订合同后，旅游者的姓名、支付信息以及电子邮箱信息从该经营者被转递至其他旅游经营者，且旅游者必须在 24 小时内与后一个旅游经营者签订合同（以下简称"定制旅游合同"）。⑤

值得注意的是，将欧盟第 2015/2302 号指令第 3 条第 1 款第 1、2、3 项中规定的不超过一种的旅游服务产品与第 1 款第 4 项中的一种或一种以上的旅游服务产品组合，若满足以下两种情形之一就不属于包价旅游服务

---

① 黄恢月：《对旅游俱乐部等旅游新主体的认识与监管（下）》，《中国旅游报》2016 年 1 月 27 日，第 C02 版。

② 包价旅游是指在服务期间超过 24 小时或者包括夜间住宿且以总价格销售的情况下，将下列各项不少于两项的事先组合：（1）旅客交通运输；（2）住宿；（3）与交通或住宿无辅助关系且构成一揽子旅游服务重要组成部分的其他旅游服务。

③ 欧盟《关于包价旅游和关联旅游安排指令》第 3 条第 1 款。

④ 该指令序言第 10 点规定，如果是旅游者在同意支付前基于同一预定程序购买的旅游服务，那么可将旅行社和网站视为旅游服务提供的地点。

⑤ 欧盟《关于包价旅游和关联旅游安排指令》第 3 条第 2 款。

产品。其一，第 4 项中一种或一种以上的旅游服务产品不构成被组合的旅游服务产品价款的主要部分，且在广告宣传或其他销售途径中也未被视为主要的组成部分。其二，第 4 项中一种或一种以上的旅游服务产品是在第3 条第 1 款第 1、2、3 项规定的旅游服务产品开始履行后才被选择和购买的。据此，该指令在第 3 条第 3 款中将包价旅游合同界定为，整体提供包价旅游服务产品的单一合同，或分别提供包价旅游服务的所有单个合同。

2. 跨境代办旅游合同

即旅游单项委托服务协议。《布鲁塞尔旅游合同国际公约》第 1 条第 3款将代办旅游合同界定为，自然人或法人为他人提供的包价旅游服务或其他促成旅游的一项或多项旅游服务并收取价款的合同。可见，该公约对代办旅游合同作了广义的界定，与其关于包价旅游合同的界定存在一定的重合之处，导致区分困难。相比而言，《旅游法》第 74 条[①]和《旅行社条例实施细则》（2016 年）第 2 条[②]均对代办旅游合同进行了较为明确、合理的界定。代办旅游合同指旅行社与旅游者签订的为其代订交通、住宿、餐饮、游览、娱乐等旅游服务或为其提供旅游行程设计、旅游信息咨询等服务并收取代办费用的合同。由此可见，旅游代办合同的要件主要有三点。其一是旅游者掌握"行程规划决定权"和"供应商采购决定权"。其二是旅行社与旅游者签订合同的形式为委托合同，即旅游者授权旅行社以其名义对外为相关法律行为。其三是旅行社对旅游者分项收费，列明具体的处理委托代理事务的费用以及旅行社的报酬。[③]

值得注意的是，中国的旅游代办服务不属于旅行社的专属业务，该业务对社会不特定的人开放，和普通的服务业没有什么特别的区别。任何单位和个人在工商部门登记，具备了相应经营资质，就可以开展代办服务，

---

① 第 74 条：旅行社接受旅游者的委托，为其代订交通、住宿、餐饮、游览、娱乐等旅游服务，收取代办费用的，应当亲自处理委托事务。因旅行社的过错给旅游者造成损失的，旅行社应当承担赔偿责任。旅行社接受旅游者的委托，为其提供旅游行程设计、旅游信息咨询等服务的，应当保证设计合理、可行，信息及时、准确。

② 第 2 条：旅行社还可以接受委托，提供下列旅游服务：（一）接受旅游者的委托，代订交通客票、代订住宿和代办出境、入境、签证手续等；（二）接受机关、事业单位和社会团体的委托，为其差旅、考察、会议、展览等公务活动，代办交通、住宿、餐饮、会务等事务；（三）接受企业委托，为其各类商务活动、奖励旅游等，代办交通、住宿、餐饮、会务、观光游览、休闲度假等事务；（四）其他旅游服务。

③ 黄瑞鹏：《"包价旅游合同"与"旅游代订合同"法律性质分析》，《中国旅游报》2013年 11 月 18 日，第 11 版。

从中获得利润。① 另外，即使旅游代办合同由旅行社签订，其本质仍为委托代理合同。签约双方之间建立的是委托代理关系。根据《合同法》规定，旅行社只是旅游者的代理人，代理行为的后果，如订得到、订不到、订得好、订得坏，要由作为委托人的旅游者自行承担。另外，旅游者才是与酒店、景点、航空公司等经营者建立实际合同关系的主体。再者，由于旅行社只是代理人，其只需要完成受托的行为即可。最后，旅行社的责任承担应当适用《中华人民共和国合同法》第 406 条关于委托合同的规定，因受托人的过错给委托人造成损失的，委托人可以要求赔偿损失。②

举例而言，张先生由于商务活动需要前往哈瓦那，委托杭州某旅行社代为购买上海经停莫斯科抵达哈瓦那的单程机票。旅行社按照张先生的要求购买了机票，并经张先生核实。张先生乘坐飞机前往哈瓦那，在经停莫斯科时被遣返，张先生回到杭州后要求旅行社赔偿全额机票损失。旅游者委托旅行社购买飞机票，旅行社按照旅游者的要求妥善办理了委托事宜，将飞机票按照约定交给了旅游者，且经过旅游者的核对无误。这表明旅行社和旅游者的权利义务都已实现和履行，旅行社和旅游者的委托合同关系就此终止。而至于飞机是否晚点或者取消，或旅游者是否被遣返，都与旅行社无关。旅游者要维权、要赔偿，可向交通运输承运人主张权利。因此，张先生要求旅行社赔偿从上海前往哈瓦那的机票款，缺乏法律依据，旅行社可以拒绝赔偿。

第二节　跨境旅游纠纷的定义和主要类型

旅游者享受的旅游服务加上所感受到的旅途的愉悦、心情的放松才是其期待利益的全部。③ 旅游服务质量的评价往往是以旅游者的感知度和期望值来衡量。旅游服务作为一种特殊消费产品，同样遵守管理学的"100 − 1 = 0"质量否定法则。④ 整个旅游服务价值链中任何一个环节出现问题，都将

---

① 黄恢月：《对旅游俱乐部等旅游新主体的认识与监管（下）》，《中国旅游报》2016 年 1 月 27 日，第 C02 版。

② 黄瑞鹏：《"包价旅游合同"与"旅游代订合同"法律性质分析》，《中国旅游报》2013 年 11 月 18 日，第 11 版。

③ 杨振宏：《旅游法上惩罚性赔偿的正当性分析——兼论旅游精神损害赔偿的可替代性》，《北方法学》2014 年第 1 期，第 25 ~ 26 页。

④ 梁学成：《旅游服务供需关系的合作契约设计研究》，中国经济出版社，2012，第 6 页。

会影响旅游者对服务质量的综合评价。

一 跨境旅游纠纷的定义

旅游活动涉及的行业十分广泛，涉及吃、住、行、游、购、娱等行业，所以存在广义和狭义上的旅游纠纷。从广义上讲，旅游纠纷指在旅游活动中，旅游关系当事人在权利和义务方面所发生的矛盾和冲突，主要包括旅游企业与旅游者之间或旅游企业之间发生的纠纷，旅游管理部门与旅游企业或旅游者之间发生的纠纷，以及客源国与旅游目的国之间或客源国旅游企业与旅游目的国旅游企业之间的纠纷。[①] 从狭义上讲，旅游纠纷主要指旅游者与旅游经营者、旅游履行辅助人之间的旅游纠纷。在法律层面，《旅游法》没有对旅游纠纷的定义作出明文规定。但是，《旅游纠纷司法解释》对旅游纠纷作出了界定，指旅游者与旅游经营者、旅游履行辅助人之间因旅游而发生的合同纠纷或者侵权纠纷。在司法实践中，旅游合同纠纷或侵权纠纷包括以下两个方面的内容：①旅游合同的履行、变更、转让、终止或解除等引起的有关旅游者与旅游经营者之间的合同纠纷；②在旅游过程中，旅游经营者或旅游履行辅助人的侵权行为给旅游者带来财产性或人身性利益损害而引发的侵权纠纷。因此，笔者将跨境旅游纠纷界定为，旅游者与旅游经营者、旅游履行辅助人之间因跨境旅游活动而发生的涉外合同纠纷或侵权纠纷。

二 七种主要的跨境旅游纠纷

实践中，跨境旅游纠纷发生的频率十分高，在旅游纠纷解决机构所受理的旅游纠纷案件中占比非常高。例如，在 2015～2017 年，北京市朝阳区人民法院审结的旅游纠纷案件中，647 件涉及出境游，占比达 63.3%。[②] 根据该法院的统计，出境游的纠纷主要集中在四类，即出境游保证金退还、预付费旅游产品、游客人身损害和因境外自然、政治、交通等不可预见的因素造成的行程取消或变更。再如，北京市二中院对 2013 年至 2016 年 8 月先后审结的 42 起旅游合同纠纷案件进行调研后发现，跨境旅游纠纷

---

① 韩玉灵：《旅游法教程》（第四版），高等教育出版社，2018，第 423 页。
② 石岩、曹璐：《朝阳法院发布涉旅游民事纠纷审判白皮书 民生国际等五家旅行社涉诉量超八成》，http://bjgy.chinacourt.gov.cn/article/detail/2018/09/id/3513861.shtml，最后访问日期：2020 年 10 月 29 日。

案件占到了80%。^①且根据该法院的统计，在跨境旅游纠纷中，主要的纠纷类型包括行程取消、购物纠纷、人身伤亡、财物丢失或损害、旅游服务质量与合同约定不符、因交通运输承运人原因引发的旅游纠纷。本部分在分析我国法院关于跨境旅游纠纷审判实践的基础上总结出七种主要的跨境旅游纠纷类型。

（一）跨境旅游行程取消或中止引发的纠纷

因跨境旅游者行使任意解除权或者存在不可抗力情形而导致行程的取消或终止所引发的跨境旅游纠纷占据较大的比重。例如，广州市旅游质量监督管理所在2017～2018年收到数量最多的投诉是关于旅游者因个人原因取消行程而导致的费用纠纷。^②另外，该所受理的旅游投诉中因不可抗力情形导致的费用纠纷案件的数量也出现较大的涨幅，如印度尼西亚巴厘岛的阿贡火山喷发、俄罗斯维姆航空公司倒闭和马尔代夫大规模集会活动。此外，2020年1月突如其来的新型冠状肺炎疫情成为国际关注的突发公共卫生事件。截至2020年11月19日，美国约翰斯·霍普金斯大学的统计数据显示，全球新冠肺炎累计确诊病例超过5600万例，累计死亡病例超13万例。^③由于新冠病毒传染性超强，为有效控制传染源和切断传播途径，各国纷纷采取"封城"和"封国"的防疫措施，限制国内和跨境旅行。其中，96%的旅游目的地关闭，旅游活动被取消，导致大量的旅游纠纷发生。^④本部分结合具体案例说明跨境旅游行程取消或中止引发的纠纷。

（1）旅游者行使任意撤销权取消行程并要求返还定金引发的纠纷

王女士及其亲友共16人向甲市某旅行社报名参加5月12日的欧洲游，通过汇款方式共预先支付32000元，但未签订旅游合同。王女士等16人在行程开始前因家里有事决定取消行程。旅行社以32000元属于"定金"为由，拒绝退还，从而引发旅游纠纷。^⑤

---

① 郑羽佳：《北京旅游合同纠纷大多缘于低价团费 八成为出境游》，http://www.xinhuanet.com/local/2016-09/29/c_129306046.htm，最后访问日期：2020年10月30日。

② 周人果：《游客所遇的"坑"，线上线下皆有》，《南方日报》2018年3月14日，第B04版。

③ 王静远：《全球新冠累计确诊超5600万例 美国累计死亡病例超25万例》，http://news.cctv.com/2020/11/19/ARTIZUd6NvOPEJ8O4eH4iX0o201119.shtml，最后访问日期：2020年11月21日。

④ 王海昉：《新冠病毒对全球旅游业造成严重影响：96%旅行地关闭》，http://www.cankaoxiaoxi.com/world/20200423/2408367.shtml，最后访问日期：2020年11月21日。

⑤ 胡斌等：《旅游行政执法与投诉处理典型案例评析》，西泠印社出版社，2016，第1页。

（2）因发生不可抗力情形导致的旅游纠纷

案例一是旅游者因新冠肺炎疫情突发要求解除合同而引发的纠纷。在新冠肺炎疫情发生后，我国文化和旅游部办公厅于 2020 年 1 月 24 日下发《关于全力做好新型冠状病毒感染的肺炎疫情防控工作暂停旅游企业经营活动的紧急通知》（以下简称"《通知》"），要求从当日起全国旅行社及在线旅游企业暂停经营团队旅游及机票＋酒店旅游产品。黄女士于 2019 年年底预定了 2020 年 1 月 25 日出发的旅游产品。黄女士于 2020 年 1 月 22 日向旅行社提出解除旅游合同的要求且旅行社按照旅游合同的约定退款。然而，之后黄女士再次联系旅行社，要求以不可抗力的相关规定增加退款金额，但被旅行社以合同已经解除为由拒绝。① 双方遂发生旅游纠纷。

案例二为旅游者因中日关系紧张取消行程而引发的纠纷。范先生提前半个月报名参加了 10 月 4 日某旅行社组织的赴日本旅游团。但是，范先生因报名期间中日关系比较紧张，便以生命财产受到威胁为由要求退团。旅行社要求其支付 69% 的损失费，而范先生认为不合理，因此双方产生旅游纠纷。②

案例三为旅游者在旅游过程中因埃及社会动乱退团而引发的旅游纠纷。黄先生在某旅行社报名参加 2011 年 1 月份的埃及旅游。在行程开始前，埃及国内发生动乱，黄先生联系旅行社表示希望退团，但旅行社向其保证可正常发团。于是，黄先生随团旅游。在埃及旅游过程中，该旅游团在埃及遇到游行队伍，黄先生又提出退团回国，但该旅行社不同意。随后，埃及发生社会动乱，旅行社中止行程，更改航班回国。黄先生声称，其在整个旅游过程中，没有得到期待的旅游享受且人身安全受到威胁，要求旅行社退还其旅游费用并赔偿精神损失费。③

对于旅游纠纷涉及的不可抗力认定问题，《中华人民共和国民法通则》（1987 年）第 153 条④、《中华人民共和国民法总则》（2017 年）第 180 条⑤、

---

① 张英等：《疫情引发的旅游纠纷破解之道》，《宁波日报》2020 年 4 月 13 日第 A8 版。
② 胡斌等：《旅游行政执法与投诉处理典型案例评析》，西泠印社出版社，2016，第 10 ~ 12 页。
③ 胡斌等：《旅游行政执法与投诉处理典型案例评析》，西泠印社出版社，2016，第 17 页。
④ 第 153 条：本法所称的"不可抗力"，是指不能预见、不能避免并不能克服的客观情况。
⑤ 第 180 条：因不可抗力不能履行民事义务的，不承担民事责任。法律另有规定的，依照其规定。不可抗力是指不能预见、不能避免且不能克服的客观情况。

《中华人民共和国合同法》（1999 年）第 117 条①和《民法典》第 180 条②规定，不可抗力是不能预见、不能避免且不能克服的客观情况。不可抗力事件主要包括两种情形，自然现象和社会现象。相比而言，旅游合同中不可抗力的认定比其他服务合同更为特殊和复杂，并主要体现在"不可克服"要素的认定上。旅游合同的根本目的在于通过旅游获得精神上的愉悦性，而这种愉悦性属于主观感受，因人而异。例如，有旅游者认为，在动乱环境中旅游，安全感严重缺失，愉悦性也就无从谈起，因此可认定为旅游合同目的无法实现；也有旅游者认为动乱的场面十分新奇，动乱为其带来意外的愉悦性，而此时就很难认定旅游合同的目的无法实现。正因为旅游合同的特殊性，在是否构成不可抗力的认定上需要把握两个方面。其一，旅游者的人身安全。对旅游者的人身安全存在明显威胁的，则属于不可克服，无法继续履行。其二，国家发布的安全警示。由于是否存在明显的安全隐患同样缺乏客观标准的判断，因此国家相关部门发布的安全警示可作为权威的认定依据。③

（二）跨境旅游购物引发的纠纷

购物是旅游活动的重要因素之一。中国旅游者的跨境旅游活动多是以购物为导向的。2015 年中国旅游者的购物支出在出境旅游消费中的占比高达 41%。④ 实践中，跨境旅游购物主要存在三种情形。一是旅行社未作出任何购物安排，由旅游者在自由活动时间内自行购物。二是经旅行社和旅游者协商一致或经旅游者要求，在不影响其他旅游者行程安排的情况下，旅行社安排旅游者在购物场所进行购物。三是旅行社违反《旅游法》的规定，指定具体的购物场所，或导游和领队诱导、欺骗、强迫或变相强迫旅游者购物。⑤ 陈女士参加了某旅行社组织的泰国旅游，并同意根据旅游的行程安排到泰国燕窝中心购物。陈女士据燕窝店工作人员介绍血燕有治疗

---

① 第 117 条：因不可抗力不能履行合同的，根据不可抗力的影响，部分或者全部免除责任，但法律另有规定的除外。当事人迟延履行后发生不可抗力的，不能免除责任。本法所称不可抗力，是指不能预见、不能避免并不能克服的客观情况。

② 第 180 条：因不可抗力不能履行民事义务的，不承担民事责任。法律另有规定的，依照其规定。不可抗力是指不能预见、不能避免且不能克服的客观情况。

③ 胡斌等：《旅游行政执法与投诉处理典型案例评析》，西泠印社出版社，2016，第 10~12 页。

④ 参见奥纬咨询《迎接改变——中国游客的现状与未来》，2017 年 7 月 11 日发布。

⑤ 胡斌等：《旅游行政执法与投诉处理典型案例评析》，西泠印社出版社，2016，第 39~40 页。

支气管炎的功能，因此购买了 8000 元的血燕。陈女士回国后得知近期新闻上一直都在报道血燕都是染色的，含有致癌物，因而要求旅行社帮忙办理退货，但遭到旅行社的拒绝。本案中，陈女士根据事先的旅游行程安排到泰国燕窝购物中心购物，属于第二种购物情形。《旅游法》第 35 条①中并未规定此种情形下旅行社具有退货或协助退货的义务。②

由于不合理低价游③的一度盛行和屡禁不止，购买低价旅游服务产品的跨境旅游者常常被旅行社要求或被欺骗、胁迫进入特定的购物场所购物。而这第三种购物方式引起的旅游纠纷近年来在中国跨境旅游纠纷中占较高比例。例如，某旅行社在 2013 年 9 月以 570 元的低价组织 22 人赴港澳 5 日游。④ 到达香港后，该旅行社的全陪导游和香港导游以不让吃饭和不允许到景点游玩作为威胁，要求所有旅游者在指定的购物店购物。其中，旅游者应女士在该购物店购买了一条价值人民币 7000 元的彩金项链，但在佩戴了两天后就出现过敏现象。应女士要求旅行社协助退货，但该旅行社并未履行其协助义务。由于此类旅游纠纷与旅行社存在密切的关系，旅行社应承担协助旅游者退货和获得货款的义务。例如，《旅游法》第 35 条规定，在指定或强制购物纠纷中旅行社在行程结束后 30 日内负有协助退货并先行垫付退货货款的义务。类似的，我国台湾地区"民法典"第 514 条第 11

---

① 第 35 条：旅行社不得以不合理的低价组织旅游活动，诱骗旅游者，并通过安排购物或者另行付费旅游项目获取回扣等不正当利益。旅行社组织、接待旅游者，不得指定具体购物场所，不得安排另行付费旅游项目。但是，经双方协商一致或者旅游者要求，且不影响其他旅游者行程安排的除外。发生违反前两款规定情形的，旅游者有权在旅游行程结束后三十日内，要求旅行社为其办理退货并先行垫付退货货款，或者退还另行付费旅游项目的费用。

② 胡斌等：《旅游行政执法与投诉处理典型案例评析》，西泠印社出版社 2016 年版，第 39 ~ 40 页。

③ 根据文化和旅游部于 2015 年 9 月发布的《关于打击组织"不合理低价游"的意见》，"不合理低价"是指背离价值规律，低于经营成本，以不实价格招揽游客，以不实宣传诱导消费，以不正当竞争扰乱市场。有以下行为之一，可被认定为"不合理低价"：一是旅行社的旅游服务产品价格低于当地旅游部门或旅游行业协会公布的诚信旅游指导价 30% 以上的；二是组团社将业务委托给地接社履行，不向地接社支付费用或者支付的费用低于接待和服务成本的；三是地接社接待不支付接待和服务费用或者支付的费用低于接待和服务成本的旅游团队；四是旅行社安排导游领队为团队旅游提供服务，要求导游领队垫付或者向导游领队收取费用的；五是法律、法规规定的旅行社损害旅游者合法权益的其他"不合理低价"行为。

④ 胡斌等：《旅游行政执法与投诉处理典型案例评析》，西泠印社出版社，2016，第 42 页。

款也规定了旅游购物出现物品瑕疵时旅游经营者的协助退赔义务。①

（三）跨境旅游过程中旅游者出现人身伤亡引发的纠纷

跨境旅游人身损害多发。在北京市朝阳区人民法院于 2015～2017 年审结的 647 件旅游纠纷案件中，我国游客在境外发生人身损害的案件共 57 件，且船舶颠簸或撞击、车辆碰撞或车内受损、游泳浮潜是主要致害原因，占比分别为 29.6%、22.2%、22.2%，同时滑雪、蹦极、冲浪、跳伞等具有一定危险的体验项目也是致害因素。② 在跨境旅游活动中，多数旅游者都会购买包价旅游服务，由旅行社安排领队或者导游全程陪同旅游。在这种情况下，若发生旅游者人身损害事件，跨境旅游者往往以旅行社未尽到安全保障义务为由要求后者承担医疗费、误工费、丧葬费等费用。旅游者和旅游经营者因赔偿责任承担问题而产生纠纷。例如，刘某与旅行社签订了旅游合同后入住马尔代夫的一家酒店。然而，酒店竟意外发生火灾，刘某被烧伤，构成九级伤残。刘某将旅行社诉至昆明市铁路运输法院。法院经审理认为，旅行社应对合同履行过程中旅游者受到的损害后果承担违约责任，判决其向刘某支付人身损害赔偿 8 万余元。③

值得注意的是，即使旅行社不提供领队和导游，在旅游者发生人身伤害事故时，旅游者也通常要求旅行社承担赔偿责任，从而引发旅游纠纷。例如，2006 年 3 月 6 日，吴女士和丈夫与海洋旅行社签订了"马尔代夫四晚六日自由行"出境旅游合同。合同约定海洋旅行社不提供领队、导游服务。海洋旅行社未再召开行前会，亦未作任何安全方面提示。随后，吴女士到旅行社安排入住的酒店附近水域浮潜，因溺水导致吸入性肺炎死亡。法院审理后认为，海洋旅行社虽然在旅行须知中就人身安全方面以书面形式作了一定的告知，但其内容过于笼统，不够具体，更未针对旅游目的地一般旅游项目所特有的风险进行充分的告知和特别的警示。因此，法院判

---

① 第 514 条第 11 款：旅游营业人安排旅客在特定场所购物，其所购物品有瑕疵者，旅客得于受领所购物品后一个月内，请求旅游营业人协助其处理。刘劲柳：《中外旅游纠纷百案评析》，中国旅游出版社，2008，第 102～103 页。

② 石岩、曹璐：《朝阳法院发布涉涉旅游民事纠纷审判白皮书 民生国际等五家旅行社涉诉量超八成》，http://bjgy.chinacourt.gov.cn/article/detail/2018/09/id/3513861.shtml，最后访问日期：2020 年 10 月 29 日。

③ 杨富东、朱丹：《依法维权更加通畅有力》，《云南日报》2016 年 3 月 18 日，第 6 版。

定海洋旅行社未全面履行安全保障义务,应适当承担民事责任。[①]

(四) 跨境旅游过程中旅游者财物丢失或损坏引发的纠纷

在跨境旅游过程中,旅游者有时因旅游目的地的治安较差,或因自身或导游的疏忽大意而出现财物丢失或损坏问题。旅游者与旅游经营者之间因财物丢失或损害的赔偿问题产生的跨境旅游纠纷数量不断增长。近年来,全球经济增速放缓,中国旅游者偏好携带现金且境外旅游消费金额屡创新高,成为被偷盗的目标。根据携程旅游保险部门的统计,2016 年上半年去欧洲旅游的中国旅游者人数在出境游中占比不到 10%,但是在行李、现金等被盗抢案件中,欧洲区域竟占到 40%。[②] 旅游经营者对可能危及旅游者财产安全的事项,应当向旅游者作出真实的说明和明确的警示,并采取防止危害发生的必要措施。[③] 若旅游经营者、旅游履行辅助人未尽到安全保障义务,造成旅游者财产损失,旅游者享有依法获得赔偿的权利。第三人的行为造成旅游者财产损失的由第三人承担责任,但旅游经营者、旅游履行辅助人未尽安全保障义务的,旅游者可请求其承担相应补充赔偿责任。[④] 2011 年,孟某、宋某夫妇与某旅行社签订了到美国旅游的出境旅游合同。合同约定住宿标准是当地的三星级酒店标准。孟某夫妇在入住的纽约某酒店的餐厅用餐时将随身物品丢失。法院审理后认为,孟某、宋某随身财物丢失主要是自身没有妥善保管造成的。但是,考虑二人为 70 多岁的老人,且旅行社没有充分的证据证明其对老年旅游者充分尽到了安全提示义务,也没有充分的证据证明其提供的酒店符合当地三星级标准。因此,法院判决旅行社存在一定的过错,依法应当对二人财物的丢失承担补充赔偿责任。[⑤]

(五) 旅游服务质量与合同约定不符引发的跨境旅游纠纷

跨境旅游者与旅游经营者签订旅游合同,以享受合同约定的旅游服务和获得可预期的旅游体验。旅游经营者是否严格按照合同约定提供旅游服

---

① 郭京霞:《游客马尔代夫"自由行"溺水身亡 旅社被判赔偿》,http://old.chinacourt.org/html/article/200705/28/248513.shtml,最后访问日期:2020 年 10 月 29 日。

② 陶宁宁:《中国旅行团在罗马遭全员行李被盗,游客被抢案件欧洲占四成》,http://www.thepaper.cn/newsDetail_forward_1687504,最后访问日期:2020 年 10 月 30 日。

③ 《旅行社条例》第 39 条。

④ 《旅游法》第 12 条和《旅游纠纷司法解释》第 7 条和第 8 条。

⑤ 禹海波:《长假出国游,遇事莫慌张》,《光明日报》2013 年 10 月 6 日,第 5 版。

务直接决定旅游服务质量和旅游者的体验。然而，随着旅游市场竞争的白
炽化，部分旅游经营者通过不断降低价格来吸引旅游者，但同时通过提供
低于合同约定的旅游服务质量来获取利润。实践中，跨境旅游者与旅游经
营者之间的旅游纠纷多是由旅游服务质量与合同约定不符而引起的。例
如，旅行社在合同中约定提供四星级宾馆，而旅游者到达目的地后却发现
入住的是低于该星级标准甚至没有星级的宾馆；旅行社安排的导游专业知
识不足，对旅游目的地了解甚少，全程讲解十分简短；旅行社缩短景点的
游览时间，甚至遗漏部分重要的景点。例如，旅游者甲某与乙旅行社签订
《S 市出境旅游合同》，约定在 4 天的旅游活动中，每天仅安排到一个景点
观光，其余时间为自由活动时间。然而，到达旅游目的地后，当地导游以
公司安排为由，强行将 4 天的 4 个旅游景点合在一天内全部游览完毕，而
剩余的 3 天时间全为旅游者的自由活动时间。① 针对上述问题，《旅行社服
务质量赔偿标准》（2011 年）在第 8 条、第 9 条和第 10 条中规定，旅行社
应承担返还相关费用并支付违约金的法律责任。

（六）旅客交通运输引发的跨境旅游纠纷

"行"作为旅游六要素的重要组成部分，对于旅游者旅游目的的实现
起到十分重要的作用。然而，交通运输安排是旅游行程中最不确定的因素
之一，极易导致旅游纠纷的产生。旅游经营者通常在包价旅游合同中为旅
游者提供包车服务，以便提供专属的、安全的交通服务。若司机和车辆属
于旅行社，则根据我国民法的基本原理，司机系旅行社的代理人。其以旅
行社的名义和旅游者之间发生旅游法律关系，那么司机违约行为的法律后
果直接由旅行社承担。若司机和车辆是旅行社租用的，那么该司机就属于
《旅游法》第 111 条所规定的履行辅助人。当司机违约时，按照《旅游法》
第 71 条第 1 款②的规定，该违约责任由旅行社来承担。在司机的行为存在
过错而构成侵权的情况下，若司机和车辆属于旅行社，则根据《中华人民
共和国侵权责任法》（2010 年）第 34 条第 1 款③的规定，由旅行社承担侵

---

① 黄恢月：《旅行社服务纠纷案例详解》，中国旅游出版社，2016，第 316 页。
② 第 71 条第 1 款：由于地接社、履行辅助人的原因导致违约的，由组团社承担责任；组团
　社承担责任后可以向地接社、履行辅助人追偿。
③ 第 34 条第 1 款：用人单位的工作人员因执行工作任务造成他人损害的，由用人单位承担
　侵权责任。

权责任。若司机和车辆系旅行社租用，则根据《旅游法》第71条第2款[①]的规定，旅游者可自由选择向该履行辅助人或向旅行社主张侵权责任。[②]

另外，在跨境旅游中，"行"经常涉及公共交通运输工具的使用。交通运输承运人只要满足以下任一条件就可被认定为公共交通运输经营者：第一，该交通工具要面向不特定的社会公众开放；第二，其运营受公共权力部门的限制。[③] 由此可见，公共交通运输经营者超出旅游经营者可控制的范围。在跨境旅游过程中，旅游者在乘坐公共交通运输工具时经常会出现航班延误、取消或拒绝登机，或者行李丢失或破损、物品被盗遗失，或者遭受人身损害等问题。在出现上述问题后，旅游者与旅游经营者往往因赔偿责任承担而产生纠纷。由公共交通运输导致的旅游纠纷，主要分为旅游经营者与旅游者之间的违约纠纷、公共交通运输经营者与旅游者之间的侵权纠纷。第一，旅行经营者与旅游者之间违约纠纷的解决。因公共客运交通工具延误导致合同不能按照约定履行，根据《合同法》关于合同相对性的法律规定，应由旅游经营者向旅游者承担违约责任。旅游者可请求旅游经营者退还未实际发生的费用。[④] 例如，原告甲某与被告乙旅行社签订《S市出境旅游合同》。后因航班延误，原告等人被迫取消了旅游合同中原定一天的游览行程。被告仅将延误两天的午餐、晚餐费用共计40美元退还给原告。原告诉请被告退还原告针对取消的旅游项目已支付的费用800美元，得到法院的支持。[⑤] 另外，基于《合同法》尊重当事人意思自治的基本理念，旅游经营者和旅游者可在合同中事先约定因航班延误导致旅游合

---

① 第71条第2款：由于地接社、履行辅助人的原因造成旅游者人身损害、财产损失的，旅游者可以要求地接社、履行辅助人承担赔偿责任，也可以要求组团社承担赔偿责任；组团社承担责任后可以向地接社、履行辅助人追偿。但是，由于公共交通经营者的原因造成旅游者人身损害、财产损失的，由公共交通经营者依法承担赔偿责任，旅行社应当协助旅游者向公共交通经营者索赔。

② 胡斌等：《旅游行政执法与投诉处理典型案例评析》，西泠印社出版社，2016，第51页。

③ 李广：《公共交通导致旅游纠纷，旅行社怎样解决？》，《中国旅游报》2016年2月5日，第A3版。

④ 《旅游纠纷司法解释》第18条：因飞机、火车、班轮、城际客运班车等公共客运交通工具延误，导致合同不能按照约定履行，旅游者请求旅游经营者退还未实际发生的费用的，人民法院应予支持。合同另有约定的除外。

⑤ 谷玉琴、周莹盈：《旅游辅助服务者的界定标准》，《法制日报》2013年3月20日，第12版。

同履行不能或瑕疵产生的责任承担原则或比例。[①] 第二，公共交通运输经营者与旅游者之间侵权纠纷的解决。因公共交通运输经营者的原因导致旅游者的人身或财物遭受损害的，由造成侵权责任的公共交通运输经营者承担责任。但是，旅游经营者应承担协助旅游者向公共交通运输经营者索赔的义务。[②]

（七）出境旅游保证金退还难引发的跨境旅游纠纷

跨境旅游涉及国家的出入境管理制度。旅游经营者不仅负有组织旅游者按约定出境旅游的义务，还承担确保旅游者按期回国的义务。为防止旅游者借出境旅游的名义长期滞留在境外，旅行经营者要求旅游者预先交纳一定数额的押金已成为行业惯例。实践中，旅游经营者违规收取出境游保证金、拖延返还出境游保证金而引发的旅游纠纷数量也居高不下。在 2015 ~ 2017 年，北京市朝阳区人民法院审结的涉出境游保证金的案件达 301 件，占涉出境游纠纷总量的 46.5%。[③] 例如，赵女士主张其与北京中港联合国际旅行社有限公司签订《团队出境旅游合同》，合同约定组织出境旅游阿联酋团队，每人交纳"出境旅游保证金"6 万元，按时回国后，返还保证金。但到期后旅行社一直未归还保证金，赵女士要求旅行社偿还原"出境旅游保证金"12 万元。法院经审理认为，赵女士要求返还"出境旅游保证金"12 万元的请求合法有据。[④]

第三节 跨境旅游纠纷的特点及解决要求

跨境旅游纠纷主要产生于旅游活动过程中。根据上文分析可知，跨境旅游纠纷主要具有涉及主体众多、法律关系相对简单、发生频率高、纠纷

---

① 李广：《公共交通导致旅游纠纷，旅行社怎样解决?》，《中国旅游报》2016 年 2 月 5 日，第 A3 版。

② 《旅游法》第 71 条第 2 款。

③ 石岩、曹璐：《朝阳法院发布涉旅游民事纠纷审判白皮书 民生国际等五家旅行社涉诉量超八成》，http://bjgy. chinacourt. gov. cn/article/detail/2018/09/id/3513861. shtml，最后访问日期：2020 年 10 月 29 日。

④ 赵朋乐：《2000 万旅游保证金要不回 旅游委通告旅行社违规》，http://society. people. com. cn/n/2015/0112/c136657 - 26369780. html，最后访问日期：2020 年 10 月 30 日。

金额较小、解决时间上急迫以及属于消费纠纷的特点。[①] 另外，旅游者与旅游经营者之间存在信息不对称问题，因此旅游者在跨境旅游纠纷中通常处于相对弱势地位。再者，由于跨境旅游纠纷通常涉及两个或两个以上的国家或地区，因此跨境旅游纠纷的解决通常还需要国家或地区间的有效合作。

一 主体多且法律关系简单

跨境旅游活动多以组团方式开展，且一般会有最低参团人数限制。这意味着旅游纠纷通常会涉及旅游团的全部或部分旅游者。另外，实践中旅游者多结伴而行，单位旅游和家庭旅游形式颇为流行。因此，当跨境旅游纠纷发生时，具有涉及主体众多的特点。虽然跨境旅游纠纷涉及的主体众多，但是这些旅游纠纷一般具有同质性，即发生的旅游纠纷为同类型。另外，跨境旅游活动牵扯到相关行业110多个[②]，且涉及不同的地区、国家，单一的旅游服务提供者难以完成整个旅游活动。因此，旅游活动需要与旅行社、交通运输部门、酒店、饭店、景区、保险公司等单位形成多项纵横复杂关系。[③] 尽管如此，跨境旅游纠纷多数情况下只涉及旅游者与旅游经营者、履行辅助人之间的合同纠纷或侵权纠纷，法律权责关系较为明确简单。此外，旅游纠纷的解决过程通常为将现有的法律规定适用于较为明确、简单的旅游纠纷法律关系的过程。

此外，随着旅游产业的迅猛发展和旅游消费市场的不断扩大，旅游者不再是被动接受旅游经营者预先设计好的旅游服务产品，而是更为主动地设计适合自己需求的旅游服务产品。现代科技和信息产业的发展带来了旅游业的新革命，旅游服务产品形式多样。很多旅游服务产品形式处于法律灰色区域，给旅游纠纷的解决带来挑战。但是，许多国家或超国家组织通过不断修订和完善现有旅游立法，对新型的旅游服务产品所涉及的法律关系予以规制。而不断完善的旅游法律法规给旅游纠纷的解决提供了法律依据，降低了旅游纠纷解决的难度。因此，针对跨境旅游纠纷涉及的法律关

---

① 连俊雅：《中国旅游业非诉纠纷解决机制的完善》，《江西社会科学》2017年第1期，第204页。

② 王崇敏、齐虎：《试论旅游纠纷仲裁解决机制》，《海南大学学报》（人文社会科学版）2010年第3期，第37~38页。

③ 赵林余：《我国旅游纠纷案件的特征》，《法学》1993年第2期，第42页。

系较为简单的特点，旅游者通过私力救济方式或民间第三方的介入就可解决多数跨境旅游纠纷。因此程序更为灵活、成本更为低廉、耗时更短的纠纷解决机制才能更好地迎合旅游者的需求。

二　小额频发且解决急迫

近年来，在竞争日益激烈的旅游市场中，跨境旅游经营者为了吸引旅游者而不断压低价格，甚至采用"零负团费"。跨境旅游经营者的逐利本性使其在旅游过程中通过降低旅游服务质量来获取利润，成为旅游者与旅游经营者之间纠纷频发的主要原因。其中，最为典型的就是缩短游览时间、遗漏景点、减少旅游服务项目、增加购物时间和次数以及增加自费项目。根据上海市旅游局的统计数据，2016 年旅游纠纷书面投诉总量较 2013 年增加了 186.9%。① 旅游者通常要求旅游经营者返还合同价款与实际费用之间的差额，并支付一定数额的违约金。例如，根据河北省旅游发展委员会对其省内旅游投诉情况的通报，大部分旅游纠纷的数额是 200 元至 300 元。② 跨境旅游费用平均也不超过 1 万元。③ 总体而言，与其他种类的民事纠纷相比，旅游纠纷一般数额较小。因此，跨境旅游纠纷具有小额、频发的特点。

另外，跨境旅游者要到其居住地或惯常居所地国以外的国家进行旅游。旅游者的行程都由旅行社经过周密计划而确定，旅游时间有限且较为短暂。跨境旅游过程中的吃、住、行、购、娱等各个环节都需要付出相应的时间和金钱。如果旅游者在某个环节发生了旅游纠纷，那么就意味着纠纷的解决需要耗费额外的时间和金钱。加之，旅游签证的时间短暂且有严格规定，旅游纠纷的解决很可能导致旅游者行程的调整、改变甚至取消。④ 此外，如果旅游者与旅游目的地国的履行辅助人发生争议，未能当时当地解决，那么旅游者在回国后通常因境外证据难以保存而错失维权的最佳时

---

① 季张颖：《"律师调解 + 旅游纠纷调处"产生化学反应》，《上海法治报》2017 年 11 月 1 日，第 A03 版。

② 参见河北省旅游发展委员会《2014 年第二季度全省旅游投诉情况通报》，http://www.he-beitour.gov.cn/article.php? action = one&ai = 3915，最后访问日期：2020 年 11 月 23 日。

③ 中国旅游研究院、携程旅游集团：《中国游客中国名片，消费升级品质旅游——2017 年出境旅游大数据报告》，http://www.ctaweb.org/html/2018 - 2/2018 - 2 - 26 - 11 - 57 - 78366.html，最后访问日期：2020 年 11 月 23 日。

④ 王崇敏、齐虎：《试论旅游纠纷仲裁解决机制》，《海南大学学报》（人文社会科学版）2010 年第 3 期，第 37 ~ 38 页。

机。因此，跨境旅游纠纷的解决在时间上具有急迫性。及时、高效、低廉的旅游纠纷解决机制将有助于缓和旅游者与旅游服务提供者之间的对立关系以及促进跨境旅游活动的顺利开展。

三 旅游者处于弱势地位

旅游消费属于人们高层次的生活消费。跨境旅游者是跨境消费者，跨境旅游纠纷也属于跨境旅游消费纠纷。虽然跨境旅游消费纠纷在本质上属于民事纠纷①，但是旅游消费纠纷有其特殊之处，与一般的民事纠纷存在不同之处。旅游经营者与旅游者之间在事实上存在信息不对称、专业知识不对等、对话能力不相当等问题，使得旅游者处于相对弱势地位。② 例如，旅游经营者通过滥用其在旅游市场中的垄断经营地位，在格式合同中强加对其自身有利而对旅游者不利的条款。旅游者要么全盘接受要么离开（take it or leave it），很难通过与旅游经营者协商制定或修改格式合同条款。③ 而在格式旅游合同履行过程中出现的旅游纠纷里，旅游者的合法权益难以得到有效保护，处于不利的地位。再如，旅游服务质量是需要旅游者切身体验才能作出评判。旅游者只有在旅游过程中或旅游结束后才能知晓旅游经营者是否如实履行合同约定。然而，部分跨境旅游经营者滥用其优势地位，向旅游者作出不实宣传，并在旅游过程中违反诚实信用原则来获取不当利益，如缩减景点、增加自费项目或强迫购物。因此，旅游者在旅游市场关系中处于相对弱势的地位。另外，在上文分析中，旅游者所享有的特殊权利，如无理由退货权、获得惩罚性赔偿权、自由转让合同权和任意解除权，也深刻反映出旅游者处于相对弱势地位。此外，跨境旅游纠纷涉及金额较小，若纠纷解决程序过于复杂、耗时过长且成本过于高昂，将出现纠纷金额与纠纷解决成本不符合比例原则问题。而这种问题将很有可能导致旅游者放弃寻求权利的救济，从而使其处境更为困难。因此，跨境旅游纠纷解决机制需要充分考虑到旅游者的相对弱势地位，不仅要确保

---

① 跨境旅游纠纷中旅游者与旅游经营者在法律上属于平等的民事主体，旅游合同也是在双方当事人意思表示一致的基础上达成的，因此跨境旅游纠纷的解决也必须遵守民事纠纷解决的基本原理。

② 肖建国、黄忠顺：《消费纠纷解决——理论与实务》，清华大学出版社，2012，第11页。

③ Alexander J. Bělohlávek，*B2C Arbitration：Consumer Protection in Arbitration*（JurisNet，2012），p. 39.

纠纷解决程序快捷、高效、灵活和低廉，还要在适当限度内对旅游者予以倾斜式保护。

四　涉及多个国家或地区

根据跨境旅游的定义，旅游者只有离开居住地或惯常居所地到其他国家或地区停留才能实现旅游目的。由于跨境旅游活动中的绝大部分环节都是在旅游者居住地或惯常居所地以外的其他国家或地区进行，所以跨境旅游纠纷在很多情况下也发生在境外。因此，跨境旅游纠纷具有异地性和流动性强的特点。而当跨境旅游纠纷发生在境外时，这就意味着至少涉及两个国家或地区，即旅游者居住地或惯常居所地国（或地区）和旅游纠纷发生国（或地区）。因此，跨境旅游纠纷还具有涉及多个国家或地区的特点。

值得注意的是，受主权因素的影响，各国或地区受理跨境旅游纠纷时面临管辖权受限的问题。通常，一国有权机关在受理发生在本国内的跨境旅游纠纷或受理本国旅游经营者作为被起诉或被申请对象的跨境旅游纠纷案件时并不存在太大困难。但是，一国有权机关在受理发生在本国外的跨境旅游纠纷时存在较大的限制，且这种类型的跨境旅游纠纷所占比重较大。在此种情况下，仅依靠各国国内的旅游纠纷解决机制难以对跨境旅游者的合法权益进行有效的保护，因而需要国家间的通力合作，构建公正、高效、经济的跨境旅游纠纷解决合作机制。只有这样才能确保无论跨境旅游纠纷发生在哪个国家，旅游者均可以较短的时间、较少的精力、较低的成本获得较满意的解决结果。

第二章　跨境旅游纠纷非诉讼解决机制的兴起和发展

　　纠纷是社会成员之间在文化、价值、利益、信仰以及行为等方面存在不协调并寻求加以改变的状态。[①] 纠纷解决是通过特定的方式和程序解决纠纷和冲突，恢复社会平衡和秩序的活动和过程。纠纷解决机制的基本功能应该是通过纠纷的解决，促使纠纷主体放弃对抗行为，甚至是在情感上消除对抗。[②] 关于纠纷解决机制的界定，很多学者都进行了有益的尝试。例如，范愉教授主张，纠纷解决机制是社会各种纠纷解决方式、制度的总和或体系。[③] 王琦教授主张，纠纷解决机制指一个社会为解决纠纷而建立的由规则、制度、程序和机构（组织）及活动构成的系统。[④] 由此可见，纠纷解决机制具有开放性和包容性，指用以解决当事人之间争议的各种纠纷解决方式、制度、程序、规则的综合系统或体系。

　　纠纷解决机制的类型丰富多样。首先，以纠纷解决的结构要素为标准，将纠纷解决机制作出静态划分，可分为三类：其一，以纠纷解决程序的启动是否需要取得各方当事人的同意为标准，将旅游纠纷解决机制划分为法定性（或强制性）与选择性纠纷解决机制。法定性（或强制性）纠纷解决机制包括诉讼、强制仲裁和强制调解。选择性纠纷解决机制如协商、调解、仲裁。其二，以纠纷解决的方式（处理方式及其结果）为标准，可将纠纷解决机制划分为合意性和决定性纠纷解决机制。合意性纠纷解决机制主要指调解，而决定性纠纷解决机制包括诉讼与仲裁。其三，以纠纷解决主体的性质及其规范依据为标准，可将纠纷解决机制划分为私力救济、公力救济和社会救济。私力救济主要包括协商。公力救济主要包括诉讼和

---

① 范愉主编《多元化纠纷解决机制》，厦门大学出版社，2005，第77页。
② 范愉主编《多元化纠纷解决机制》，厦门大学出版社，2005，第78页。
③ 范愉主编《多元化纠纷解决机制》，厦门大学出版社，2005，第77页。
④ 王琦主编《非诉讼纠纷解决机制原理与实务》，法律出版社，2014，第8~9页。

某些行政机关的纠纷处理活动。社会救济则主要包括民间性的非诉讼纠纷解决机制，例如调解。①

其次，随着纠纷解决机制的发展，逐渐呈现复合性特征，难以通过静态分类法加以涵盖，因此可以参照两种学说予以分类。其一，纠纷解决机制的序列，指以当事人对纠纷解决过程及其结果的控制程序来对纠纷解决机制进行分类。② 该序列以纠纷当事人之间的直接协商和向法院提起诉讼为两个端点。诉讼程序是在法官主导下进行的，在遵守严格的程序规则和证据规则的基础上依法作出判决，具有国家性、正式性和法律性的特点。因此，在诉讼方式中，当事人对整个纠纷解决过程和纠纷解决结果的控制力度最小。相比而言，在协商过程中，当事人可在法律允许的范围内自由决定纠纷解决结果且不存在既定的程序规则，具有非正式性的特点。因此，当事人对协商程序和纠纷解决结果具有最大限度的控制力。位于直接协商方式和诉讼方式之间的是其他类型的非诉讼纠纷解决方式，包括从接近协商的非诉讼纠纷解决方式到接近诉讼的非诉讼纠纷解决方式之间的所有类型的非诉讼纠纷解决方式。而这些类型的非诉讼纠纷解决方式的具体划分则因国家而异。其二，纠纷解决机制的类型轴。日本学者棚濑孝雄提出以两条相互独立的基轴来构成。其中，第一条按纠纷当事人之间的"合意"和由第三者作出有拘束力的"决定"来组成，即"合意性—决定性"之轴。第二条则表示纠纷解决的内容是否事先为规范所规制，即"规范性—状况性"之轴。③ 为便于讨论，本书将旅游纠纷解决机制划分为两大类：诉讼和非诉讼纠纷解决机制。

第一节 跨境旅游纠纷非诉讼解决机制的兴起

在跨境旅游纠纷解决方面，旅游者对纠纷解决的态度是一种典型的实用主义逻辑，即哪一种方式对其更有效用、成本更低、更便利、更快

---

① 范愉主编《多元化纠纷解决机制》，厦门大学出版社，2005，第101～103页。
② 范愉主编《多元化纠纷解决机制》，厦门大学出版社，2005，第104页。
③ 〔日〕棚濑孝雄：《纠纷的解决与审判制度》，王亚新译，中国政法大学出版社，1994，第8～10页，转引自范愉主编《多元化纠纷解决机制》，厦门大学出版社，2005，第105～106页。

捷，就会被选择。① 在古代和近代跨境旅游时期，跨境旅游业还处于初始阶段，旅游者主要为权贵阶层，人数较少且纠纷数量较少。加之，相关的旅游立法不完善，旅游纠纷涉及的法律关系不完全明确，因此旅游纠纷更多是通过法院外的友好协商方式解决。现代旅游活动中的旅游者已经扩展至普通大众。在此期间，旅行社竞相提供价格较为低廉的旅游服务产品，交通运输公司也提供经济优惠的运输服务，跨境旅游者人数猛增。然而，跨境旅游纠纷随之增多。此时，一些旅游发达国家，尤其是英美国家已经在通过关于旅游方面的单行立法，如《英国旅游发展法》（1966 年）和《美国全国旅游政策法》（1979 年）。另外，国际社会开始开展关于跨境旅游的国际或区域性立法。随着旅游法律体系的健全，旅游经营者不断规范自身行为，降低法律风险。完善的旅游法律体系为旅游者寻求权利救济提供了法律依据并增强了旅游者通过诉讼方式解决旅游纠纷的信心。

然而，近年来跨境民事诉讼在解决旅游纠纷上的弊端日益凸显。首先，通过传统的诉讼途径解决旅游纠纷，旅游者需要严格按照民事诉讼程序进行，一般需要经过起诉、受理、审理、宣判等环节。法庭对管辖权、证据、期间、送达等有较为严格的规定。另外，普通的诉讼程序实行两审终审制。如果旅游纠纷当事人对一审法院判决不服，还可能提起上诉。② 通过传统诉讼途径解决小额频发的旅游纠纷存在耗时长、程序复杂、成本高、对抗性强、执行难等问题，给法院审判工作带来巨大压力和导致司法资源的不合理配置。其次，如果进行跨境诉讼，根据国际私法规则旅游者很可能需要到外国法院进行诉讼。这就会涉及管辖权的确定，审理国家法院的程序规则、冲突规则的适用，判决的承认和执行问题。这使得大多数没有经过系统法学教育的跨境旅游者止步于法庭门前。另外，跨境旅游者还会面临昂贵的翻译费用、律师费用、诉讼费用和国际差旅费用等难题。③ 这些费用往往与旅游者所请求赔偿的金额不成比例，可能导致跨境旅游者

① 徐昕：《论私力救济》，中国政法大学出版社，2005，第 197 页。
② 叶勇：《设立旅游消费纠纷专门仲裁机构有关问题探讨》，《消费导刊》2008 年第 1 期，第 6 页。
③ G. Howells & S. Weatherill, *Consumer Protection Law* (Ashgate Publishing, 2005), pp. 651 – 652, 转引自于颖《远程消费者保护机制研究》，法律出版社，2013，第 118 页。

放弃争取自己的合法权益。另外，政府提供的法律援助有助于减少旅游者诉诸法院的障碍因素，但是法律援助有其局限性且存在严格的资格审批程序，仅使少数的旅游者获得援助。因此，在实践中，跨境旅游者通过诉讼方式解决旅游纠纷的数量较少。

另外，传统的法治理念更关注纠纷如何通过诉讼方式得到解决。为了使诉讼方式更好地用于解决小额消费纠纷，世界各国一般先从简化诉讼程序开始。简化诉讼程序和提高效率对于优化司法资源固然起到重要作用，但也存在明显的局限性。例如，2012 年全欧盟成员国通过小额诉讼程序审理的案件仅约 3500 件。① 小额诉讼仍然存在支付的成本过高和审理时间过长的问题，也无法解决诉讼的一些固有的局限性，如对抗性、零和思维、对法律技术和律师的依赖等。② 欧盟在 10 年前曾尝试通过公共基金为小额诉讼程序的当事人提供法律援助。然而，在经济危机出现后，政府缩减公共开支，使得这种政策以失败而告终。③

因此，自 20 世纪 60 年代以来，西方国家掀起了"接近司法正义"运动。④ 接近司法正义运动大致经历了三个阶段的改革，被称为"三次浪潮"。前两次浪潮主要是在司法领域内着力。第三次浪潮通过对"司法"或"正义"的扩大解释，使纠纷解决的功能从法院向社会化的非诉讼纠纷解决机构转移。⑤ 非诉讼纠纷解决机制（即 ADR 机制）始于 20 世纪 70 年代的美国。随后在欧洲、日本、韩国、澳大利亚等国家和地区盛行，直至近几年才在中国推行。非诉讼纠纷解决机制特别是调解，已被"世界正义工程"的"法治指数"纳入法治评价指标。⑥ 联合国《保护消费者准则》（2016 年）

---

① Deloitte, An Assessment of the Socio-Economic Impacts of the Policy Options for the Future of the European Small Claims Regulation (2013), p. v.

② 范愉：《繁简分流：优化司法资源配置的新路径》，《人民法院报》2016 年 9 月 14 日，第 2 版。

③ 克里斯托福·霍金斯、于颖：《法律实施的公力执行、私力执行方式在欧盟的改革与转型》，第 5 页，http://www.fljs.org/sites/www.fljs.org/files/publications/The% 20Status% 20of% 20Public% 20and% 20Private% 20Enforcement% 20of% 20Law% 20in% 20the% 20EU. pdf，最后访问日期：2020 年 11 月 23 日。

④ 齐树洁：《民事司法改革研究》，厦门大学出版社，2006，第 5 页。

⑤ 陈洪杰、齐树洁：《欧盟关于民商事调解的 2008/52/EC 指令述评》，《法学评论》2009 年第 2 期，第 95 ~ 98 页。

⑥ 范愉：《多元化纠纷解决机制的国际化发展趋势》，《人民法院报》2016 年 7 月 6 日，第 2 版。

第 38 条①明确要求采用非诉讼纠纷解决方式解决消费纠纷。非诉讼纠纷解决机制不仅注重提高纠纷解决效率，还具有许多重要的价值和功能。例如，非诉讼纠纷解决机制能降低纠纷解决成本和促进司法资源优化配置，提高纠纷处理的效益和社会效果，维护司法的终局性审查救济作用。非诉讼纠纷解决机制还有利于改善诉讼的对抗与零和处理模式，促进社会自治及行政监管与服务机制的发展。非诉讼纠纷解决机制还有利于培养社会主体形成协商、高效、自治、自主解决纠纷的文化和善治格局。②

概言之，非诉讼纠纷解决机制在解决跨境旅游纠纷方面更为灵活、便民、高效和经济，能为旅游者提供更为满意的纠纷解决结果。很多国家也要求跨境旅游者在进入司法程序前先通过其他更为灵活和低成本的非诉讼纠纷解决方式解决纠纷。③ 在此背景下，跨境旅游纠纷解决机制实现了从以协商解决为主，到以诉讼为主，再到以非诉讼纠纷解决方式为主而诉讼为辅的转变。不过，跨境旅游纠纷解决机制在区域上存在较大差异。其中，以欧美为代表的旅游发达国家的跨境旅游纠纷非诉讼解决机制已经较为发达，日益成为旅游者寻求权利救济的首选。一些新兴旅游国家，如泰国、马来西亚、巴西等，由于国家的发展水平、文化、政策、经济等因素的影响，非诉讼纠纷解决机制尚不发达，④ 主要通过诉讼解决跨境旅游纠纷。同时，这些新兴旅游国家也开始参照欧盟的做法努力建立和完善跨境旅游纠纷非诉讼解决机制。

第二节　传统的旅游纠纷非诉讼解决机制及其发展趋势

非诉讼纠纷解决机制（即 ADR 机制）并不是指某一特定的纠纷解决

---

① 第 38 条：会员国政府应鼓励所有经营者以快捷、公正、透明、经济、便利和非正式的方式解决消费纠纷，并设立可以向消费者提供帮助的机制，包括提供咨询服务和非正式申诉机制。

② 范愉：《繁简分流：优化司法资源配置的新路径》，《人民法院报》2016 年 9 月 14 日，第 2 版。

③ Christopher Hodges，"Collective Redress in Europe：The New Model"，*Civil Justice Quarterly* 29 (3) (2010)：370.

④ Laine Fogh Knudsena & Signe Balina，"Alternative Dispute Resolution Systems Across the European Union，Iceland and Norway"，*Social and Behavioral Sciences* 109 (2014)：945.

方式，而是多种诉讼外的纠纷解决方式的集合。但由于 ADR 机制形式多样且发展迅速，目前学术界对其定义还没有达成一致意见。就连 ADR 的中文翻译，中国学者也没有形成统一的意见。中国学者一般将其翻译为"非诉讼纠纷解决"或"替代性纠纷解决"，甚至翻译为"适宜的纠纷解决机制"（Appropriate Dispute Resolution）。随着小额消费纠纷的迅猛增长，国际组织和各国的消费者保护机构不断探索适合解决该类纠纷的新模式。ADR 机制根据消费者的实际情况而不断得到优化。随后，逐渐形成专门适用于解决包括旅游纠纷在内的消费纠纷的非诉讼解决机制（Consumer ADR Mechanism，简称 CDR 机制）。CDR 机制是由牛津大学的克里斯托福·霍金斯和于颖博士首次提出，后来在 2013 年欧盟《消费纠纷非诉讼解决指令》中以法律的形式得到确定。

CDR 机制主要包含以下几个特征：①纠纷解决过程可以是较为正式的（如仲裁），也可以是非正式的（如协商、调解）；②纠纷解决程序可以是合意性的，也可以是决定性的；③纠纷解决过程可只由当事人参加，也可由中立第三方主持；④可聘请专家参与纠纷解决过程；⑤纠纷解决服务主要由商业性质或非营利性质的机构提供；⑥可解决一定司法管辖区域内的纠纷，包括跨境民事纠纷；⑦可进行开庭审理、书面审理或远程会议审理；⑧纠纷解决结果可不具有法律约束力，也可具有法律约束力。① 同时，与一般的 ADR 机制相比，CDR 机制更适用于群体庞大纠纷、异质消费者同质性纠纷、涉及金额较小的个案纠纷等特点的旅游纠纷，且在解决旅游纠纷过程中额外注意到旅游纠纷当事人的信息不对称、权利地位不对等问题。②

一　传统的旅游纠纷非诉讼解决机制呈现倾斜式保护和协同化趋势

CDR 机制是不同的非诉讼纠纷解决方式的总称。由于各国对 CDR 的分类存在较大差异，目前未有一个包含所有 CDR 种类的列表供旅游者选择。不过，在解决跨境旅游纠纷的实践中，最为常用的为协商、调解、仲裁和行政裁决方式。这几种主要的非诉讼纠纷解决方式呈现适度倾斜保护旅游者的趋势，并相互衔接、协同，充分发挥各自的优势以更好地解决小

---

① Susan Blake et al. , *A Practical Approach to Alternative Dispute Resolution* (Oxford University Press，2016), p. 6.
② 于颖：《远程消费者保护机制研究》，法律出版社，2013，第 136 页。

额、频发且法律关系相对简单的跨境旅游纠纷。

1. 跨境旅游纠纷的协商解决

协商指跨境旅游纠纷当事人为了达到解决纠纷目的、相互之间自主进行的协商交易过程或活动。单由旅游纠纷当事人自行协商所达成的和解协议，性质上为合同，仅对当事人具有合同上的约束力。作为历史最为悠久且在实践中使用最为频繁的纠纷解决方式，协商一般仅限于旅游纠纷当事人之间的意见交流与利益主张的妥协而达成的和解协议，并不要求中立第三人的介入。因此，传统观点认为协商不属于独立的非诉讼纠纷解决方式。但是，在纠纷解决实践中，协商在很多情况下是在中立第三人的辅助下完成的，已经发展成为一种独立的非诉讼纠纷解决方式。[1] 此外，鉴于协商具有高效、经济、快捷、灵活等优点，在某些法域中协商在跨境旅游纠纷解决中成为其他非诉讼纠纷解决方式启动的前置条件，即旅游者应先与旅游经营者协商解决，且只有在协商失败后旅游者才能使用其他非诉讼纠纷解决方式。

2. 跨境旅游纠纷的调解解决

调解是在中立第三方协助下，跨境旅游纠纷当事人达成纠纷解决协议的活动，是协商的延伸。调解是一种传统的非诉讼纠纷解决方式，历史源远流长，并且在世界范围内得到广泛适用。各国的调解在从传统向现代的发展过程中不断推陈出新，各有千秋。总体而言，现代的调解主要包括民间调解、行政调解和司法调解，即所谓的"大调解"。尽管各国关于调解的形式和运作方式的规定存在一定的差异，但在核心点上保持一致性，即调解程序中有帮助纠纷当事人达成和解协议的中立第三人的介入。对于中立第三人扮演的角色，传统的调解强调调解员的消极中立，但现代的调解已经突破此种限制，调解员发挥的作用更具多样性。[2] 例如，调解员可通过提出调解方案，积极游说当事人接受该方案，也可以仅仅充当对话的中介，还可以作为专家给出客观的评估信息。但归根结底，无论中立第三人发挥的作用如何，不能突破其作为纠纷解决"促进者"的角色，不能替纠纷当事人作出决定，也不能作出强制性裁判。鉴于调解在跨境旅游纠纷解决中发挥重要的促成和解作用，调解通常在旅游者与旅游经营者协商失败

---

① 范愉主编《多元化纠纷解决机制》，厦门大学出版社，2005，第 108 页。
② 范愉主编《多元化纠纷解决机制》，厦门大学出版社，2005，第 109 页。

后发挥第二层级的纠纷解决作用。同时，鉴于调解具有低成本、高效性和弱对抗性优势，调解也通常与仲裁密切配合，成为跨境旅游纠纷解决中最为常用的复合性非诉讼纠纷解决方式。在该种纠纷解决程序中，一般先由中立第三人作为调解员，协助跨境旅游纠纷当事人达成和解协议。在调解失败后，则直接进入仲裁程序。仲裁员可由原来的调解员担任，也可由纠纷当事人另行聘请。仲裁员作出具有法律约束力的终局性裁决。

3. 跨境旅游纠纷的仲裁解决

仲裁是依据跨境旅游纠纷当事人达成的有效的仲裁协议，把已经发生或可能发生的旅游纠纷，委托给法院以外的中立第三方作出裁决的活动。值得注意的是，本书中所指的仲裁并非传统意义上的商事仲裁，而是从后者中逐渐分离出来专门解决包括旅游纠纷在内的消费纠纷的消费仲裁。尤其是，20 世纪 70 年代后，消费仲裁得到迅猛发展。不少国家设立了独立的消费仲裁机构，还制定了专门的仲裁规则，例如荷兰、澳大利亚、美国。[1] 其中，一些旅游发达国家甚至设立了专门的旅游纠纷仲裁机构。不可否认，消费仲裁仍保留商事仲裁的优势，主要包括以下几个方面：①以保密的方式进行，有助于消除旅游经营者关于案件审理给其声誉带来负面影响的顾虑，调动其参加仲裁的积极性；②程序灵活，跨境旅游纠纷当事人可在仲裁规则规定的范围内对仲裁环节和时间进行"裁剪"以适应其特殊需求；③享有选择仲裁员的自由，且仲裁员基本都具备解决跨境旅游纠纷所必需的法律知识以及专业知识和实践经验；④仲裁裁决结果具有终局性和可执行性，并在一定情况下可通过法院得到执行。但相比商事仲裁，旅游纠纷仲裁对旅游者更为友好，且在合理限度内对旅游者进行倾斜式保护，例如根据在跨境旅游纠纷发生前签署的仲裁协议作出的仲裁裁决只对旅游经营者具有法律约束力，而对旅游者不具有约束力，除非经过旅游者的同意，[2] 减少或免除旅游者的仲裁费用，尽可能以方便旅游者的方式审理案件，选择性公开仲裁结果以警示消费者，设立统一的在线消费仲裁平台便于旅游者寻求救济，等等。[3] 总体而言，由于仲裁具有保密性、灵活

---

[1]　姚敏：《中国消费仲裁的问题与进路——基于美国消费仲裁的启示》，《河北法学》2019
　　　年第 3 期，第 149 页。

[2]　例如下文中《BBB 附条件的约束性仲裁规则》第 28 条的规定。

[3]　姚敏：《中国消费仲裁的问题与进路——基于美国消费仲裁的启示》，《河北法学》2019
　　　年第 3 期，第 150 ~ 151 页。

性且裁决具有强制性和终局性优势，跨境旅游纠纷当事人在协商或经调解失败后，将会主动或被指引采用仲裁方式。因此，在跨境旅游纠纷解决中，仲裁通常与协商或调解相衔接，形成"以协商或调解为先且以仲裁为中心"的非诉讼纠纷解决机制。

4. 跨境旅游纠纷的行政裁决解决

行政裁决指行政机关或准行政机关依照法律的授权对跨境旅游纠纷当事人之间的纠纷综合采用促进和解、调解和裁决方式予以解决的活动。当前，行政裁决成为重要的非诉讼纠纷解决方式。行政裁决在跨境旅游纠纷解决领域主要包括行政投诉和申诉专员制度两种形式。行政投诉是由旅游投诉受理机构（主要是旅游行政管理部门）对其所监管的旅游业中出现的旅游纠纷采用调解和裁决的方式予以解决。申诉专员制度主要在欧美国家（尤其是英国）得到广泛运用。在申诉专员制度内，由案件管理人或申诉专员在不同审理阶段综合采用促成和解、介入调解和作出裁决等方式解决跨境旅游纠纷。另外，申诉专员作出的裁决通常只对旅游经营者具有法律约束力，且只有经过旅游者的同意才对旅游者产生法律约束力。由此可见，申诉专员制度对处于相对弱势地位的旅游者采取了倾斜性保护。无论是行政投诉还是申诉专员制度，调解方式在解决纠纷中发挥的作用越来越大。由于行政裁决结果多数情况下不具有法律强制力，因此行政裁决方式也通常与仲裁相衔接。

总体而言，在跨境旅游纠纷非诉讼解决机制中，调解和仲裁是利用率最高且发挥作用最大的纠纷解决方式。因此，调解和仲裁被称为基本的纠纷解决方式。而协商在实践中通常作为首要的非诉讼纠纷解决方式，且在某些法域已成为其他纠纷解决程序的前置条件。行政裁决因其纠纷解决主体的特殊性而在跨境旅游解决中也起到重要作用，且通常以调解或仲裁方式作出裁决。因此，跨境旅游纠纷非诉讼解决机制基本形成以协商为起点、以调解为前提条件并以仲裁为中心的协同模式。

二 传统的旅游纠纷非诉讼解决机制的法律保障更为完善

跨境旅游纠纷非诉讼解决机制的有效运行需要完善的法律规定予以保障。其中，欧盟在此方面的立法取得瞩目成就并处于世界领先地位。早在1993年，欧盟关于非诉讼纠纷解决机制的话题首次在题为"在统一市场内消费者接近司法正义和解决消费纠纷"的绿皮书中得到讨论。随后，欧盟在非诉讼纠纷解决方面颁布了一系列建议案、指令和条例。于 1998 年通过的适用于法院外专门负责消费争议处理机构的原则的第 98/257 号建议案①，要求成员国的消费纠纷非诉讼解决机构必须遵守七项基本原则，即独立性原则、透明性原则、对抗原则、有效性原则、合法性原则、自由原则与代表性原则。于 2001 年通过的参与消费争议合意解决的法院外机构的原则的第 2001/310 号建议案②，主要是针对参与解决消费争议但不表达其意见、只帮助消费者寻求最好且最适当的解决方法的非诉讼纠纷解决机构提出的。这些机构需要遵守公正、透明、有效和公平的原则。③ 于 2008 年通过的欧盟第 2008/52 号指令——《关于民商事调解若干问题的指令》（以下简称《调解指令》）④，旨在鼓励使用调解以及确保调解与司法程序之间的平衡关系以促使跨境民商事纠纷得到妥善解决。其中，该指令对于消费纠纷的调解采纳了欧盟第 2001/310 号建议案中的规定。于 2013 年通过的欧盟第 2013/11 号指令——《消费纠纷非诉讼解决指令》⑤，目的在于提供更高水平的消费者保护，并确保消费者能够在自愿基础上通过独立、公正、透明、有效、快捷和公平的非诉讼纠纷解决方式解决其与经营者之间的纠纷。本部分着重对《消费纠纷非诉讼解决指令》予以分析。

《欧洲联盟运作条约》第 169 条第 1 款和 169 条第 2 款第 1 项要求根据第 114 条的规定采取措施为欧盟境内包括旅游者在内的消费者提供更高水平的保护。《欧盟基本权利宪章》第 38 条也作出类似规定。《消费纠纷非诉讼解决指令》就是为执行上述条约和宪章的规定而制定的。该指令通过确保消费者能够在自愿的基础上将消费纠纷交由提供独立、公正、透明、有效、快捷和公平的非诉讼纠纷解决程序的机构来解决，从而促进欧盟统一市场的良好运行。另外，该指令不禁止成员国的国内法强制要求消费纠纷当事人通过非

---

① Commission Recommendation of 30 March 1998 on the Principles Applicable to the Bodies Responsible for Out-Of-Court Settlement of Consumer Disputes.

② Commission Recommendation of 4 April 2001 on the Principles for Out-Of-Court Bodies Involved in the Consensual Resolution of Consumer Disputes.

③ 周平俊：《荷兰金融消费者纠纷解决机制研究》，《金融法苑》2011 年第 1 期，第 148 ~ 149 页。

④ Council Directive 2008/52/EC OF 21 May 2008 on Certain Aspects of Mediation in Civil and Commercial Matters [2008] OJL136, 24 May 2008.

⑤ Directive 2013/11/EU of the European Parliament and of the Council of 21 May 2013 on Alternative Dispute Resolution for Consumer Disputes and Amending Regulation (EC) No 2006/2004 and Directive 2009/22/EC.

诉讼纠纷机构解决他们之间的纠纷，只要不剥夺当事人寻求司法救济的权利。① 该指令适用于设立在一欧盟成员国的经营者与居住在另一欧盟成员国的消费者因商品销售或服务提供合同履行而产生的国内或跨境消费者纠纷，即跨境消费纠纷。但是，该指令不适用于9种情形。② 因此，该指令适用于欧盟境内跨境旅游纠纷的解决。另外，该指令为非诉讼纠纷解决机构和非诉讼纠纷解决程序规定了统一的质量要求，以确保跨境旅游者无论在欧盟境内何处居住均可获得高质量的、透明的、有效的非诉讼纠纷解决程序。

首先，该指令关于跨境旅游纠纷非诉讼解决机构的设置、运行、合作、评估和监管的规定。成员国为确保跨境旅游者获得非诉讼纠纷解决程序需要采取两方面措施。其一，设立具有预留功能的非诉讼纠纷解决机构。该类机构在未存在其他能够解决跨境旅游纠纷的非诉讼纠纷解决机构的情况下受理和解决该类纠纷。其二，通过其他成员国的或泛欧盟的或区域性或跨国性的非诉讼纠纷解决机构来解决跨境旅游纠纷。③ 成员国应确保其本国的跨境旅游纠纷非诉讼解决机构符合以下六个方面的要求。第一，实时更新其网站，从而便于跨境旅游者获取关于非诉讼纠纷解决程序的信息，以及在线提交纠纷解决申请和必要的证明材料。第二，经跨境旅游者要求将上述信息以可长久保存的形式提供其使用。第三，在适当的情况下，为跨境旅游者提供线下提交申请的途径。第四，使跨境旅游纠纷当事人能够通过电子方式或者在适当情况下通过信件交流信息。第五，受理国内和跨境旅游纠纷，包括根据欧盟第524/2013号条例设立的在线纠纷解决平台转递的旅游纠纷。第六，在处理旅游纠纷过程中，对个人数据的处理应符合非诉讼纠纷解决机构所在成员国的将欧盟第95/46号指令转化为国内法后的相关规定。④ 此外，该指令还鼓励欧盟境内的跨境旅游纠纷非诉讼解决机构之间相互合作和交换实践经验。⑤

---

① 《消费纠纷非诉讼解决指令》第1条。
② 《消费纠纷非诉讼解决指令》第2条。这9种情形包括：完全由单个经营者聘请或支付报酬的自然人主持的纠纷解决程序，除非成员国法律允许且符合该指令第2章的要求；经营者设立的内部消费纠纷处理机制；符合大众利益的非经济性服务；经营者之间的纠纷；消费者和经营者之间的直接协商；法官在司法程序中所作出的解决消费纠纷的尝试；经营者针对消费者提起的纠纷解决程序；健康卫生专家为其患者提供的保健服务；提供高等教育服务的公共机构。
③ 《消费纠纷非诉讼解决指令》第5条第3款。
④ 《消费纠纷非诉讼解决指令》第5条第2款。
⑤ 《消费纠纷非诉讼解决指令》第16条。

每个成员国应指定一个有权机关对其本国的非诉讼纠纷解决机构进行监管。① 具体而言，有权机关应评估被推荐的跨境旅游纠纷非诉讼解决机构是否属于该指令的适用范围，是否符合该指令的质量要求以及国内法的相关规定。② 有权机关应在上述评估基础上公布符合要求的跨境旅游纠纷非诉讼解决机构的名单以及具体的信息③，并告知欧盟委员会。如果跨境旅游纠纷非诉讼解决机构不再遵守该指令的要求，那么有权机关将联系该机构并告知其应立即恢复执行指令中的有关要求。若该机构在三个月内仍未遵守上述要求，那么有权机关可将该机构从上述公布的名单中删除，并通知欧盟委员会。另外，跨境旅游纠纷非诉讼解决机构每两年应向有权机关汇报以下几个方面信息：①所接收的旅游纠纷的数量和类型；②在旅游纠纷解决结果作出前终止审理程序的比例；③解决旅游纠纷的平均时长；④旅游纠纷解决结果的执行率；⑤经常发生且导致旅游者和旅游经营者之间产生纠纷的系统性问题，并可提供如何避免或解决这些问题的建议；⑥在适当情况下，对促进跨境旅游纠纷解决的非诉讼纠纷解决机构合作网络的有效性进行评估；⑦在适当情况下，根据第 6 条第 6 款规定对跨境旅游纠纷非诉讼解决机构负责人员进行培训；⑧对该机构的非诉讼纠纷解决程序的有效性进行评估以及提出可能的改进措施。④

其次，该指令关于确保跨境旅游者获得非诉讼纠纷解决方式的规定。①旅游经营者负有向旅游者提供关于跨境旅游纠纷非诉讼解决机构信息的义务。成员国应确保其本国的旅游经营者告知旅游者其所承诺加入或被法律要求加入的一个或多个非诉讼纠纷解决机构。旅游经营者应以清晰、全面、易于理解和获取的方式提供上述信息，包括在其网站公布或者在商品或服务销售合同的一般条款中提供。当旅游经营者和旅游者无法直接协商解决纠纷时，旅游经营者应通过纸质或其他可长久保存的形式告知旅游者上述信息。同时，旅游经营者需要明确其是否会通过相关非诉讼纠纷解决机构来解决该纠纷。⑤ ②成员国负有协助旅游者获得非诉讼纠纷解决方式

---

① 《消费纠纷非诉讼解决指令》第 18 条。
② 《消费纠纷非诉讼解决指令》第 20 条。
③ 具体信息包括名称、联系方式、网址、收费标准、提交材料和审理程序所使用的语言、受理的案件类型、审理方式、纠纷解决结果的法律约束力和依据。
④ 《消费纠纷非诉讼解决指令》第 19 条。
⑤ 《消费纠纷非诉讼解决指令》第 13 条。

的义务。成员国应确保在发生跨境旅游纠纷时，旅游者能够请求其他成员国国内有权受理跨境旅游纠纷的非诉讼纠纷解决机构解决。另外，成员国可要求本国的欧洲消费者中心网络、消费者组织或其他有关机构承担上述协助义务。①

再次，该指令关于非诉讼纠纷解决机构受理跨境旅游纠纷的规定。①跨境旅游纠纷非诉讼解决机制中管辖权的确定问题。跨境旅游纠纷涉及两个或两个以上的国家或地区，即使通过非诉讼纠纷解决方式解决，也面临着如何确定适当的有管辖权的非诉讼纠纷解决机构的问题。无论是欧盟层面还是成员国内部均对跨境民商事诉讼中的管辖权作出了详细的法律规定。《消费纠纷非诉讼解决指令》却对此没有作出明确、具体的规定。实际上，该指令已经涉及管辖权问题，其在多个条文②中均规定将旅游纠纷提交至"有管辖权的非诉讼纠纷解决机构"。但是，这些条文没有明确具体应由哪个适当的非诉讼纠纷解决机构来受理案件。不过，每个成员国都需要确保在该指令范围内涉及其本国的经营者的消费纠纷都有符合该指令要求的非诉讼纠纷解决机构来受理。具有预留职能的非诉讼纠纷解决机构也包含在内。③ 另外，成员国并没有设立能够处理涉及其他成员国的旅游经营者的非诉讼纠纷解决机构的义务。若旅游经营者已经自愿加入或被强制加入特定的非诉讼纠纷解决机构，则其需要明确告知旅游者上述信息，并明确其是否愿意通过该机构解决纠纷。④ 因此，跨境旅游者要想投诉外国的旅游经营者则应在该经营者所在国进行投诉，或者向能够处理跨境旅游纠纷的本国非诉讼纠纷解决机构投诉。虽然这种管辖权确定规则有时与《布鲁塞尔条例 I（重订）》中确立的跨境民事诉讼中消费者保护的原则相违背，但不可否认这正是源自非诉讼纠纷解决机制的自愿性原则。②跨境旅游纠纷非诉讼解决机构的审理程序。跨境旅游纠纷非诉讼解决机构受理欧盟境内的旅游经营者和旅游者之间的合同纠纷，既包括国内案件也包括跨境案件。⑤ 该机构可基于以下理由拒绝受理

---

① 《消费纠纷非诉讼解决指令》第 14 条。
② 例如《消费纠纷非诉讼解决指令》第 5 条第 3 款和第 7 款、第 6 条第 2 款第 2 项、第 7 条第 1 款第 6 项、第 14 条第 1 款和第 15 条第 4 款。
③ 《消费纠纷非诉讼解决指令》第 5 条第 1 款和第 3 款。
④ 《消费纠纷非诉讼解决指令》第 13 条。
⑤ 《消费纠纷非诉讼解决指令》第 5 条第 2 款第 5 项。

案件：旅游者未先联系旅游经营者并与其协商解决纠纷；旅游纠纷属于无理取闹（frivolous or vexatious）；该旅游纠纷正被或已经被其他非诉讼纠纷解决机构受理或法院审理；旅游纠纷金额低于或高于非诉讼纠纷解决机构受理案件的金额标准；提交争议的时间距离旅游者向旅游经营者申诉的时间已超过一年；受理该旅游纠纷将严重影响非诉讼纠纷解决机构的运行。① 另外，若根据跨境旅游纠纷非诉讼解决机构的程序规则，该机构无法解决旅游者提交的纠纷，那么其需要在收到请求材料后的三周内为纠纷当事人提供合理的解释。负责跨境旅游纠纷非诉讼解决的人员应具有专业性，并保持独立性和公正性。② 另外，非诉讼纠纷解决机构在审理跨境旅游纠纷过程中应坚持透明性原则③、有效性原则④、公平性原则⑤和自由性

---

① 《消费纠纷非诉讼解决指令》第5条第4款。

② 《消费纠纷非诉讼解决指令》第6条。具体而言，此类人员应具有非诉讼或诉讼解决消费纠纷方面的必要知识和技能，以及一般性法律知识。他们应具有一定的任职期限以确保其独立性且无正当理由不得被解除职务。他们不接受任何一方当事人或其代理人的指示。他们所获得的薪酬与纠纷解决结果不存在关联。在整个纠纷解决过程中，在出现任何影响其独立性和公正性或导致其与当事人存在利益冲突的情形时，他们应立即向非诉讼纠纷解决机构披露。

③ 《消费纠纷非诉讼解决指令》第7条。透明性原则指非诉讼纠纷解决机构应通过其网站或其他可长久保存的形式提供相关信息。这些信息包括非诉讼纠纷解决机构和审理人员的具体信息、争议解决的类型和限额、程序规则、审理语言、审理时长、审理依据的规则、纠纷解决结果的法律效力等。

④ 《消费纠纷非诉讼解决指令》第8条。有效性原则指的是非诉讼纠纷解决机构应满足以下要求。其一，无论消费者和经营者身在何处均能通过线上和线下的方式较容易地获得非诉讼纠纷解决程序。其二，纠纷当事人无须聘请律师或法律顾问就可参与纠纷解决程序。其三，非诉讼纠纷解决程序对消费者免于收取费用或仅在名义上收取少量费用。其四，非诉讼纠纷解决机构在收齐与消费纠纷相关的材料后应及时告知纠纷当事人。其五，非诉讼纠纷解决程序的结果一般应在收齐与消费纠纷相关的材料后的90日内作出。

⑤ 《消费纠纷非诉讼解决指令》第9条。公平性原则指的是非诉讼纠纷解决程序应符合以下要求。其一，当事人在审理过程中被给予合理的时间表达其观点，对另一方当事人的主张和提供的证据材料以及专家的意见发表意见。其二，当事人被告知其无须聘请律师或法律顾问即可参与纠纷解决程序；非诉讼纠纷解决机构应以书面或其他可供保存的形式告知当事人纠纷解决结果以及依据。另外，通过提出纠纷解决方案来解决消费纠纷的非诉讼纠纷解决机构应符合特别要求。具体而言，在审理程序开始前告知当事人享有可随时退出非诉讼纠纷解决程序的权利，但对于成员国的法律强制要求经营者参与该程序的情形，只有消费者享有该权利。在同意接受建议的纠纷解决方案前，当事人应被告知其有拒绝接受的权利，且参与该程序不被剥夺寻求司法救济的权利，以及该解决方案与法院依据法律作出的判决存在不同。在同意接受建议的纠纷解决方案之前，当事人应被告知接受该方案所产生的法律效果。当事人在作出同意接受建议的纠纷解决方案之前，应被给予合理的时间予以考虑。

原则①。旅游者可通过线上或线下的方式参与非诉讼纠纷解决程序，且不必聘请律师。跨境旅游纠纷非诉讼解决程序是免费的或对旅游者收取极少的费用。另外，由于案件多由旅游经营者所在国的非诉讼纠纷解决机构受理，旅游者可能面临语言障碍。不过，旅游者可通过欧洲消费者中心获得免费的翻译服务。③跨境旅游纠纷非诉讼解决机构对纠纷解决结果的作出。跨境旅游纠纷非诉讼解决机构应在收齐所有与旅游纠纷解决相关资料后的 90 天内作出纠纷解决结果。② 该机构可依据法律规定、衡平法和行业行为准则来作出决定。③ 该机构作出的纠纷解决结果既可以具有法律约束力，也可以不具有法律约束力，具体由成员国自行决定。④ 非诉讼纠纷解决机构作出的纠纷解决结果必须符合合法性原则。⑤ 具体而言，若旅游纠纷解决结果不涉及冲突规范，则不得剥夺旅游者所享有的其和旅游经营者共同惯常居所地所在成员国的法律对其提供的保护。若旅游纠纷解决结果涉及冲突规范的适用，则应依照《罗马条例 I》第 6 条第 1 款至第 2 款的规定或者《罗马公约》第 5 条第 1 款至第 3 款的规定来确定所应适用的准据法。但值得注意的是，适用法律的结果不得剥夺旅游者所享有的其惯常居所地国法律中相关强制性规则对其提供的保护。另外，《欧盟基本权利宪章》第 47 条规定，获得有效的救济和获得公平司法审判是基本权利。当旅游纠纷无法通过非诉讼纠纷解决方式解决且通过该方式作出的决定不具有法律约束力时，旅游者不应被剥夺将旅游纠纷提交法院解决的权利。另外，向跨境旅游纠纷非诉讼解决机构请求解决旅游纠纷可引起诉讼时效的中断。⑥ 为提高跨境旅游纠纷非诉讼解决机构之间裁决的一致性和提升

---

① 《消费纠纷非诉讼解决指令》第 10 条。自由性原则指的是成员国应确保消费者和经营者在消费纠纷发生之前签订的并剥夺消费者诉权的提交非诉讼纠纷解决机构的协议不具有法律约束力。另外，该原则还指若非诉讼纠纷解决程序旨在作出具有法律约束力的决定，那么只有当事人被提前告知这一情况且明确同意接受时，其决定才对当事人具有法律约束力。但是，如果成员国的法律规定上述决定对经营者具有法律约束力，那么就无须专门征求经营者的同意。如果旅游经营者与旅游者之间的提交非诉讼纠纷解决机构的协议是在争议尚未发生时签订的，并且还剥夺了旅游者向法院起诉的权利，那么该协议对旅游者不具有法律约束力。

② 《消费纠纷非诉讼解决指令》第 8 条。

③ 《消费纠纷非诉讼解决指令》第 7 条第 9 款。

④ 《消费纠纷非诉讼解决指令》第 2 条第 4 款。

⑤ 《消费纠纷非诉讼解决指令》第 11 条。

⑥ 《消费纠纷非诉讼解决指令》第 12 条。

旅游者对其的信心，这些机构应每两年向有权机构汇报旅游者与旅游经营者之间发生的主要纠纷类型以及纠纷解决建议。①

第三节　在线旅游纠纷非诉讼解决机制的发展及规制

近些年来，以网络为依托的电子商务异军突起，极大地改变了人们的消费模式。但与此同时，在线消费纠纷数量也迅猛增长，使得现有的消费纠纷解决机制的弊端日益凸显。在此背景下，在线纠纷解决（Online Dissputes Resolution，以下简称 ODR）逐渐得到发展，现成为国际组织、各国政府、学者以及消费者共同认可的解决在线消费纠纷的首选路径。ODR 是以网络为载体的在线诉讼外纠纷解决程序。在该程序中，纠纷当事人无须亲自出席就可对当事人之间的消费纠纷进行解决，克服了消费者和经营者在解决消费纠纷时面临的较远物理距离的难题。早期 ODR 普遍采用电子邮件的方式与双方当事人沟通。后来，ODR 逐渐发展出聊天室、加密网站、可视会议等更方便的沟通方式来解决纠纷。②

ODR 程序为解决网上购买跨境旅游服务产品产生的纠纷提供简单、有效、快捷和低成本的非诉讼解决途径。但是，欧盟缺乏促使旅游者和旅游经营者借助网络解决旅游纠纷的在线纠纷解决程序。这不仅导致旅游者的合法权益难以得到有效救济，还阻碍欧盟境内旅游经营者之间关于在线销售活动的公平开展。③ 于 2013 年通过的第 524/2013 号条例——《消费纠纷在线解决条例》④，旨在为跨境远程消费合同的双方当事人提供一个泛欧盟在线争议解决网络平台。该条例的主要目标为，通过建立泛欧盟的 ODR 平台为旅游者和旅游经营者之间的纠纷提供独立、公正、透明、有效、快捷和公平的非诉讼纠纷解决程序。⑤ 该条例适用于解决位于不同成员国的旅游者和旅游经营者之间签订的网上旅游服务产品合同纠纷的非诉讼纠纷

---

① 《消费纠纷非诉讼解决指令》第 19 条。

② 于颖：《远程消费者保护机制研究》，法律出版社，2013，第 136 ~ 137 页。

③ 《消费纠纷在线解决条例》序言第 8 点。

④ Regulation（EU）No 524/2013 of the European Parliament and of the Council of 21 May 2013 on Online Dispute Resolution for Consumer Disputes and Amending Regulation（EC）No 2006/2004 and Directive 2009/22/EC.

⑤ 《消费纠纷在线解决条例》第 1 条。

解决程序，且这种程序由与 ODR 平台相连接的符合欧盟第 2013/11 号指令的跨境旅游纠纷非诉讼解决机构提供。

首先，该条例关于 ODR 平台及其联络点的设置和功能。

（1）ODR 平台的设置和功能

欧盟委员会负责 ODR 平台的建立、运行、维护、资金支持和数据安全。① ODR 平台应是用户友好型，不仅保护使用者的隐私还能确保包括残障人士在内的所有人均可访问和使用。ODR 平台应为旅游者和旅游经营者提交非诉讼纠纷解决请求提供单一入口。该平台是交互式的，能够通过电子移动设备进行访问，提供包含欧盟机构所使用的官方语言界面且不收取任何费用。所有符合欧盟第 2013/11 号指令规定的跨境旅游纠纷非诉讼解决机构都应在 ODR 平台上注册。ODR 平台在解决跨境旅游纠纷上主要具有以下几点功能：提供电子投诉表格以供旅游者填写；通知被投诉的旅游经营者；寻找适合的跨境旅游纠纷非诉讼解决机构并在旅游纠纷当事人同意的情况下将投诉转递至该机构；提供免费的电子案件管理工具；提供解决跨境旅游纠纷所必需的信息翻译服务；提供用于传递信息的电子表格；提供信息反馈系统；公布关于跨境旅游纠纷非诉讼解决机构的审理程序和具体信息。

（2）ODR 联络点的设置和功能

每个成员国应指定一个 ODR 联络点，并将其名称和联系方式告知欧盟委员会。② 成员国可指定其本国的欧洲消费者中心、消费者组织或其他机构为 ODR 联络点。每个联络点应至少配备两个法律顾问，以便为跨境旅游纠纷的解决适时提供法律意见。ODR 联络点在解决跨境旅游纠纷方面发挥的功能主要为协助旅游纠纷当事人与适当的跨境旅游纠纷非诉讼解决机构联系。具体而言，ODR 联络点协助旅游者提交申请和相关证明材料；提供该联络点所在成员国关于旅游合同中旅游者所享有的权利的法律规定；提供关于 ODR 平台运行功能的信息；解释跨境旅游纠纷非诉讼解决机构适用的程序规则；当无法通过 ODR 平台解决跨境旅游纠纷时，告知旅游者其他救济途径。此外，欧盟委员会应建立 ODR 联络点网络，以促使各联络点相互合作和功能的充分发挥。③

---

① 《消费纠纷在线解决条例》第 5 条。
② 《消费纠纷在线解决条例》第 7 条。
③ 《消费纠纷在线解决条例》第 13 条。

其次，该条例关于确保旅游者知悉 ODR 平台的规定。在欧盟境内设立的进行网上旅游服务产品销售的旅游经营者或其网络销售市场设立在欧盟境内的旅游经营者，应在其网站上添设 ODR 平台的链接，且易于旅游者使用。① 前一类型的旅游经营者还应在其网站上公布其电子邮箱地址，以便旅游者进行投诉。若该类型的旅游经营者已承诺或被强制要求将旅游纠纷交由一个或一个以上的跨境旅游纠纷非诉讼解决机构解决，则应告知其旅游者 ODR 平台的存在以及通过该平台解决他们之间纠纷的可能性。如果旅游经营者通过电子邮件方式向旅游者发出要约，则应在电子邮件中提供 ODR 平台的链接。此外，ODR 网络平台上应公布符合欧盟第 2013/11 号指令规定的跨境旅游纠纷非诉讼解决机构的名单并对该名单进行更新，以便旅游者查阅。再者，成员国的跨境旅游纠纷非诉讼解决机构、欧洲消费者中心、消费者组织或旅游经营者协会或其他机构也应在各自的网站上添加 ODR 平台的链接，在最大程度上确保旅游者对 ODR 平台的知悉。

最后，该条例关于在线旅游纠纷解决申请的处理、转递和审理的规定。

（1）在线旅游纠纷解决申请的处理

旅游者应填写电子申请表以将纠纷提交至 ODR 平台。② 旅游者填写的信息应确保能够找到适当的跨境旅游纠纷非诉讼解决机构，且须提供的具体信息已在该条例的附件中列出。旅游者只有将电子申请表内容填写完整，申请才会得到受理并转递至适当的跨境旅游纠纷非诉讼解决机构。③在收到完整填写的申请表后，ODR 平台应尽快以易于理解的方式将申请表转递至被投诉的旅游经营者。除此之外，ODR 平台还会附送给旅游经营者以下几个方面信息：旅游纠纷当事人需要共同选择某一跨境旅游纠纷非诉讼解决机构，若未达成一致意见或不存在适当的机构时 ODR 平台无法进一步处理纠纷；若电子申请表中已指定某跨境旅游纠纷非诉讼解决机构或 ODR 平台根据申请表中提供的信息确定了适当的机构，则告知旅游经营者该机构的具体信息④；旅游经营者应在 10 天内答复其是否已承诺或被强制

---

① 《消费纠纷在线解决条例》第 14 条。

② 《消费纠纷在线解决条例》第 8 条。

③ 《消费纠纷在线解决条例》第 9 条。

④ 这些信息包括跨境旅游纠纷非诉讼解决机构的名称、联系方式和网址；收费情况；审理程序所使用的语言；审理平均时长；纠纷解决结果是否具有法律约束力；根据欧盟第 2013/11 号指令的规定可能拒绝受理案件的情形。

要求使用某跨境旅游纠纷非诉讼解决机构，或其是否同意使用已指定的或经 ODR 平台确定的机构；告知旅游经营者其所在国的 ODR 联络点的名称和联系方式。在收到旅游经营者提供的信息后，ODR 平台应立即以同样的方式联系旅游者，并告知其上述类似的信息。

（2）在线旅游纠纷解决申请的转递和审理

ODR 平台应立即将旅游纠纷解决申请转递至纠纷当事人一致同意的跨境旅游纠纷非诉讼解决机构。该机构在收到被转递的申请后应立即通知旅游纠纷当事人其受理决定。在决定受理后，该机构应告知其审理程序规则和相关的费用。该机构将按照欧盟第 2013/11 号指令第 8 条第 5 款的规定，在收到完整申请材料后的 90 天内作出纠纷解决结果。[①] 该机构不得要求旅游纠纷当事人或其代理人亲自出席，除非其审理程序规则允许且经当事人同意。此外，该机构还应告知 ODR 平台以下信息：收到完整申请材料的日期；争议的标的；审理程序结束的日期；纠纷解决结果。若当事人未能在30 天内达成一致意见或该机构拒绝受理案件，那么案件将被停止进一步审理。旅游者将被告知可联系 ODR 法律顾问以获得有关其他救济方式的信息。

第四节　跨境旅游纠纷非诉讼解决机制所依据的实体法发展

旅游法律法规是跨境旅游纠纷解决的法律依据。非诉讼纠纷解决机制解决跨境旅游纠纷的过程本质上就是执行旅游法律法规的过程。因此，其完善程度对跨境旅游纠纷非诉讼机制作用的发挥起到重要作用。然而，各国在旅游立法上存在较大差异，在解决跨境旅游纠纷时，适用不同国家的法律可能出现迥异的结果，使得旅游者承担较大的法律风险。为此，国际社会在统一旅游法方面作出持续努力并取得一定的成效。

自 20 世纪 70 年代起，国际旅游业界人士就开始了统一关于旅游合同法律规定的工作。然而，基于不同利益需求及战略考量，短期内各国很难在实体法方面达成一致。例如，国际统一私法协会（International Institute for the Unification of Private Laws，以下简称 UNIDROIT）于 1970 年通过《布鲁塞尔旅游合同国际公约》，就旅游组织者和旅游者之间签订的旅游合

---

① 《消费纠纷在线解决条例》第 10 条。

同的形式和内容进行了规定。该公约还规定了解除合同和退款规则，以及旅游组织者对旅游者在旅游过程中遭受的损害所承担的赔偿责任。但是，该协定因其自身的缺陷而遭到国际社会的反对，例如内容规定模糊、公约目标缺乏相应的条文以及过低的赔偿额度。①虽然该公约已经生效，但是只有极少数国家签署。其中，比利时和阿根廷分别于 1994 年和 2010 年退出该公约。该公约发挥的影响力微乎其微，以失败而告终。UNIDROIT 还于 1978 年通过《关于旅馆合同的国际协定草案》（*Draft Convention on the Hotelkeeper's Contract*），就《布鲁塞尔旅游合同国际公约》中遗漏的酒店经营者和旅游者之间的权利义务问题作出明确规定。但是，该协定草案一直未形成正式的公约，因此其发挥的作用十分有限。

考虑到在全球范围内统一旅游实体法具有相当大的难度，世界旅游组织和其他从事统一法律工作的国际组织从制定国际公约向国际软法转变，通过了一系列宣言和规范性法律文件。例如，1980 年通过的《马尼拉世界旅游宣言》提出了旅游是"人人享有的权利"，并明确了旅游在国际政治经济中的作用。1982 年通过的《阿卡普尔科文件》号召各国加强旅游立法，保障人们的旅游权利。1985 年由世界旅游组织通过的《旅游权益法案和旅游者守则》细化了旅游权的内容，要求各国不得对旅游者采取歧视性措施。1985 年联合国大会通过的《保护消费者准则》是一部具有世界意义的保护消费者的纲领性文件，也对旅游者的保护起到重要作用。1989 年由旅游业议会间会议通过的《海牙旅游宣言》对旅游、旅游者、旅游业进行了全面系统的分析与界定。1999 年由世界旅游组织通过的《全球旅游伦理规范》规定了旅游者的权利和义务以及旅游行业中其他利益相关者的义务，并确立了非歧视原则。

近年来，尤其是 2013 年我国提出"一带一路"倡议后，跨境旅游业发展势头更为强劲，对世界经济增长的贡献比重日益提升。随着互联网络的迅猛发展，旅游服务产品形式更为丰富多样，更迎合新时期跨境旅游者的需求。与此同时，购买新形式旅游服务产品的跨境旅游者在签署旅游合同的过程中或在该类旅游合同的履行过程中合法权益频频受损。然而，上述旅游合同中的很大一部分并不受现有的旅游法律规制，这使得购买此类

---

① Rodney E. Gould et al., "The Unidroit Draft Convention on the Hotelkeeper's Contract: A Major Attempt to Unify the Law Governing Inkeeper-Guest Liability", *Cornell International Law Journal* 13 (1) (1980), p.37.

旅游服务产品的跨境旅游者的合法权益难以获得有效救济。这也促使国际社会采取行动修订本国现有的法律或颁布新的法律，甚至联合起草国际公约，以对新形式的旅游合同加以规制和强化对跨境旅游者的保护。其中，欧盟新通过的第 2015/2302 号指令和世界旅游组织正在起草的《旅游者和旅游服务提供者保护公约草案》最具有代表性。

1. 欧盟《关于包价旅游和关联旅游安排指令》

欧盟于 1990 年通过《关于包价旅行、包价度假、包价旅游的指令》（即第 90/314 号指令）。第 90/314 号指令规定了购买包价旅游服务产品的旅游者所享有的重要权利。其中，最为重要的是信息提供义务、旅游经营者在履行包价旅游合同中承担的法律责任以及旅游者所享有的破产保护权利。在第 90/314 号指令实施后，旅游市场发生了重大变化。在传统的旅游服务产品供应链之外，互联网已逐渐成为旅游服务提供或销售的主要渠道。旅游服务产品不仅以传统的预先安排的包价旅游形式提供，还以按照旅游者个性化需求对旅游服务产品进行组合的方式提供。但是，后一种形式的旅游服务产品未在第 90/314 号指令中得到明确规定，处于法律的灰色区域。在此背景下，欧盟建议修改指令，以使购买此类旅游服务产品的旅游者获得与传统的包价旅游服务产品的旅游者同样的保护。在此背景下，欧盟委员会于 2015 年 11 月 25 日通过了第 2015/2302 号指令——《关于包价旅游和关联旅游安排指令》，同时废止了第 90/314 号指令。第 2015/2302 号指令的目的在于对这些旅游市场的新发展予以考虑，增强法律的透明度，并为旅游者和旅游经营者提供更高的法律确定性。另外，第 2015/2302 号指令进一步限制了成员国转化方面的自由。该指令尽可能统一成员国关于包价旅游合同和关联旅游安排的旅游者和旅游经营者的法律、条例和行政法方面的规定，为旅游者提供高标准和统一的保护水平。①

（1）第 2015/2302 号指令的适用范围

考虑到对短途旅游者的保护并没有太大的必要性，且为避免对旅游经营者造成不必要的负担，该指令对其适用范围作出限制。该指令不适用于三种情形。其一，短于 24 小时且不包含住宿的包价旅游合同和关联旅游安排合同。其二，基于非营利目的偶尔组织的且只限于特定旅游者的包价旅游合同和关联旅游服务产品合同（例如慈善机构、体育俱乐部或学校每年

_____

① 欧盟《关于包价旅游和关联旅游安排指令》第 1 条。

组织的旅游活动）。其三，根据旅游经营者与基于商业活动目的的其他自然人或法人所签订的关于商务旅行活动一般安排意见而签订的包价旅游合同和关联旅游安排合同。① 该指令的适用范围主要由两个标准来确定：适用的对象和适用的合同类型。② 关于适用对象，第 2015/2302 号指令第 3 条第 6 款对旅游者③进行了明确的界定。旅游者指签订旅游合同或被授权签订符合该指令的旅游合同的自然人，包括出于商务目的旅行并没有与具体的旅游经营者签订旅游合同的自然人。相较第 90/314 号指令这一定义扩大了旅游者的范围，使更多的旅游者受到法律保护。关于适用的合同类型，第 2015/2302 号指令将两种旅游合同纳入其适用范围——包价旅游合同和关联旅游安排合同。

第 2015/2302 号指令第 3 条第 2 款对第 90/314 号指令中的包价旅游合同定义作出较大修订，扩大了包价旅游合同的内涵。本书已在第一章关于包价旅游合同定义部分作了详细介绍，不再予以赘述。关联旅游安排指的是，旅游者基于同一旅游或度假目的购买两种或两种以上不同类型的旅游服务产品，但在以下两种情况下不构成包价旅游合同，而是旅游者与各个旅游服务提供者签订单独的合同。其一，旅游经营者促使旅游者在单次访问或联系其销售点时，选择不同的旅游服务并分别支付。其二，旅游经营者与一旅游经营者签订旅游合同后，在 24 小时内又特意从其他经营者处购买一种以上的旅游服务产品。④ 另外，当旅游者购买第 3 条第 1 款中前三项中的至少一种旅游服务产品和第四项中的一种或一种以上的旅游服务产品时，若存在以下情形则不构成关联旅游安排：第四项中的旅游服务产品未占组合后的旅游服务产品价款的重要部分，也未在广告中得到如此宣传，且未成为旅游或度假产品的主要内容。

（2）第 2015/2302 号指令的主要内容

第 2015/2302 号指令的主要内容包括五个方面。第一，与包价旅游合同相关的信息提供义务以及合同的主要内容。旅游者在受到包价旅游合同内容约束之前，旅游组织者和/或旅游经销商应用附件 1 中 A 或 B 部分的

① 欧盟《关于包价旅游和关联旅游安排指令》第 2 条。
② 欧盟《关于包价旅游和关联旅游安排指令》第 3 条。
③ 该新指令旨在保护被视为消费者的旅游者以及商务旅行者（包括自由职业、个体经营或其他自然人），因而使用 "travelers" 一词。
④ 欧盟《关于包价旅游和关联旅游安排指令》第 3 条第 5 款。

表格为旅游者提供标准的信息。其中，对于通过电话方式签署的包价旅游合同，旅游组织者和/或旅游经销商应提供附件 1 中 B 部分的标准信息。对于该指令第 3 条第 2 款第 2 项的最后一种包价旅游形式，传递旅游者相关信息的旅游组织者和旅游经销商需要确保每一方在旅游者受包价旅游合同约束前，为旅游者提供有关包价旅游服务主要内容的信息。旅游组织者还应提供附件 1 中 C 部分的标准信息。信息应以清晰、全面和明显的方式提供。包价旅游服务应包含以下主要内容：①包价旅游服务的主要内容；②旅游经营者的具体信息；③合同总价款和额外费用；④价款的支付；⑤成团最低人数和时间期限；⑥护照和签证要求；⑦任意解除权；⑧保险购买信息。①成员国需要确保第 5 条第 1 款中为旅游者提供的包价旅游服务的主要内容、合同总价款和额外费用、价款的支付、成团最低人数和时间期限、任意解除权的规定应构成包价旅游合同的内容。上述内容不得更改，除非合同双方明确同意。②

另外，包价旅游合同或合同确认书中除了应该包含第 2015/2302 号指令第 5 条第 1 款规定的信息，还应包括 8 个方面的信息。这些信息包括：经旅游组织者同意的旅游者提出的特殊要求；旅游组织者应承担的根据第 13 条的规定适当履行包价旅游合同的义务和根据第 16 条的规定为处于困境的旅游者提供帮助的义务；负责破产保护的机构的名称、包括地址在内的联系方式，以及在适当情况下提供成员国所指定的负责破产保护的机构的名称和联系方式；旅游组织者在当地的名称、地址、电话号码、邮箱地址和可能的传真号码；旅游者根据第 13 条第 2 款规定将包价旅游合同履行过程中的任何不适当履行行为及时报告的信息；与未在父母或其他监护人的陪伴下进行包含住宿服务在内的包价旅游活动的未成年人或其他监护人直接联系的信息；有关旅游经营者内部纠纷处理程序和非诉讼纠纷解决机制的信息，以及在适当情况下提供其所加入的非诉讼纠纷解决机制和符合欧盟第 524/2013 号条例规定的在线纠纷解决平台信息；旅游者可根据第 9 条规定将旅游合同转给其他旅游者的权利信息。

第二，在行程开始前包价旅游合同内容的变更。关于包价旅游合同的转让，旅游者应至少在行程开始前的 7 天以易于保存的形式给予旅游组织

---

① 欧盟《关于包价旅游和关联旅游安排指令》第 5 条第 1 款。
② 欧盟《关于包价旅游和关联旅游安排指令》第 6 条。

者合理通知，方可将包价旅游合同转让给其他人员。① 包价旅游合同的转让人和受让人对合同价款和因转让所产生的额外费用承担连带责任。旅游组织者应告知合同转让人转让所产生的实际费用，但费用金额不得超过合理限度且不应超过旅游组织者因转让行为而产生的实际费用。旅游组织者对上述费用承担证明责任。关于合同价款的变更，只有当合同明确约定增加价款的可能性和旅游者享有获得降低价款的权利时，旅游组织者才能增加合同价款。② 合同价款的增加只限于三种因素：因汽油费或其他燃料费等的增加而导致旅客交通运输价格增加；由不直接参与包价旅游合同履行的第三方上涨与旅游服务相关的税费；与包价旅游合同相关的汇率的上涨。另外，合同价款增加幅度不得超过总价款的 8%。并且旅游组织者应至少在行程开始前的 20 天以可保存的方式清楚、全面地告知旅游者价款上涨的可能并且给出解释理由和费用计算方法。

对于包价旅游合同其他合同条款的变更，旅游组织者在行程开始前不得单边更改除合同价款内容外的其他合同条款。③ 但是，以下几种情形除外：旅游组织者在合同中保留了此种权利，或合同条款的变更是不重要的，并且旅游组织者以可供保存的方式清晰、全面和明显地告知旅游者合同条款内容的变更。若旅游组织者对合同内容作出重大修改或合同价款增加幅度超过总价款的 8% 时，旅游者可接受上述变更，也可解除合同而无须支付解除费用。若旅游者解除合同，其可选择接受旅游组织者提供的同等或更高质量的替代包价旅游服务。若旅游组织者提供的替代包价旅游服务质量较之前差或价款低，则旅游者有权要求返还适当的钱款。若包价旅游合同被解除且旅游者不接受替代的包价旅游服务，那么旅游组织者应在合同解除后的 14 天内将钱款返还给旅游者或其代理人。关于行程开始前任意撤销权的行使，旅游者有权在行程开始前的任何时间解除合同，但可能需要向旅游组织者支付适当、合理的解除费用。④ 但是，旅游目的地或附近地区发生无法避免和难以预见的情形且严重影响包价旅游合同的履行，或者影响将旅游者运送至旅游目的地的情形除外。值得注意的是，对于在网络上签署的合同，旅游者可依其成员国的法律规定在合同签订后的 14 天

---

① 欧盟《关于包价旅游和关联旅游安排指令》第 9 条。
② 欧盟《关于包价旅游和关联旅游安排指令》第 10 条。
③ 欧盟《关于包价旅游和关联旅游安排指令》第 11 条。
④ 欧盟《关于包价旅游和关联旅游安排指令》第 12 条。

内行使撤销权，且无须说明理由。

第三，包价旅游合同的按约履行。旅游组织者应负责包价旅游合同的适当履行，无论旅游服务实际上由旅游组织者还是其他旅游服务提供者履行。① 成员国可在其国内法中规定旅游经销商在某些情况下也对合同的履行承担法律责任。另外，旅游者应及时告知旅游组织者有关包价旅游合同未得到适当履行的情形。当不适当履行行为已经实质上影响包价旅游合同的履行且旅游组织者未能在旅游者要求的合理时间内采取救济措施，旅游者可解除合同且无须支付解除费用。如果包价旅游合同内容包括旅客运输服务，那么旅游组织者应尽快且在不给旅游者带来额外费用的情况下以同等标准的交通运输方式将旅游者运送至旅游出发地。若出现因无法避免和难以预见的情形而无法按照合同约定将旅游者送回至出发地，那么旅游组织者应负担必要的住宿费用。在可能的情况下，旅游组织者应为每位旅游者承担同等标准的不超过 3 晚的住宿费用。另外，旅游者在合同未得到适当履行的情况下有权要求降低合同价款，除非未得到适当履行的原因可归责于旅游者。② 值得注意的是，旅游者还有权在因合同违约而遭受损失的情况下要求旅游组织者进行适当赔偿。旅游者获得的赔偿应包括非财产损害赔偿，例如旅游者可因包价旅游服务未适当履行而丧失的快乐获得赔偿。③ 此外，提起的赔偿请求期限应不得少于 2 年。旅游组织者应在旅游者处于困境时提供适当的帮助。④ 但当上述困境是由旅游者的故意或过失而造成时，旅游组织者可收取合理费用。

第四，对包价旅游合同中旅游者的破产保护。旅游组织者的破产保护应适用于所有的旅游者无论其住所地、出发地和包价旅游合同中约定的出发地为何，也无论负责破产保护的机构所在的成员国为何。⑤ 当包价旅游合同的履行受旅游组织者的破产影响时，应确保旅游组织者提供的资金担保能够免费将旅游者送回出发地。在必要的情况下，应在旅游者返回出发地前为其支付住宿费用。对于因破产而未得到履行的旅游服务，经旅游者请求后旅游组织者应尽快返还相应钱款。

---

① 欧盟《关于包价旅游和关联旅游安排指令》第 13 条。
② 欧盟《关于包价旅游和关联旅游安排指令》第 14 条。
③ 欧盟《关于包价旅游和关联旅游安排指令》序言第 34 点。
④ 欧盟《关于包价旅游和关联旅游安排指令》第 16 条。
⑤ 欧盟《关于包价旅游和关联旅游安排指令》第 17 条。

第五，关联旅游安排合同中的信息提供义务及对旅游者的破产保护。促成关联旅游安排合同的经营者应提供担保以确保在其破产时返还旅游者支付的相应价款。[①] 若旅游经营者还对旅游者的运输承担责任，那么其提供的担保还应覆盖旅游者返回出发地的费用。在旅游者受关联旅游安排合同中的任一合同的约束之前，促成该合同的经营者，应以清晰、全面和明显的方式告知旅游者两个方面的信息。其一，旅游者将不能享受该指令下包价旅游者所享有的权利，且每一旅游服务提供者只对各自提供的旅游服务承担责任。其二，旅游者可享受上述破产保护。此外，促成关联旅游安排合同的经营者应以附件 2 中的标准表格为旅游者提供上述信息。

2. 世界旅游组织的《旅游者和旅游服务提供者保护公约草案》

《旅游者和旅游服务提供者保护公约草案》（*UNWTO Convention on the Protection of Tourists and on the Rights and Obligations of Tourism Service Providers*）工作组是由缔约国的代表、国际组织以及旅游行业的利益攸关者组成的。该工作组于 2010 年成立后已经召开过十二次会议，共起草了十一个公约草案文本，并与世界旅游组织秘书处共同对这些公约草案的内容逐条进行了修订。本书介绍世界旅游组织于 2017 年 7 月起草的最新版本的公约草案——《旅游者和旅游服务提供者保护公约草案》。公约草案的主要目标有两个。第一，制定对作为消费者的旅游者进行适当保护的统一实体法规则，尤其是在紧急情况下进行的保护。第二，明确旅游服务提供者的权利和义务，平衡旅游服务提供者和旅游者之间的权利和义务。公约草案由总则和三个涉及不同事项且相互独立的附件组成。公约草案在总则中明确了"旅游者"[②]、"旅游服务"[③] 和"旅游服务提供者"[④] 的定义。附件一是关于紧急情况下缔约国的协助义务，附件二是关于包价旅游合同的规定，附件三是关于旅游住宿的规定。本书着重分析附件二中关于包价旅游合同的规定。

第一，包价旅游合同相关基本概念的界定。附件二对"经营者"、"组

---

① 欧盟《关于包价旅游和关联旅游安排指令》第 19 条。

② 旅游者指基于在旅游目的地进行就业以外的目的（商业、娱乐或其他个人目的）到其惯常居住地以外的地方旅行，时间上至少停留一晚但少于一年。

③ 旅游服务指为旅游者以单项或总体的方式提供以下服务：住宿服务；食物和饮品服务；铁路、公路、水路或航空运输服务；交通工具租赁服务；旅行社和其他预订服务；文化、宗教或体育活动；其他提供给旅游者的娱乐休闲服务。

④ 旅游服务提供者指的是向旅游者销售、提供、供应旅游服务的任何自然人或法人。

织者"、"经销商"、"包价"、"旅游服务" 和 "包价旅游合同" 进行了界定。[①] 旅游经营者指的是任何自然人或法人直接或通过其他人以其名义或代表其签署与其经营活动、技能或职业相关的属于本附件内容的合同，不论其是作为组织者还是经销商还是协助关联旅游安排的经营者还是作为旅游服务提供者。旅游组织者指的是组织包价旅游活动并予以销售或通过他人进行销售，无论是直接还是通过其他经营者或与其他经营者一起销售。旅游经销商指的是经营者而非组织者，其销售由组织者组织的包价旅游活动。旅游服务包括四项：①旅客交通运输；②住宿（并不属于旅客交通运输的一部分且不以居住为目的）；③租赁汽车或其他机动车辆；以及④不属于前述三项旅游服务组成部分的其他旅游服务。值得注意的是，附件二中关于包价旅游合同和关联旅游安排的界定与欧盟第 2015/2302 号指令中的界定基本一致。其中，包价旅游指的是，为同一旅行或度假目的而将不少于以上两种不同的旅游服务组合起来，持续时间超过 24 小时或者包含过夜住宿。包价旅游还需要满足以下任一条件：①这些旅游服务是由一个经营者在签订包含这些旅游服务在内的合同之前在旅游者的要求下或根据旅游者的选择进行组合的；或者②无论是否与单个的旅游服务提供者签订单独的合同，这些旅游服务是通过单一销售点购买并且在旅游者同意支付前已经选择好，以总价款的方式提供、购买或收取费用，以 "包价" 或类似的名称进行广告宣传或销售，或者在签订合同后进行组合，且合同中规定经营者允许旅游者在不同的旅游服务中进行选择。

该公约草案在良好实践建议 1.1 中还要求缔约国应考虑将 "包价旅游" 增加一种情形。在这种情形中，通过互相关联的网上预订系统向不同经营者购买旅游服务，在此过程中旅游者的名字、支付信息和电子邮箱地址信息从与旅游者签订合同的第一个经营者那里转递至另一个或其他的经营者，并且与另一个或其他的经营者签订合同的时间需要是在确认购买第一个旅游服务后的 24 小时内。该公约草案还在良好实践建议 1.2 中要求缔约国考虑 "关联旅游安排" 情形。关联旅游安排指基于同一旅行或度假目的需要，购买至少两种不同类型的旅游服务，时间上至少超过 24 个小时或包含过夜住宿，不构成包价旅游并与单个的旅游服务提供者签订单独的合同，如果经营者促使：①旅游者对经营者的销售点只进行了一次访问或联

---

① 《旅游者和旅游服务提供者保护公约草案》第 1 条。

系，分别选择和支付每种旅游服务；或者②以明确的目的向其他经营者购买至少一种其他旅游服务并且与其他经营者签订合同是在确认购买第一种旅游服务的 24 小时内进行的。值得注意的是，该公约还不适用于单独的交通运输服务，例如航空、铁路、陆路、海运和内陆水运，也不适用于只偶尔组织的、非营利的且只限于特定范围旅游者的包价旅游和关联旅游安排。

第二，旅游合同签订前旅游组织者和经销商的信息提供义务。在包价旅游合同签订前，无论是旅游组织者还是经销商均需要为旅游者提供关于旅游行程、住宿、交通运输、膳食等 11 项内容方面的信息。[1] 缔约国需要确保组织者或经销商提供的合同签订前信息属于合同内容的组成部分。除非合同双方明确表示同意变更，否则上述信息内容不得变更。即使对该信息内容进行变更，经营者需要在签订合同前以清楚、全面和明确的方式告知旅游者。[2] 另外，包价旅游合同内容应包含第 2 条中的合同签订前信息以及其他与具体合同相关的信息。例如，负责提供破产保护的机构的名称和联系方式，负责旅游服务适当履行并为处于困境的旅游者提供帮助的旅游组织者的信息。[3]

第三，旅游合同价款的变更。在签订包价旅游合同后，只有三种情形才可以增加合同价款：燃油费或其他能源费用上涨、有关旅游服务的税费上涨和包价旅游合同相关的汇率上涨。价款增长幅度还不得超过合同总价款的一定的百分比，但具体限额由各缔约国自行设定。旅游组织者需要至少在行程开始前的 20 天告知旅游者涨价的具体原因以及明细。另外，若在开始行程前出现价款下调的情形，旅游者也有权获得相应的退款，但旅游组织者有权扣除退款所产生的受理费。[4] 旅游组织者在行程开始前不得单方变更除价格以外的其他旅游合同条款内容，但是以下三种情形除外：旅游组织者在合同中保留了此权利；所作的内容变更是不重要的；旅游组织者已明确告知旅游者关于旅游合同内容变更的事宜。若旅游组织者对旅游合同条款作出重大变更，旅游者可以在旅游组织者规定的合理时间内接受变更事项或解除合同而无须支付相关费用。若旅游者选择解除合同，旅游

---

[1] 《旅游者和旅游服务提供者保护公约草案》第 2 条。
[2] 《旅游者和旅游服务提供者保护公约草案》第 3 条。
[3] 《旅游者和旅游服务提供者保护公约草案》第 4 条。
[4] 《旅游者和旅游服务提供者保护公约草案》第 6 条。

者还可以选择接受旅游组织者提供的同等或更高质量的旅游服务产品。①

第四，旅游者自由转让合同的权利、解除权和获得救助的权利。旅游者需在行程开始前告知经营者转让合同的信息，并与受让人对合同价款和因合同转让所产生的额外费用承担连带责任。但是，所支付的额外费用不得超过经营者的实际损失且由经营者承担证明责任。② 旅游者可在行程开始前的任何时间解除旅游合同，但可能需要支付给旅游组织者适当的解除费用。但是，在旅游目的地或其附近地区出现无法避免和难以预见的情况而严重影响合同履行的情形除外。③ 如果旅游服务未能按照旅游合同的约定予以提供，那么旅游组织者需要采取补救措施，除非采取补救措施不可能或产生不合理的费用。若提供的替代旅游服务质量低，则应退还旅游者适当的费用。若旅游组织者提供的替代旅游服务产品质量低或退还的费用不适当，旅游者可行使解除权。④ 当旅游者处在困境时，包括无法避免和难以预见的情形，旅游组织者应立即为旅游者提供适当的协助。若是由旅游者的故意或过失导致上述情形的发生，那么旅游组织者可以向旅游者收取合理费用，但不得超过其实际支付的费用。⑤

第五，旅游者获得破产保护的权利和被告知购买旅游产品是否属于包价旅游服务产品的权利。缔约国应确保其本国的旅游组织者和虽不属于其本国的旅游组织者但在其国家销售包价旅游服务产品或直接针对该国进行包价旅游服务产品销售的外国经营者提供足够的资金担保。该担保在经营者破产时用于返还给旅游者未履行的旅游服务所对应的钱款。另外，旅游组织者破产情况下对旅游者的保护应遵守非歧视原则。⑥ 缔约国还应确保促使旅游者购买关联旅游安排的经营者提供足够的资金担保。另外，在旅游者签订关联旅游合同之前，促成关联旅游安排的经营者需明确告知旅游者以下两个方面的信息。其一，购买关联旅游安排的旅游者无法受到本公约或者其缔约国国内法规定仅适用于购买包价旅游服务产品的旅游者的法律保护。且每一旅游服务提供者只对其所提供的旅游服务的适当履行负

---

① 《旅游者和旅游服务提供者保护公约草案》第 7 条。
② 《旅游者和旅游服务提供者保护公约草案》第 5 条。
③ 《旅游者和旅游服务提供者保护公约草案》第 8 条。
④ 《旅游者和旅游服务提供者保护公约草案》第 9 条。
⑤ 《旅游者和旅游服务提供者保护公约草案》第 10 条。
⑥ 《旅游者和旅游服务提供者保护公约草案》第 11 条。

责。其二，购买关联旅游安排的旅游者可享有本条款所规定的破产保护。①

　　总体而言，该公约草案对有关旅游者和旅游服务提供者的保护的法律问题进行了统一规定，对缩小国家间相关法律规定的差异和促进跨境旅游业的发展具有重大意义。其中，附件二的内容符合当前旅游发展的情况。附件二不仅对新形式的包价旅游合同进行了规定，扩大了传统包价旅游合同的范围，还对关联旅游安排中的信息通知义务和破产保护予以规定。另外，附件一和附件三还就当前国际社会关注的紧急情况下旅游者的保护问题和旅游住宿问题进行了统一规定，弥补了现有国际法关于此方面规定的空白。②

---

① 《旅游者和旅游服务提供者保护公约草案》第 12 条。
② 乔雄兵、连俊雅：《试论紧急情况下国际旅游消费者的法律保护》，《旅游学刊》2015 年第 1 期，第 92 页。

第三章　跨境旅游纠纷非诉讼解决机制的协同

　　协同，源自系统论的概念，是指通过各子系统之间非线性的相互作用，产生各子系统相互默契合作的协同现象，使系统能够在宏观上产生空间、时间或功能的有序结构，从而出现新的稳定状态。① 作为法律概念的"协同"，最早源自民事诉讼社会性观念。奥地利学者弗兰茨·克莱恩（Franz Klein）所主张的民事诉讼具有一种社会性，要求诉讼控制当事人对诉讼权利和实体权利的自由处分。依照"社会福利诉讼观点"，诉讼被视为"一个不可缺少的国家福利机构"和"社会救助的一个环节"，使得权利保护从程序开始就应当获得国家的帮助。② 在此基础上，贝特曼（Bettermann）于1972年最早使用协同原则（Kooperationsmaxime）这一概念。德国一些学者进一步予以系统化，并提出了"协同原则"的理论。为了达到诉讼是并且必须是确认实体权利的一个手段的目标，③ 协同原则纠正了辩论主义的绝对当事人化的趋势，要求在民事诉讼中应充分发动法官与当事人的主观能动性及其作用，协同推进民事诉讼程序。④ 因此，在本质上，协同强调的是不同主体之间的互动性，以形成充分发挥彼此作用的合力。

　　在协同模式的发展演变中，协同式的处理手段本身也进化成为一种现代型的司法技术，用于调适在行为模式中不同的主体之间的互动关系。⑤ 将此方法延伸适用至非诉讼纠纷解决领域。在不同的跨境旅游纠纷非诉讼解决方式中，解决纠纷的主体能力和解决结果法律效力存在不同。因此，在解决具体的跨境旅游纠纷时通常需要两个甚至多个非诉讼纠纷解决方式

---

① 陈慰星：《民事纠纷的多元化解决机制研究》，知识产权出版社，2008，第164页。
② 张卫平：《诉讼构架与程式：民事诉讼的法理分析》，清华大学出版社，2000，第71页。
③ 〔德〕奥特马·尧厄尼希：《民事诉讼法》，周翠译，法律出版社，2003，第5页。
④ 田平安、刘春梅：《试论协同型民事诉讼模式的建立》，《现代法学》2003年第1期，第83页。
⑤ 陈慰星：《民事纠纷的多元化解决机制研究》，知识产权出版社，2008，第165页。

相配合，也即需要多层级、相衔接的跨境旅游纠纷非诉讼解决机制予以保障。这与范愉教授主张的多元化纠纷解决机制①基本一致。非诉讼纠纷解决机制的协同主要分为在时间顺序和强弱程度上的协同。

（1）在时间顺序上的协同

在解决跨境旅游纠纷时，设定不同纠纷解决方式的先后适用顺序，并利用不同纠纷解决方式的特点逐步引导旅游纠纷的解决。这种协同技术的基本机理在于利用旅游纠纷当事人的意向，针对个案通过对不同纠纷解决方式的排列组合，以达到化解旅游纠纷的目的。在排列顺序中，通常以旅游纠纷当事人的合意自行解决为前置程序，并借助后续的决定性纠纷解决方式终局地解决旅游纠纷。②此外，先适用的纠纷解决方式产生的信息累积有助于后续的纠纷解决方式的推进。例如，由中立第三方提供事实调查意见、专家鉴定、早期的中立评价等，可改善旅游纠纷双方信息不对称的地位并对自己所面临的法律风险进行客观评估。这种中立评估有助于敦促旅游纠纷当事人在决定性纠纷解决方式介入之前达成和解，也兼顾了纠纷解决的效率。③

（2）在强弱程度上的协同

不同纠纷解决机制的协同，还反映在旅游纠纷解决过程中当事人"合意性"解决强度和第三者有法律约束力的"决定"解决强度的交融互动上。④在罗尔斯纯粹的程序正义理念下，以自愿同意（Voluntary Agreement）为表征的旅游纠纷当事人处分权的行使，可在一定程度上摆脱实体法对于利益分配的法定性和不变性。但是，从纠纷解决的机理分析，正如贝勒斯的主张，自愿性原则是程序问题，仅关涉参与如何发生或决定如何作出。⑤因此，单凭合意性的标准难以实现结果的正义，需要决定性纠纷解决方式予以配合。合意性和决定性旅游纠纷解决方式的协同，可通过类似契约性

① 多元化纠纷解决机制，是指一个社会中，由各种不同性质、功能和形式的纠纷解决方式（包括诉讼和非诉讼两大类型）协调互补，共同构成的纠纷解决和社会治理系统。范愉等：《多元化纠纷解决机制与和谐社会的构建》，经济科学出版社，2011，第35页。
② 陈慰星：《民事纠纷的多元化解决机制研究》，知识产权出版社，2008，第166~167页。
③ 陈慰星：《民事纠纷的多元化解决机制研究》，知识产权出版社，2008，第173页。
④ 〔日〕棚濑孝雄：《纠纷的解决与审判制度》，王亚新译，中国政法大学出版社，1994，第7~9页。
⑤ 〔美〕迈克尔·贝勒斯：《程序正义：向个人的分配》，邓海平译，高等教育出版社，2005，第6~7页。

的方式，来促进旅游纠纷双方利益的调和，以便能够在成本最低阶段解决纠纷。若在合意阶段无法完成这一目标，那么可通过决定性纠纷解决方式作出最后的裁判，从而终局性地解决纠纷。

近年来，非诉讼纠纷解决机制的协同逐渐成为中国理论界和实务界共同关注的焦点问题。其直接原因和现实背景包括纠纷数量呈迅猛增长态势，纠纷类型层出不穷，纠纷解决难度不断加大，纠纷呈现新特点。[①] 在上述情况下，仅仅依靠法院来解决所有纠纷是不现实的。因此，除诉讼途径外，还应充分发挥各种非诉讼纠纷解决方式的优势，促进诉讼与非诉讼纠纷解决机制以及非诉讼纠纷解决方式之间的衔接。这种衔接将使非诉讼纠纷解决机制发挥比原来更强大的功能，从而更好地应对新形势下的纠纷。在经过深入的调查和论证的基础上，最高人民法院还于2009年颁布了《关于建立健全诉讼与非诉讼相衔接的矛盾纠纷解决机制的若干意见》。其内容主要包括两大方面。其一，促进诉讼与仲裁、行政调解、人民调解、商事调解、行业调解以及其他非诉讼纠纷解决方式之间的衔接，支持非诉讼纠纷解决机制的发展。其二，鼓励调解，明确经行政机关、人民调解组织、商事调解组织、行业调解组织或其他具有调解职能的组织对民商事纠纷调解后达成的调解协议具有民事合同性质，还可申请人民法院确认其效力。

第一节　跨境旅游纠纷非诉讼解决机制协同的具体形式

跨境旅游纠纷具有涉及主体多但法律关系相对明确简单，小额频发且纠纷解决具有时间上的急迫性，属于消费纠纷且旅游者处于相对弱势地位以及涉及多个国家或地区等特点。上述特点是旅游者选择非诉讼纠纷解决机制来解决跨境旅游纠纷的重要原因。由于每一种非诉讼纠纷解决方式中解决纠纷的主体能力和解决结果法律效力不同，在解决具体跨境旅游纠纷时均有一定的优势和弊端。因此，很难有一种非诉讼纠纷解决方式能够完美解决某一种跨境旅游纠纷，更不用说解决所有类型的跨境旅游纠纷。跨境旅游纠纷非诉讼解决机制的协同为突破上述困境提供了出路。为了更好

[①] 刘文会：《当前纠纷解决理论法哲学基础的反思与超越——在权利与功利之间》，中国政法大学出版社，2013，第131页。

地发挥解决纠纷的功能，在各种非诉讼纠纷解决方式之间建立有效的衔接，并通过对跨境旅游纠纷类型划分以及对相关组织与机构的管辖权分配来实现。① 这些不同的非诉讼纠纷解决方式形成相互合作与支持的良性关系，并构成一个解决跨境旅游纠纷的完善体系。在该体系内，各非诉讼纠纷解决方式扬长避短，形成合力，确保旅游者能够在较短的时间内，耗费较少的精力和成本获得较满意的解决结果。此外，这种相衔接方式还催生了新的复合性纠纷解决方式，例如调解—仲裁，也在促进跨境旅游解决方面发挥重要作用。

根据上文分析，在跨境旅游纠纷解决实践中，最为常用的非诉讼纠纷解决方式为协商、调解、仲裁和行政裁决方式。因此，如何将上述非诉讼纠纷解决方式协同，构建多层级、相衔接的跨境旅游纠纷非诉讼解决机制的重要性不言而喻。考虑到行政裁决集和解、调解和裁决方式为一体，且逐渐形成以调解为主的纠纷解决方式，本部分将其纳入调解部分，以方便讨论。

一 协商和调解或仲裁的协同

协商指的是跨境旅游纠纷当事人为了达成解决纠纷的协议而进行的交流活动。具体而言，在跨境旅游纠纷发生后，纠纷当事人在自愿平等的基础上，依照法律法规、行业惯例或合同约定，无须中立第三人介入，直接进行一系列信息传递或交换过程，从而达成纠纷解决协议。与其他非诉讼纠纷解决方式相比，协商最显著的特征为没有中立第三方的参与，完全由旅游纠纷当事人自行参与磋商并达成和解协议。不过，协商过程中存在中立第三方的情形也逐渐增多，例如欧洲的消费者中心。但是，这些中立第三方是引导跨境旅游纠纷当事人达成和解协议的促成者。他们通过多种方式促进当事人之间的信息交流，以便当事人之间开展有效的协商。他们的参与并未影响协商的性质，未剥夺当事人自行作出决定和达成和解协议的权利。由于协商程序不受中立第三方的影响，因此协商无须像仲裁那样遵守较为严格的程序规则。另外，协商的方式和内容也存在较大的灵活性。旅游纠纷当事人既可以当面进行协商，也可以通过信件、电话、电子邮件

---

① 刘文会：《当前纠纷解决理论法哲学基础的反思与超越——在权利与功利之间》，中国政法大学出版社，2013，第130页。

或其他现代通信设备进行，无须像调解或仲裁那样需要到特定的地点开展纠纷解决程序。旅游纠纷当事人在和解协议内容的起草上也享有较大自由权，不受中立第三人的监督，只要不违反法律规定、法律基本原则以及社会公共利益即可。

由此可见，协商是最为直接、简单的纠纷解决方式，在纠纷解决方面最为节省时间、精力和成本，因而也被认为是最为有效的纠纷解决方式。因此，多数合同关于争议解决的条款中都规定，在纠纷发生后各方当事人应先进行友好协商，且只有在协商失败的情况下才能考虑采用其他纠纷解决方式，如调解或仲裁。另外，即使合同中未作出上述约定，在纠纷发生后，各方当事人也一般要求先进行协商。有学者甚至认为，在商事纠纷中，协商具有排他性，是其他纠纷解决方式启动的前置条件。① 此外，协商在解决纠纷方面的重要作用也在很多国内立法或国际条约中得到肯定。例如，欧盟 2013 年颁布的《消费纠纷非诉讼解决指令》在第 5 条中明确要求，若旅游者未先与经营者协商解决跨境旅游纠纷，则非诉讼纠纷解决机构有权拒绝受理该纠纷。在实践中，很多纠纷解决机构也强调协商的重要性，甚至将旅游纠纷当事人之间协商的失败作为受理案件的前提。例如，法国旅游纠纷申诉专员机构就要求旅游者必须先与旅游经营者协商解决纠纷，否则不予受理案件。

然而，协商也存在较大的局限性，主要体现在三个方面。首先，协商过程中不存在中立第三人的介入，主要凭跨境旅游纠纷当事人的意愿开展。如果旅游纠纷当事人之间的分歧过大，对立情绪强烈，互不妥协，那么协商过程就会以失败而告终。其次，协商不存在严格的程序规则，因而达成和解协议也不受期限限制。如果跨境旅游纠纷当事人之间的谈判条件相差较远且未有有效的方式促使双方缩小差距，那么达成和解协议的目标可能遥遥无期，最终造成时间和精力上的浪费。最后，经协商达成的和解协议内容完全由跨境旅游纠纷当事人制定。即使该协议内容符合法律规定，但是难以确保其内容的公平性。② 尤其在旅游者和旅游经营者存在严重的信息不对称的情况下，处于相对弱势地位的旅游者通常会在协商过程中被迫作出让步。因此，达成的和解协议可能不利于旅游者合法权利的保护。

① Jonathan Merrills, *International Dispute Settlement* (Cambridge University 1998), p. 25.
② 范愉主编《多元化纠纷解决机制》，厦门大学出版社，2005，第 275 页。

为了更好地发挥协商在解决跨境旅游纠纷中的作用和强化对旅游者的保护，协商方式通常与调解或仲裁协同，形成协商与调解或协商与仲裁相衔接的非诉讼纠纷解决机制。将协商与调解或仲裁相衔接主要有两种形式。首先，将协商与调解或仲裁程序分别作为独立的程序相叠加，且将协商程序作为前置程序。具体而言，正如上文所述，将协商失败作为调解或仲裁程序启动的前提。在具体操作上，跨境旅游纠纷非诉讼解决机构可将先行协商失败作为受理案件的前提条件，但也可不作出此规定。对于将协商失败作为受理案件条件的情形，旅游者通常会被要求提供其与旅游经营者协商失败的证明。其中，最为有效的证明方式为旅游者向旅游经营者邮寄投诉的挂号信，不论旅游经营者不予答复还是解决方案未达到旅游者的要求。对于未将协商失败作为受理案件要求的情形，跨境旅游非诉讼纠纷解决机构通常将协商作为其纠纷解决程序的首个阶段。例如，荷兰的旅游纠纷申诉专员在接到旅游者的投诉后，通过其在线纠纷解决平台，联系被投诉的旅游经营者，协助纠纷双方通过该平台交流信息，尽可能达成和解协议。实践中，大部分的跨境旅游纠纷就是在该阶段得到解决的。若协商失败，该申诉专员机构随后开启调解程序，由调解员协助纠纷双方达成和解协议。其次，将协商纳入调解或仲裁程序中，即在调解或仲裁程序中允许纠纷当事人协商和解，并对和解内容予以确认。此种衔接方式在实践中已经得到广泛适用。调解就是指在中立第三人的介入下，跨境旅游纠纷当事人就纠纷的解决达成和解协议。从调解的定义中就可以看出，调解的实质仍然是纠纷当事人之间的自主协商。调解是协商的延伸，协商是调解的题中应有之义。但不可忽视的是，调解的最大特点是中立第三人的积极协助。尤其是当旅游纠纷当事人力量对比悬殊或分歧过大时，在兼具专业知识和实践经验的调解员的协助下，双方较容易在短时间内妥协，提高达成和解的可能性。[1] 此外，对于当事人达成的和解协议，调解员会在其基础上制定调解书。根据多数国家的法律规定，若调解书是由司法或准司法机关制作，或经法院确认，则就具有与生效判决相同的法律强制力，有助于防止当事人协商成果的流产。

对于仲裁而言，仲裁是基于跨境旅游纠纷当事人的合意，对他们之间的纠纷作出终局性裁决。虽然仲裁与和解存在较大的差异，但为了提高纠

---

① 范愉主编《多元化纠纷解决机制》，厦门大学出版社，2005，第 322 页。

纷解决的效率、节约成本以及减少对抗性，仲裁程序中允许当事人协商和解。例如，北美商业促进局就对仲裁程序中当事人之间的协商和解作出详细规定。若当事人在开庭前自愿达成和解协议，那么就无须开庭。若当事人在庭审过程中达成和解协议，那么仲裁员将和解内容写入裁决中。如果在庭审后但在仲裁裁决作出前当事人达成和解协议，北美商业促进局也将予以考虑。[①] 鉴于仲裁裁决具有终局性且具有法律强制力，因此不仅能够敦促当事人及时达成和解并且还能将当事人的协商结果转化为仲裁裁决使纠纷得到最终解决。

因此，对于跨境旅游纠纷的解决，将协商与调解或协商与仲裁相衔接，且将协商作为前置程序或整个纠纷解决程序的首个阶段是十分必要的。这种衔接既有助于提升纠纷解决效率和降低纠纷解决成本，又有助于确保纠纷解决结果的公平性并提高纠纷解决结果的履行率。

二 调解和仲裁的协同

调解和仲裁是跨境旅游纠纷解决中最为基本和最为重要的两种非诉讼纠纷解决方式。它们各具优点，但也存在自身无法克服的缺点。尽管调解的具体含义、适用范围和运行方式在不同国家存在一定的差别，但是国际社会对其优点已达成共识。例如，调解的本质是纠纷双方当事人的合意，具有程序灵活、成本低廉和解决结果尊重当事人的意愿等优点。另外，调解不在于判断孰是孰非，而是着眼于纠纷当事人之间的长远利益，维护合作关系。然而，在调解过程中，一旦合意无法达成，调解就宣告失败。调解过程中所付出的努力也将付之东流，还可能会造成纠纷解决时间的延误和成本的增加。此外，由于调解协议不具有强制性，一旦当事人反悔，调解效果也大打折扣。针对调解存在的缺陷，无论调解协议能否达成，均以决定性纠纷解决方式为保障，那样既不丧失合意解决纠纷的机会，又不至于使调解过程中所付出的努力白费。

相比调解，仲裁的程序灵活性和费用居于诉讼和调解之间。但是，仲裁最大的优势在于，仲裁裁决具有终局性且具有法律强制性。此外，减少对仲裁的干预，将仲裁裁决的司法审查限制在一定范围内，鼓励和支持仲

---

① 《消费争议发生前的仲裁规则》第27条、《消费争议发生后的仲裁规则》第23条、《BBB附条件的约束性仲裁规则》第26条。

裁成为当今的时代潮流。例如，最高人民法院于 2017 年发布的几个关于仲裁司法审查的文件，集中体现了中国法院对仲裁的支持态度。^① 此外，1958 年通过的《承认及执行外国仲裁裁决公约》（即《纽约公约》）使得仲裁裁决能够在外国得到承认和执行。这是其他非诉讼纠纷解决方式所无法比拟的。然而，仲裁最大的弊端在于，与诉讼一样均以权利为基础，注重对纠纷当事人的是与非作出判断。为了在仲裁中获胜，纠纷当事人之间针锋相对，使得建立长期合作关系的期望落空。另外，在仲裁裁决的法律效力为国际社会普遍确认后，其司法性质更为浓厚。为了保证仲裁裁决的公正性，很多国家制定了严格的仲裁规则，使得仲裁程序日趋复杂和仲裁成本日益高昂。^② 这也使得仲裁在很多国家陷入困境，朝向"第二种法院"方向发展，其原有的优点逐渐丧失。

在此背景下，从 20 世纪 70 年代末开始，很多国家对仲裁制度进行了改革。其中，一个重大举措就是引入调解，降低仲裁的对抗性，增加当事人在纠纷解决中的处分权。因此，调解和仲裁相结合不仅能够较好地克服单一的调解或仲裁方式所存在的缺点，还能充分发挥两者的优势。在解决具体纠纷时，人们根据特定的需求将调解和仲裁这两种方式进行各种创造性的结合，便产生了纷繁多样的纠纷解决方式。为避免在调解程序中因双方当事人无法达成一致意见而一无所获，纠纷当事人通常会通过合同约定一旦调解失败就赋予调解人向仲裁人角色转变的权力，并作出具有法律约束力的裁决。其优点在于，将调解和仲裁这两种非诉讼纠纷解决程序相衔接，使其两者的优势相叠加，即使调解失败，也能使纠纷得到最终解决。^③根据调解与仲裁的协同顺序，主要可分为三类：一是先调解后仲裁；二是先仲裁后调解；三是调解与仲裁相结合。

---

① 2017 年 5 月 22 日，最高人民法院发布了《关于仲裁司法审查案件归口办理有关问题的通知》，要求各级法院办理涉及仲裁司法审查的案件，无论国际仲裁还是国内仲裁都统一归由涉外商事审判庭审查。此外，2017 年底还发布了《最高人民法院关于仲裁司法审查案件报核问题的有关规定》，不仅规定对国际仲裁作否定性评价需要逐级报最高人民法院同意之后才能作出最后的裁定，这种报核制度还拓展适用于国内仲裁领域；发布了《最高人民法院关于审理仲裁司法审查案件若干问题的规定》，这是审理仲裁司法案件的统一的程序性规范，目的就是统一裁判尺度，更多地体现了法院对仲裁的支持。何晶晶、耿振善：《打造国际商事法庭 司法保障"一带一路"建设——专访最高人民法院民事审判第四庭副庭长高晓力》，《人民法治》2018 年第 2 期，第 39 页。
② 范愉主编《多元化纠纷解决机制》，厦门大学出版社，2005，第 451 页。
③ 范愉主编《多元化纠纷解决机制》，厦门大学出版社，2005，第 115 页。

（一）先调解后仲裁衔接模式

先调解后仲裁指的是，若调解成功则仲裁员按照调解协议作出裁决，若调解失败则由仲裁员根据仲裁过程中既定的事实作出终局裁决。① 从纠纷解决成本来看，这种衔接方式非常重要。如果当事人能够在程序日趋复杂、烦琐的仲裁程序之前通过调解解决纠纷，显然符合纠纷解决的经济性原则。即使调解失败，纠纷当事人在调解阶段提供的信息也有助于促进仲裁程序的快速进行。② 因此，不论是在普通法系国家还是在大陆法系国家，这种衔接方式被普遍运用于仲裁实践中。③

在先调解后仲裁衔接模式中，调解员与仲裁员可由同一人担任，也可以由不同的人担任。在调解与仲裁刚开始衔接时，一些国家法律规定，调解员同时担任仲裁员。这有助于仲裁员基于其对争议内容的了解，在仲裁阶段快速作出裁决，提高纠纷解决的效率。但是，这种做法被认为违反了自然公正和程序正义原则而广受批判。④ 在此情况下，"Med-Arb-Opt-Out"方式得到发展。在调解结束后的一定时间内，纠纷当事人均有权拒绝原来的调解员继续担任仲裁员，并可以重新选择仲裁员。⑤ 另外，还有一种方式，即让事先选好的仲裁员列席调解会议，以便了解案情从而缩短之后仲裁审理的时间。

前置调解的最大优点在于，如果纠纷双方之间的争议较小，那么运用这一方式可大幅度降低纠纷解决的成本，并尽可能维护双方的合作关系。若调解员和仲裁员由不同的人员担任，那么实际上与单独的调解程序加上仲裁程序类似，只不过当事人就该种纠纷解决方式只需做一次选择。但是，若允许仲裁员出席调解程序，则弊大于利。其一，当事人必须在调解阶段就开始为仲裁员支付费用，这与该种方式所追求的节省费用目标相背离。其二，由于仲裁员列席，当事人不愿意妥协，强化对抗性，以便在后续的仲裁程序中获胜。此外，为追求效率而剥夺当事人是否允许调解员继续担任仲裁员的决定权，显然违背了私法领域中的意思自治原则。相比，

① 范愉主编《多元化纠纷解决机制》，厦门大学出版社，2005，第452页。
② 范愉主编《多元化纠纷解决机制》，厦门大学出版社，2005，第146页。
③ 唐厚志：《正在扩展着的文化：仲裁与调解相结合或与解决争议替代办法（ADR）相结合》，《中国对外贸易》2002年第2期，第50页。
④ 范愉主编《多元化纠纷解决机制》，厦门大学出版社，2005，第453页。
⑤ 范愉主编《多元化纠纷解决机制》，厦门大学出版社，2005，第453页。

在"Med-Arb-Opt-Out"方式中，当事人享有在调解后选择退出的权利，免除当事人的后顾之忧，使其在调解程序中更为坦诚。同时，这种方式也避免了调解员为急于达成调解协议而对当事人施压的弊端。总体而言，"Med-Arb-Opt-Out"方式既尊重了当事人的意思自治，又尽可能避免调解员与仲裁员分离所造成的资源浪费，具有较大的优越性。

（二）先仲裁后调解衔接模式

先仲裁后调解是一种比较少见的方式。该种方式的运作程序与先调解后仲裁刚好相反。具体而言，先启动仲裁程序，仲裁员听取纠纷双方当事人的主张，并允许双方就自己的主张进行举证，最终由仲裁员作出裁决。该裁决内容暂时密封，而后开始调解程序。[①] 如果调解不成，仲裁员则公布之前作出的裁决。此外，还存在一种特殊的先仲裁后调解方式，即当事人在仲裁程序结束后，采用调解方式解决仲裁裁决在执行中遇到的问题。不过，这种调解更接近于独立的调解。先仲裁后调解方式在实践中适用并不广泛。[②]

这种衔接模式在发挥调解和仲裁的优势和消除其弊端上收效甚微，主要原因有二。其一，即使通过调解解决纠纷存在较大的可能性，仲裁程序也必须先进行，这显然增加了不必要的成本。其二，当经过对抗性的仲裁程序后，当事人难以再达成调解协议。[③]

（三）调解与仲裁并行的衔接模式

在仲裁程序中进行调解是实践中运用最早的调解与仲裁相结合的方式，为中国仲裁机构所普遍使用。在仲裁程序启动后，仲裁员在仲裁过程的任何时候都可以进行调解，且不论调解是否成功，最终都由仲裁员作出裁决。[④] 在这种方式中，仲裁员同时扮演调解员的角色。这种方式的最大优势为，鉴于仲裁裁决具有强制性，各方当事人都会尽力搜集和出示对自己有利的证据。这将促使当事人摒弃不切实的主张，对纠纷解决结果形成更为准确的估计，从而有利于调解协议的达成。如果不考虑调解员和仲裁员身份合一可能造成的不利影响，该方式可被认为是最为理想的一种，其

---

① 范愉主编《多元化纠纷解决机制》，厦门大学出版社，2005，第454页。
② 范愉主编《多元化纠纷解决机制》，厦门大学出版社，2005，第455页。
③ 范愉主编《多元化纠纷解决机制》，厦门大学出版社，2005，第462页。
④ 范愉主编《多元化纠纷解决机制》，厦门大学出版社，2005，第455页。

原因有二。其一，调解的启动灵活，仲裁员可在其认为存在调解的可能并且机会最佳的时候启动。其二，节省时间和费用，仲裁员同时担任调解员，使得当事人免去支付调解员的费用，且节省了调解员介入案件重新了解案情的时间。

如果调解员与仲裁员由不同的人担任，则属于"仲裁中的调解窗口"。[①] 具体而言，纠纷当事人在启动仲裁程序后，在恰当时候启动平行的调解程序，由调解员对当事人的纠纷进行调解。如果调解成功，则当事人之间的纠纷得到解决。如果调解失败，则由并行的仲裁程序终局性地解决纠纷。在这种方式中，调解机构和仲裁机构是两个不同的机构。这种方式是为了避免调解员和仲裁员合一产生的弊端。但是，这种方式最大的弊端是成本高昂。纠纷当事人需要分别支付调解员和仲裁员的费用。同时，启动调解程序时，调解员需要一定的时间了解案情，因此耗费的时间增加。

除此之外，还有一种调解与仲裁并行的方式。在这种方式中，调解员和仲裁员也是由不同的人员担任，他们共同参与事实发现的听证程序，但仲裁员不参加随后进行的调解。如果调解失败，则由仲裁员进行仲裁并作出最终裁决。这是一种结合了调解、影子调解、小法庭和仲裁诸因素的程序变体。[②] 这种方式避免前述的调解员和仲裁员合一所带来的弊端，又避免仲裁员受调解阶段的影响，也使得当事人减少顾虑，更为坦诚地参与调解。此外，这种方式也在一定程度上提高了纠纷解决的效率和节约了成本。[③]

综合分析，在跨境旅游纠纷解决方面，先调解后仲裁的衔接方式最为适宜。为了确保程序公正和当事人选择仲裁员的权利，在先调解后仲裁衔接模式中，"Med-Arb-Opt-Out"方式又最为适合。因此，跨境旅游纠纷中调解和仲裁的最佳衔接模式为先调解后仲裁，以调解为先且以仲裁为中心，以及旅游纠纷当事人在调解失败后有权决定调解员是否继续担任仲裁员。

总体而言，在协商和调解以及协商和仲裁的协同中，将协商作为前置程序或置于整个纠纷解决程序的首个阶段对于跨境旅游纠纷的有效解决是十分重要的。在调解和仲裁的协同中，将调解置于仲裁程序之前，形成

---

① 范愉主编《多元化纠纷解决机制》，厦门大学出版社，2005，第455页。

② 王生长：《仲裁与调解相结合的理论与实务》，法律出版社，2001，第79页，转引自范愉主编《多元化纠纷解决机制》，厦门大学出版社，2005，第456页。

③ 范愉主编《多元化纠纷解决机制》，厦门大学出版社，2005，第464页。

"以调解为先、以仲裁为中心"的衔接模式同样对跨境旅游纠纷的解决至关重要。因此，关于跨境旅游纠纷非诉讼解决机制的协同，尤其是协商、调解和仲裁的协同，本书认为最为合理的衔接方式如下：在时间顺序上，以协商为先，调解和仲裁依次位列其后；在重要性顺序上，以仲裁为中心而以协商和调解为辅。在上述衔接模式中，协商能够调动旅游纠纷当事人自主解决纠纷的积极性，从而充分发挥协商高效、低成本解决旅游纠纷的作用。在协商存在困境时，作为中立第三人的调解员能够及时介入，运用法律和旅游专业知识协助跨境旅游纠纷当事人缩小分歧，尽可能以较短的时间和较低的成本促使达成和解协议。若旅游纠纷当事人分歧过大或调解时间过长，旅游纠纷当事人可选择仲裁员居中裁判，作出具有法律约束力的仲裁裁决，终局性地解决旅游纠纷。由此可见，将协商、调解和仲裁以上述方式相衔接、密切配合能够切实确保跨境旅游纠纷得到及时、高效、灵活、经济的解决，同时促进司法资源优化配置，维护司法的终局性审查救济作用。

第二节　跨境旅游纠纷非诉讼解决机制协同的优势

对于跨境旅游纠纷的解决，联合国《保护消费者准则》（2016 年）在第 37 条[①]中作出明确规定。成员国应鼓励通过行政、司法和非诉讼纠纷解决机制公平、公正、高效、透明地解决国内和跨国旅游纠纷。各国政府应制定或采取司法和（或）行政措施，使旅游者或有关组织能够在适当情况下通过快捷、公平、透明、低廉和便利的正式或非正式程序获得赔偿。跨境旅游纠纷属于消费纠纷，具有涉及主体众多、法律关系相对简单、纠纷涉及的金额小且频发、纠纷解决时间上急迫、旅游者处于相对弱势地位以及涉及国家或地区多且需要国际合作的特点。因此，在跨境旅游纠纷发生后，旅游者期望以最短的时间、最少的精力、最灵活的程序、最低的成本

---

① 第 37 条：成员国应鼓励通过公平、高效、透明和公正的行政、司法和非诉讼纠纷解决机制解决国内和跨国消费纠纷。各国政府应制定或采取司法和（或）行政措施，使消费者或有关组织能够在适当情况下通过快捷、公平、透明、低廉和便利的正式或非正式程序获得救济。这些程序应特别考虑处于弱势地位和不利地位的消费者。成员国向消费者提供救济不应以对消费者带来过高的时间和经济成本为代价，也不应以对社会和经营者造成过重的经济负担为代价。

获得最适宜的解决结果。也只有当跨境旅游纠纷解决机制满足上述要求时才能促使旅游者在合法权益受到侵害时积极寻求救济。[①] 目前，旅游者在跨境旅游纠纷诉讼中面临重重困难，已在上文中分析，在此不予赘述。相比而言，非诉讼纠纷解决机制弥补了诉讼方式的内在缺陷，能够确保及时、高效、低廉地解决旅游纠纷。各种非诉讼纠纷解决方式，尤其是最为常用的协商、调解和仲裁方式在解决跨境旅游纠纷方面存在独特的优势，但是也均存在一定的局限性。为使上述非诉讼纠纷解决方式在解决跨境旅游纠纷时能够扬长避短，实现它们之间的协同是十分必要和关键的。以协商和调解为先且以仲裁为中心的非诉讼纠纷解决机制在跨境旅游纠纷解决方面具有以下几个方面的优势。

一 利于解决主体多且法律关系简单的跨境旅游纠纷

跨境旅游纠纷通常涉及多个主体，包括可能来自不同国家或地区的旅游者、旅游经营者以及履行辅助人等。对于涉及多个主体的跨境旅游纠纷，若进行诉讼则必须严格依照法定的程序规则进行，这就意味着必须受到关于参与审理人数规定上的限制。[②] 然而，非诉讼纠纷解决方式受上述程序规则的限制较小，尤其是协商方式。协商是旅游者与旅游经营者直接商谈旅游纠纷的解决。所有的旅游纠纷主体均可以参与谈判过程提出自己的主张，也可以推选代表或委托他人参与谈判过程。即使谈判失败，紧随其后的调解同样受上述的限制较少。在调解员的协助下，所有的跨境旅游纠纷主体都可以参与到调解程序中。因此，非诉讼纠纷解决机制能解决涉及多个主体的跨境旅游纠纷。

跨境旅游纠纷虽然涉及主体众多，但是这些旅游纠纷一般具有同质性。此外，跨境旅游纠纷的法律关系较为简单，很多已经在现有的旅游法律中得到规定。因新形式的旅游服务产品引发的旅游纠纷，也已经在欧盟国家的立法中得到规制。因此，多数跨境旅游纠纷案件通过将明确的法律规定适用于法律关系较为简单的争议就可以得到解决。非诉讼纠纷解决机

① Barral-Viñals, "Consumer Complaints and Alternative Dispute Resolution: Harmonisation of the European CDR System", in Devenney, J. & Kenny, M., *The Transformation of European Private Law: Harmonisation, Consolidation, Codification or Chaos?* (Cambridge University Press, 2013), p. 297.

② 黄进主编《国际商事争议解决机制研究》，武汉大学出版社，2010，第229页。

制在此方面具有独特的优势,可提供大量的纠纷解决人员,且能以高效、经济的方式解决跨境旅游纠纷。欧洲消费者中心网络的经验表明,大部分跨境旅游纠纷就是在非诉讼纠纷解决人员介入后将相关法律规定向纠纷当事人解释后以和解方式解决的。另外,法院在审判过程中大多数情况仅支持以金钱赔偿的诉讼请求,难以满足旅游者诸如"对不起,我错了"之类的非金钱赔偿需求。相比而言,非诉讼纠纷解决机制在解决跨境旅游纠纷时所受的限制较少,只要不违反法律规定即可。因此,跨境旅游纠纷非诉讼解决机制,尤其是协商和调解方式,既可以满足旅游者的金钱赔偿请求还可以满足旅游者的非金钱赔偿请求,可全面地解决旅游纠纷。因此,非诉讼纠纷解决机制能够解决法律关系相对明确简单的跨境旅游纠纷。

二 可有效解决小额频发的跨境旅游纠纷

跨境旅游纠纷小额频发且其解决在时间上具有急迫性。法院在审理跨境旅游纠纷案件时需要经过复杂的审判程序,如开庭审理、法庭调查、法庭辩论、宣判等环节,还需要解决管辖权的确定、冲突规则的适用以及判决的承认和执行等问题。诉讼程序对抗性强、花费较高且审理时间长,并不适合小额频发的跨境旅游纠纷。相比而言,跨境旅游纠纷非诉讼解决机制很少有公权力介入,或者说公权力对纠纷解决的过程和结果影响较小。因此,该机制最重要的特征就是旅游纠纷当事人具有高度的意思自治性。[①]跨境旅游纠纷非诉讼解决机制允许当事人协商决定采用纠纷解决的方式、审理期限、证据规则以及解决结果的法律约束力。在旅游纠纷解决程序中,当事人无须遵守严格的证据规则,不必费时费资地进行举证,也不必经过冗长的质证和辩论环节。旅游纠纷当事人无须聘请律师,即可参与纠纷解决程序。此外,案件审理方式以书面审理为主,无须当事人亲自出席。只有个别案件需要开庭审理,但也可通过远程通信设备进行,或在方便旅游者的地点进行。因此,非诉讼纠纷解决程序能够在较短的时间内高效地解决小额频发的跨境旅游纠纷。

此外,在跨境旅游纠纷解决过程中,非诉讼纠纷解决机制(尤其是协商和调解)的侧重点不在于是非曲直的认定而是旅游纠纷当事人之间共识的达成,因而能够提高纠纷的效率和成功率。再者,非诉讼纠纷解决程序

[①] 黄进主编《国际商事争议解决机制研究》,武汉大学出版社,2010,第13~15页。

中的中立第三人通常不仅具有较高的法律知识水平，还具备相关的旅游专业知识和实践经验，因而能够在短时间内针对所发生的纠纷提出双方更易于接受的解决方案。另外，以协商和调解为先且以仲裁为中心的非诉讼纠纷解决机制可根据旅游纠纷的复杂程度和当事人的意愿，综合运用这三种方式，能够最大程度上确保经济、高效地解决跨境旅游纠纷。此外，很多非诉讼纠纷解决机构获得政府的财政支持（如西班牙、瑞典）或收取经营者交纳的会费（如荷兰），具有较为充足的资金来源，对旅游者免费或者仅收取少量费用，远低于诉讼费用。总体而言，跨境旅游纠纷非诉讼解决机制能够以较短的时间、较高的效率、较低的成本解决小额频发的跨境旅游纠纷并作出满足跨境旅游者要求的适宜的纠纷解决结果。

三　倾向于保护跨境旅游者的合法权益

获得司法正义通常被视为核心人权，但该权利的实现并不容易，对跨境旅游者而言尤为如此。根据上文分析，跨境旅游者在通过诉讼途径解决旅游纠纷时面临较大困境，甚至导致其放弃权利的救济。然而，跨境旅游纠纷非诉讼解决机制拓宽了旅游者获得司法正义的路径，使其权益能够更好地得到保护。① 由于旅游者与旅游经营者之间存在严重信息不对称的问题，因而旅游者在纠纷解决过程中处于相对弱势地位。跨境旅游纠纷非诉讼解决机构一个十分重要的功能就是为旅游者提供信息咨询和法律建议，进而提高其与旅游经营者讨价还价的能力。在非诉讼纠纷解决程序中，调解员或仲裁员利用其专业知识和技能为旅游者提供客观的评估意见，改善旅游者所处的信息劣势地位。另外，非诉讼纠纷解决机构提出纠纷解决方案或作出决定的依据不仅包括法律法规还包括衡平法、行业惯例和准则等。采用衡平法并不意味着对旅游者的保护水平降低，反而是提升保护水平。例如，欧盟《关于消费者合同不公正条款的指令》是建立在公平公正原则基础上。再者，很多跨境旅游纠纷非诉讼解决机构依据经政府批准的行业行为准则，或者依据消费者协会和旅游经营者行业协会共同制定的条款来作出决定。而这些准则或条款对旅游者的保护标准要高于法律所要求的标准，因而更利于保护旅游者的利益。此外，跨境旅游纠纷非诉讼解决机构通过接受旅游者咨询和受理旅游纠纷案件来了解旅游市场中存在的问

---

① Iris Benöhr, *EU Consumer Law and Human Rights* (Oxford University Press, 2013), p. 175.

题并及时对旅游经营者提供反馈意见。这种做法能够督促旅游经营者加强自律和遵守法律规定，改善旅游市场环境，也利于对旅游者的保护。

四　能有效解决涉及多个国家或地区的跨境旅游纠纷

跨境旅游纠纷一般涉及两个或两个以上国家（地区），涉及不同的法域，面临不同的司法管辖。跨境旅游者行程紧凑且逗留时间短，证据搜集和保存困难等原因增加了旅游纠纷解决的难度。他们希望能够借助旅游纠纷发生地的纠纷解决机制及时、有效、经济地解决旅游纠纷。在无法当时当地解决时，他们期望在返回出发地后依然能够通过有效的国家间合作途径解决在国外发生的跨境旅游纠纷。无论哪种情形均需要国家间有效的司法和行政合作予以保障。随着跨境旅游纠纷数量的快速增长，越来越多国家以及区域性、国际性组织着手跨境旅游纠纷解决合作机制的构建。目前，国际上已经形成一些可用于解决跨境旅游纠纷的区域性合作网络。鉴于非诉讼纠纷解决机制在解决跨境旅游纠纷中所发挥的显著成效，这些区域性合作机制都特别注重非诉讼纠纷解决方式的使用。由此可见，非诉讼纠纷解决机制能够有效解决涉及多个国家或地区的跨境旅游纠纷。

首先，在跨境旅游纠纷解决机制的区域性合作方面，欧洲处于世界领先地位，为其他国家树立了良好范例。欧洲设有多个覆盖整个欧盟成员国和其他欧洲国家的跨境旅游纠纷解决合作网络。其中，最富成效的是由28个欧盟成员国以及冰岛和挪威的消费者中心组成的覆盖整个欧洲的消费者中心网络。欧洲消费者中心网络（European Consumer Centres Network，以下简称 ECC-Net）成立于 2005 年，是由现有的两大网络合并而成的，即作为消费者信息中心的 Euroguichets 和提供非诉讼纠纷解决服务的 EEJ-Net。[①]目前，ECC-Net 由 30 个分布在不同国家的消费者中心（European Consumer Center，以下简称 ECC）组成，通过与各国的非诉讼纠纷解决机构合作来解决争议。[②] 在机构设置上，ECC 是由经欧盟批准的成员国的消费者保护机构或消费者协会来运营的，因而能够确保专业、高效、公正地解决跨境

---

① ECC-Net, Timeshare, https://www.ecc.fi/globalassets/ecc/ajankohtaista/raportit/ecc-net-time-share – 2015.pdf, visited on 28 October 2020.

② ECC-Net, The European Consumer Centres Network Anniversary Report 2005 – 2015, https://www.ecc.fi/globalassets/ecc/ajankohtaista/raportit/ecc-net—anniversary-report – 2015.pdf, visited on 28 October 2020.

旅游纠纷。在机构功能上，ECC 主要起到以下几个方面的作用：当消费者跨境购物时告知其所享有的权利；当消费者遇到跨境购物纠纷时为其提供免费的法律建议和协助；当跨境购物纠纷无法通过友好协商方式解决时，协助消费者将纠纷提交至适当的非诉讼纠纷解决机构；提升消费者和经营者通过非诉讼纠纷解决方式解决跨境购物纠纷的意识，并在国内和欧盟层面分享最佳实践经验。①

ECC 受理的旅游纠纷主要分为两种。一种是"简单抱怨"（simple complaint），指一成员国的旅游者与另一成员国的旅游经营者就跨境旅游服务产品购买产生的纠纷，只需其中一国的 ECC 介入即可解决。另一种是"正式投诉"（normal complaint），指在上述跨境旅游纠纷发生后，需要旅游者所在国的 ECC（以下简称"旅游者 ECC"）和旅游经营者所在国的 ECC（以下简称"旅游经营者 ECC"）共同介入解决。② 对于后一种情形，旅游者可以先向其惯常居所地所在国的 ECC 投诉。旅游者 ECC 在将案件通过内部网络 IT-Tool 发送至旅游经营者 ECC 前，负责将旅游者提交的投诉材料输入网络系统。同时，旅游者 ECC 需要提出具体的解决方案和关于适用法律的意见。若旅游者所在国法律得到适用，旅游者 ECC 还应提供本国相关的法律规定。旅游经营者 ECC 的案件管理人员通常在 7 个工作日内收到案件材料。③ 旅游经营者 ECC 可在下列情况下拒绝受理案件：提供的案件材料不足以使其对案件作出评估；案件提交至错误的旅游经营者 ECC；旅游经营者 ECC 无权受理此类案件。旅游经营者 ECC 受理案件后，会在 10 个工作日内联系被投诉的旅游经营者，要求该经营者尽快提出解决方案。④ 当旅游经营者提出和解方案时，旅游经营者 ECC 应通知旅游者 ECC 并听取其可能的意见。若旅游经营者未作出回复或不愿意和解，那么旅游经营者 ECC 在征求旅游者的意见后可将案件转交至其本国的跨境旅游纠纷非诉

---

① Christopher Hodges et al., *Civil Justice Systems: Consumer ADR in Europe* (Hart, 2012), p. 14.

② ECC-Net, The European Consumer Centres Network Anniversary Report 2005 – 2015, https://www.ecc.fi/globalassets/ecc/ajankohtaista/raportit/ecc-net—anniversary-report – 2015.pdf, visited on 28 October 2020.

③ ECC Romania, ECC Romania Procedure, http://www.eccromania.ro/en/about-us/ecc-romania-procedure/, visited on 28 October 2020.

④ ECC Romania, ECC Romania Procedure, http://www.eccromania.ro/en/about-us/ecc-romania-procedure/, visited on 28 October 2020.

讼解决机构并结束案件。

与 ECC-Net 保持密切合作的跨境旅游纠纷非诉讼解决机构主要有两类。一类是由公权力机构设立的综合性非诉讼纠纷解决机构,其处理的消费纠纷类型较多。另一类是由旅游经营者协会和/或消费者保护组织设立的专门性跨境旅游纠纷非诉讼解决机构,如英国的旅游业协会。[①] 目前,ECC-Net 运行良好。由于该网络的权威性及有效性,大部分的旅游纠纷在其介入后得到和解。例如,仅在 2016 年,提交至该网络的案件有一半以上(51.3%)是直接通过该网络得到解决的。[②] 此外,ECC-Net 还与第三国的消费者保护机构建立了合作关系,促进涉及第三国的跨境旅游纠纷的解决。具体而言,ECC-Net 在 2014 年倡议与北美商业促进局(BBB)合作开展一个为期十二个月的合作处理互涉跨境旅游纠纷解决的实验项目。[③] 在此期间,BBB 在收到北美旅游者提交的其在欧洲旅游时发生的旅游纠纷解决请求后,通过 ECC-Net 的 IT-Tool 直接传递给该网络来协助解决。同样,ECC-Net 在收到欧洲旅游者就其在美国和加拿大旅游期间发生的旅游纠纷的投诉后,转递给 BBB 以协助解决。

其次,在跨境旅游纠纷解决方面,国家间的合作已取得一定成效,形成具有一定规模的区域性跨境旅游纠纷非诉讼解决合作机制。然而,全球性跨境旅游纠纷解决合作机制还未形成。海牙国际私法会议于 2013 年 4 月采纳了巴西政府起草的《关于国际旅游者保护合作公约草案》[④]。这将有助于推动建立一个全球性跨境旅游纠纷解决合作机制。该公约草案的名称和内容在 2014 年得到较大幅度的修订。

(1)《跨境旅游者和访问者保护合作公约草案》(2012 年)

《跨境旅游者和访问者保护合作公约草案》(*Draft Convention on Co-operation in Respect of the Protection of Tourists and Visitors Abroad*,以下简称

---

① ECC-Net, Alternative Dispute Resolution in the Air Passenger Rights Sector, http://ec. europa. eu/consumers/ecc/docs/CDR_report_06022013_en. pdf, visited on 28 October 2020.

② See ECC Report in 2016, http://ec. europa. eu/internal _ market/scoreboard/_ docs/2017/ecc-net/2017-scoreboard-ecc-net_en. pdf, visited on 28 October 2020.

③ ECC-Net, Assistance for Non-EU Tourists (North America), http://www. eccireland. ie/wp-content/uploads/2015/06/Non-EU-Project-Report – 2014. pdf, visited on 28 October 2020.

④ Claudia Lima Marques, Justification to Draft Convention on Co-operation in Respect of the Protection of Tourists and Visitors Abroad, http://www. hcch. net/upload/wop/genaff2013pd11. pdf, visited on 28 October 2020.

"公约草案")的内容共有两章，9个条文。这两章分别规定了公约的目标和适用范围，以及缔约国间的相互协助和司法救助义务。公约草案首先明确从消费者角度对跨境旅游者进行保护。其主要目的包括两个层面。首先，确保旅游者无论是在旅游来源国还是在旅游目的地国均不受歧视，均可通过司法和行政途径获得有效救济。其次，建立由缔约国的消费者保护机构和执法机关组成的全球性跨境旅游纠纷解决合作网络机制。

公约草案规定，每一缔约国都应指定一个中央机关就旅游纠纷解决问题开展国际合作。[①] 值得注意的是，中央机关合作机制目前已被海牙国际私法会议的多部公约采用，已成为目前国际民商事司法与行政合作最为重要和最为常用的方式。随着中央机关合作机制被广泛采用，中央机关的功能也趋于多样化。其从起初仅作为传递请求的联系途径，到现在具有促进相互合作、直接处理申请、教育大众等多重功能。在发生旅游纠纷时，旅游目的地国的中央机关应当采取以下措施：利用其本国已有的调解机构、消费者保护机关以及小额诉讼法庭通过直接或远程方式或合作协议中的方式为旅游者提供咨询、建议和协助。旅游客源地国（旅游者惯常居所地国）的中央机关需要确保能够被旅游者联系上并为旅游者提供协助和法律咨询意见。中央机关之间还应相互合作，在旅游者返回国内后能够为其提供纠纷解决相关材料的副本，并通过已有的互助途径、远程程序和其他渠道来帮助旅游者。另外，公约草案还规定设立有权机关，按照该公约或其他双边或多边协议开展具体的跨境旅游纠纷解决合作。[②] 除此之外，在出现旅游纠纷或事故时，旅游目的地国和旅游来源地国承担为旅游者提供协助和救济的义务。[③] 成员国在旅游纠纷解决中承担信息交换和共享义务以及保密义务。[④] 成员国在旅游纠纷解决中还应对旅游者提供司法救助。[⑤]

（2）《国际旅游者保护合作与司法救助公约草案》（2014年）

海牙国际私法会议于2013年4月对该公约草案内容的个别地方进行了修订，但是内容上保持不变。随后，海牙国际私法会议又于2014年11月对原公约草案进行了较大的修订，形成目前的版本《国际旅游者保护合作

---

① 《跨境旅游者和访问者保护合作公约草案》（2012年）第4条。
② 《跨境旅游者和访问者保护合作公约草案》（2012年）第5条。
③ 《跨境旅游者和访问者保护合作公约草案》（2012年）第6条和第7条。
④ 《跨境旅游者和访问者保护合作公约草案》（2012年）第8条和第4条。
⑤ 《跨境旅游者和访问者保护合作公约草案》（2012年）第9条。

与司法救助公约草案》（*Draft Convention on Co-operation and Access to Justice Concerning International Tourists*，以下简称 2014 年公约草案）。2014 年公约草案的主要目标与第一版的内容基本保持一致。该公约草案将原有的 9 个条文扩展至 10 个条文。在具体条文规定方面，2014 年公约草案在定义方面更加明确。例如，使用"国际旅游者"① 的表述，取代了之前版本中的"国际旅游者和访问者"，增加了"与旅游服务相关的问题"② 和"非诉讼纠纷解决程序"③ 的定义。另外，2014 年公约草案特别强调制作适应网络环境的多语言标准投诉表格的重要性。该表格将方便跨境旅游者以其母语填写，并有助于将其请求提交至旅游目的地国的有权纠纷解决机构。具体而言，2014 年公约草案将原公约草案第 3 条关于紧急情况下对国际旅游者的救助规定删除，增加了"一般信息告知义务"④ 和"多语言标准投诉表格"⑤ 的规定。2014 年公约草案还就多语言标准投诉表格的修订作出专门的规定，以强化其促进跨境旅游纠纷解决的作用。2014 年公约草案删除原公约草案中"旅游客源国的义务"、"旅游目的地国的义务"和"信息交换和

---

① "国际旅游者"指的是惯常居住在一缔约国的居民或缔约国的国民在另一缔约国基于某种目的（例如商务、会议、休闲或其他个人目的，但除了在该缔约国就业）进行为期少于一年的旅行，购买或准备购买旅游服务或者成为旅游服务的受益者或受让人。

② "与旅游服务相关的问题"指的是与下列相关的任何问题——国际旅游者购买或准备购买的旅游服务，包括交通运输、酒店、旅行社服务、观光、博物馆、国家公园或饭店或其他类似服务；在商品和服务价格方面对国际旅游者的歧视问题；国际旅游者的人身安全问题。

③ "非诉讼程序"指除法院诉讼以外的解决旅游纠纷的程序，例如斡旋、调解或仲裁，包括旅游者投诉程序。

④ 第 3 条　一般信息告知义务
1. 每一个缔约国应当确保在机场、其他适当的公共场所以及网站上为国际旅游者提供关于非诉讼程序、法院诉讼程序以及联系方式（包括网站地址和第 6 条规定中指定的有权机关的联系方式）方面的一般信息，并且确保销售者和经营者也提供此方面信息。
2. 要确保上述信息以国际旅游者知晓的语言提供，并且要注意残障人士在信息获取方面的特殊需求。

⑤ 第 4 条　投诉表格
1. 任何国际旅游者都可以通过使用该公约所制定的多语言标准表格将有关旅游服务的纠纷递交至第 6 条规定的旅游目的地国的有权机关。
2. 在签订、接受、批准或加入该公约之前，每一缔约国都必须以其官方语言翻译的标准投诉表格提交至海牙常设局，任何修改都需要通知常设局。
3. 常设局应通知其他缔约国经翻译的投诉表格以及所进行的修订，并且将其公布在海牙国际私法会议的网站上。
4. 国际旅游者可使用以英文或法文或旅游目的地国根据第 2 款规定递交至常设局的官方语言或语言之一制作的投诉表格。

共享"的规定,但增加了"非诉讼程序中的司法救助"内容。该内容分为两个条文,关于"诉讼程序和非诉讼程序中的非歧视原则"① 和"在诉讼程序和非诉讼程序中就费用担保和执行诉讼费用方面的非歧视原则"②。特别值得注意的是,2014 年公约草案更加侧重在旅游目的地国通过非诉讼纠纷解决方式解决旅游纠纷。

总体而言,2014 年公约草案试图在各成员国内部设立中央机关以及有权机关,构建网络平台以受理和传递跨境旅游者的投诉,并借助各国内部的纠纷解决机制,尤其是非诉讼纠纷解决机制来解决旅游纠纷。该旅游纠纷网络机制的运行原理类似欧盟的消费者中心网络。2014 年公约草案将为及时、高效、低廉、全面地解决跨境旅游纠纷提供法律依据。鉴于部分区域性组织在建立旅游纠纷解决网络合作平台方面取得的显著成效,相信2014 年公约草案也将在构建全球性非诉讼旅游纠纷解决网络机制方面作出重大贡献。

---

① 第 7 条:在司法和非诉讼纠纷解决程序方面的非歧视原则

　　1. 国际旅游者在任一缔约国在旅游服务纠纷解决方面,均有权与旅游目的地国的国民或惯常居住的居民同等地获得在诉讼和非诉讼纠纷解决程序中司法救助的权利。

　　2. 第 1 款也适用于法律咨询,但前提是旅游者寻求法律咨询时位于缔约国内。

② 第 8 条:在诉讼程序和非诉讼程序中就费用担保和执行诉讼费用方面的非歧视原则

　　1. 不得在法院、法庭或非诉讼纠纷解决机构提起纠纷解决程序时仅仅因为旅游者为另一缔约国国民或居所或惯常居住地不在缔约国而要求其提供担保、保证金或押金。本条也适用于纠纷解决程序中的原告或参与主体被要求为纠纷解决程序费用提供担保。

　　2. 在某一缔约国内作出的、针对根据上述第一款规定,免于提供担保、保证金、押金的国际旅游者的支付诉讼费用和开支的命令,如根据此命令享有权利的人提出申请,应免费在任何其他缔约国内得到执行。

第四章　跨境旅游纠纷的协商和调解

第一节　跨境旅游纠纷的协商

一　跨境旅游纠纷协商的概念和优势

旅游纠纷涉及的是当事人的私权利，所以当事人可根据自己的意愿对自己的私权利进行处置。俗话说，解铃还须系铃人。跨境旅游者与旅游经营者之间的纠纷最好是由双方当事人自行解决，即通过协商方式解决。从旅游纠纷解决的角度，协商是一种值得肯定的纠纷解决方式。跨境旅游纠纷的协商（negotiation）是一种非诉讼纠纷解决方式，指旅游纠纷各方当事人为了达成和解以达到解决纠纷目的而进行的协商交易过程或活动。① 协商的内涵主要包括以下几点：①参与协商的当事人之间存在立场或利益方面的分歧；②参与协商是为了满足参与者某些方面的利益要求而进行信息交流和沟通，达成解决纠纷的和解协议；③协商的参与者都具有缩小或消除分歧，缓和对立关系，达成和解的愿望；④协商主要通过相互说服的语言交流过程来实现。②

协商最大的特点在于，不需要借助中立第三方或专门机构而只需旅游纠纷当事人参与即可完成。旅游纠纷当事人参与协商需要遵守的原则主要包括三个方面。其一，自愿原则，即从是否开启协商到是否达成和解协议均由纠纷当事人自行决定，任何一方不得被胁迫。其二，处分原则，即纠纷当事人可根据具体情况对自己的权利义务进行主张或放弃。其三，不得损害第三方利益的原则，即和解内容不得损害国家利益、社会公共利益和

---

① 范愉：《非诉讼程序（ADR）教程》（第三版），中国人民大学出版社，2016，第98页。
② 王琦等：《旅游纠纷解决机制研究》，法律出版社，2015，第34页。

第三人的合法权益，否则达成的和解协议无效，并对第三方造成的损害承担相应的法律责任。① 值得注意的是，在现代的协商制度中，为了提高协商成功率，也会有中立第三方出现的例外。例如，欧洲消费者中心的主要职能之一就是促进跨境旅游纠纷中旅游者和旅游经营者之间的协商。尤为值得注意的是，协商中的中立第三方并不能起到像调解、仲裁或行政裁决中第三方那样的作用。他们的作用仅限于作为促进者，为旅游纠纷当事人之间的协商创造机会，促进协商程序的开启。

由于协商的开启比其他纠纷解决方式更为简便，所以协商通常成为跨境旅游纠纷当事人最先采用的非诉讼纠纷解决方式。在实践中，即使旅游者在跨境旅游纠纷发生后未先采用协商方式，也会被建议或被要求先向旅游经营者投诉，尽可能通过友好协商方式解决纠纷。例如，台湾地区"行政院"消费者保护处还向旅游者提供了其向旅游经营者投诉的中英文范本，以促进跨境旅游纠纷双方当事人的协商。跨境旅游纠纷的协商不仅尊重当事人的意思自治，还有助于及时实现旅游者的合法权益，有利于平和地解决旅游纠纷，修复旅游者与旅游经营者之间的关系，增强旅游者的忠诚度，并且极大地降低维权成本。

（1）尊重旅游纠纷当事人的意思自治，有助于及时实现旅游者的合法权益

协商是当事人意思自治原则体现得最为明显的一种纠纷解决方式。② 跨境旅游纠纷的协商是当事人根据自己的意志产生、变更、消灭民事法律关系的过程。也即，协商的开启、协商过程的开展以及和解协议的作出均由旅游纠纷当事人予以控制。这意味着旅游纠纷当事人可以充分表达自己的主张和意见。因此，协商成功后，旅游经营者通常能够积极主动履行其义务，从而有助于及时实现旅游者的合法权益。此外，在协商过程中，旅游纠纷当事人还可在法律允许的范围内自主选择解决纠纷的依据，例如法律规定、衡平法、交易习惯、行业惯例或旅游合同条款，但不得损害国家利益、社会公共利益或他人的合法权益。尤其是，随着旅游产业的迅猛发展，跨境旅游形式也更为丰富，例如定制旅游和关联旅游安排。由于立法的滞后性，很多国家的旅游相关立法只规定了传统的包价旅游合同，而对

① 范愉、李浩：《纠纷解决——理论、制度与技能》，清华大学出版社，2010，第247页。
② 王琦等：《旅游纠纷解决机制研究》，法律出版社，2015，第37页。

新形式的旅游合同却没有规定。在此种情况下，旅游者与旅游经营者甚至可参考其他国家的法律规定来解决跨境旅游纠纷。再者，协商程序中不存在中立第三方，相比其他纠纷解决方式，旅游者采用协商方式能够更为及时、高效、经济地实现自己的合法权益。

（2）有助于和平解决旅游纠纷，修复旅游者与旅游经营者之间的关系，增强旅游者的忠诚度

跨境旅游活动为体验式消费，旅游者更注重精神上的愉悦。旅游纠纷发生后，若未能及时得到解决，将对旅游者与旅游经营者之间的合作关系产生负面影响。这种不良关系将影响旅游者的旅游体验，甚至还会阻碍旅游活动的顺利开展。未得到妥善解决的旅游纠纷将导致旅游者难以与旅游经营者再次合作。旅游者通过口头、媒体或网络等途径传播其不良旅游体验，影响旅游经营者的声誉。协商为旅游者与旅游经营者在纠纷发生后直接进行沟通、对话提供了良好的机会。尽管旅游者与旅游经营者之间为了说服对方也存在一定程度的对抗，但整体而言旅游纠纷当事人能够通过协商方式和平地解决纠纷。[1] 跨境旅游纠纷当事人在协商过程中消除误解或就纠纷的解决表达自己的意见，提出符合双方利益的和解方案，既维护旅游经营者的商业信誉又保护了旅游者的合法权益。[2] 协商成功将有助于修复旅游者和旅游经营者的合作关系，提升旅游者对旅游经营者的忠诚度。正是考虑到协商的优势，较大规模或具有较高知名度的旅游经营商，一般都设有应对和有效处理旅游纠纷的消费者服务部门。

（3）极大地降低维权成本，有效地节约社会资源

由于旅游者与旅游经营者之间的协商通常无须中立第三人的介入，无须受制于旅游者提出的请求事项范围，无须遵守严格的程序规则，无须聘请律师和交纳诉讼费、仲裁费用等，甚至无须面对面进行谈判，因此纠纷解决的成本十分低，甚至可忽略不计。另外，相比需要中立第三人介入的调解、仲裁或诉讼程序，协商只需要旅游者与旅游经营者两方参与即可，从而节约聘请第三方所需要耗费的社会公共资源。[3] 因此，跨境旅游纠纷的协商不仅可以极大地降低旅游者的维权成本，还有助于节约社会资源。

为了充分发挥协商在跨境旅游纠纷解决方面的作用，很多国家在立法

---

[1]　肖建国、黄忠顺：《消费纠纷解决——理论与实务》，清华大学出版社，2012，第47页。

[2]　王琦等：《旅游纠纷解决机制研究》，法律出版社，2015，第136页。

[3]　肖建国、黄忠顺：《消费纠纷解决——理论与实务》，清华大学出版社，2012，第47页。

中鼓励旅游者与旅游经营者协商解决纠纷，并要求经营者积极对待消费者的投诉。甚至有些国家的法律规定，旅游者只有在失败后才能选择其他纠纷解决方式，且要求旅游经营者在协商失败后应负有告知旅游者其所加入的非诉讼纠纷解决机构或其他可能的纠纷解决途径的义务。例如，欧盟的《消费纠纷非诉讼解决指令》要求，旅游经营者应在其网站以及签订的合同条款中提供关于其内部消费纠纷处理程序或者关于旅游者能够直接与其协商解决纠纷而无须非诉讼纠纷解决机构介入的纠纷解决途径的信息。[①]该指令还指出，为了避免给非诉讼纠纷解决机构带来不必要的负担，成员国应鼓励旅游者在将纠纷提交至非诉讼纠纷解决机构之前先联系旅游经营者协商解决纠纷。[②] 此外，该指令还明确规定，非诉讼纠纷解决机构可基于旅游者未先与旅游经营者协商解决纠纷的理由拒绝受理案件。[③]《立陶宛共和国消费者保护法》（2007 年）第 24 条规定，在收到旅游者提出的投诉后，旅游经营者必须在 10 个工作日以内作出书面答复。台湾地区"消费者保护法"第 43 条规定，旅游者与旅游经营者因提供旅游服务发生争议时，旅游者得向旅游经营者投诉。旅游经营者对旅游者的投诉，应于投诉之日起 15 日内妥善处理。

在实践中，旅游者也通常会首先选择与旅游经营者协商解决旅游纠纷。只有在旅游协商失败或旅游经营者不予回复的情况下，旅游者才会选择其他救济方式。此外，有些非诉讼纠纷解决机构将旅游者与旅游经营者之间的协商失败设置为其受理旅游纠纷的前提条件，否则不予受理。这一前置要求使得旅游协商在解决大量旅游纠纷方面发挥重要作用，同时减轻了这些纠纷解决机构的案件受理负担。另外，越来越多的非诉讼纠纷解决机制将旅游纠纷处理结果予以公开以便旅游者和执法者所知悉，这也促使旅游经营者积极与旅游者协商解决纠纷。

此外，旅游投诉受理机构或旅游行业协会或消费者组织在收到旅游者的投诉后，对旅游经营者不回复旅游者的投诉或旅游者未先与旅游经营者协商解决旅游纠纷的情况，也将旅游投诉情况交由被投诉的旅游经营者解决，并予以监督。另外，许多旅游行业协会还要求，旅游经营者取得该协会的会员资格时应承诺及时、快速处理旅游者的投诉。例如，英国旅行社

---

① 《消费纠纷非诉讼解决指令》序言第 47 点。

② 《消费纠纷非诉讼解决指令》序言第 50 点。

③ 《消费纠纷非诉讼解决指令》第 5 条第 4 款。

协会（ABTA）制定了一套其会员必须遵守的《行为准则》（*Code of Conduct*）①，包括关于会员单位遵守其争议解决程序的要求，以确保其会员单位提供高标准的服务。根据该《行为准则》，旅游者与其会员之间纠纷处理的每个阶段都有严格的时间期限。具体而言，旅游者首先需要将他们的争议送达 ABTA 的会员单位。该会员单位必须在 28 天内作出答复。② 如果会员未能在规定的时间内作出答复，ABTA 可以作出 400 英镑的罚款决定。③ ABTA 的政策就是鼓励旅游者采取适宜的方式与旅游经营者协商解决争议。

　　总体而言，协商凭借其在解决旅游纠纷上的快捷、经济、平和等独特优势④在不少国家的立法和实践中得到支持。然而，通过协商方式解决旅游纠纷也存在一定的限制。首先，协商并不适合解决所有类型的旅游纠纷，只适用于争议金额小的旅游纠纷。争议金额小的案件意味着旅游纠纷当事人在协商过程中容易作出让步和达成和解，且通过其他纠纷解决方式如仲裁和诉讼，解决小额旅游纠纷通常会产生过高的成本。相比而言，若旅游纠纷涉及的金额较高，旅游纠纷当事人达成妥协的可能性则会降低，和解的难度较大。其次，协商适合旅游纠纷当事人分歧较小的旅游纠纷。若旅游纠纷双方当事人对旅游经营者赔偿数额的计算和补偿方式存在严重分歧，例如涉及交通费和住宿费的返还问题，则双方较难达成和解方案。再次，协商不适合解决人身伤害或财产损失的旅游纠纷。人身伤害的严重程度不同和财产损失金额高低差异大，所以旅游纠纷当事人对法律责任的承担和赔偿的金额一般分歧较大，难以达成和解协议。最后，在存在旅游

---

① ABTA 于 1960 年制定第一套《行为准则》，主要调整成员单位与其旅游消费者之间、成员单位之间以及成员单位与 ABTA 之间的关系。《行为准则》主要规范的内容包括准确和真实的广告宣传、公平交易条款、订单的修改和对旅游者投诉的处理。See A history of ABTA, https://abta. com/about-us/who-we-are, visited on 28 October 2020.

② See ABTA Code of Conduct（2016），https://abta. com/assets/uploads/general/Code_of_Conduct_September_2016_270217. pdf, visited on 28 October 2020.

《行为准则》第 5B 条　经营者对消费者来信的回复

无论在何种情况下应在以下时间期限内尽可能快速回复所有消费者的问题：

1. 在收到消费者来信之日起 14 日内告知消费者收到其回复。

2. 在收到消费者来信之日起 28 日内详细回答消费者的问题，或者详细解释对消费者延期回复的理由。

③ See ABTA Guidance on the application of the Code of Conduct（2018）.

④ 范愉、李浩：《纠纷解决——理论、制度与技能》，清华大学出版社，2010，第 247 页。

保险的情况时，协商通常并不适于解决旅游纠纷。为转嫁经营风险，旅行社通常会购买旅行社责任保险。若旅游纠纷发生后符合保险公司支付保险赔偿的条件，旅行社承担的赔偿责任将转移给保险公司。如果旅行社和旅游者私下协商达成支付赔偿协议，则很可能难以满足保险合同中约定的保险金支付条件，导致保险公司拒绝向旅行社支付相应的赔偿金额。因此，对于此种情形，旅行社可能更倾向于通过诉讼方式解决。

值得注意的是，在采用协商方式解决旅游纠纷时，旅游者需要保持理性，要清楚自己的具体诉求，能够通过理性的方式进行协商，并应避免协商的时间过长。若协商超过合理的时间，旅游者和旅游经营者的时间和金钱成本都将增加，使协商的优势减损。为此，旅游纠纷当事人应及时止损，选择其他更为合适的纠纷解决方式。另外，旅游者与旅游经营者之间在经济实力、专业知识和信息等方面存在严重不对称，在协商过程中旅游纠纷双方当事人实力存在一定差距。尤其当旅游者在协商中处于极为不利的地位时，中立第三方的介入将有助于平衡双方的谈判能力，促使旅游纠纷解决方案的达成或作出。此外，跨境旅游纠纷当事人达成的和解协议具有涉外民事合同的性质，不具有法律强制力。若旅游经营者不履行则构成违约，旅游者需要通过其他非诉讼纠纷解决方式予以解决。鉴于此，各国在鼓励优先进行协商的同时，也应重视和促进协商与其他非诉讼纠纷解决方式之间的衔接，以使协商的优势得到充分发挥。

二　跨境旅游纠纷协商所需具备的要素

有效的旅游纠纷协商一般需要具备以下要素：①旅游经营者应明确告知旅游者具体的投诉程序，并完善其内部消费纠纷处理机制；②无论是在旅游纠纷发生前还是发生后，旅游者能够知晓其相关法律权利，知晓如何与旅游经营者协商解决纠纷。

（一）旅游经营者具备内部纠纷处理机制

无论是在跨境旅游纠纷发生前还是发生后，旅游者对旅游经营者内部消费纠纷处理程序的了解程度对其是否选择协商方式解决纠纷起到十分关键的作用。因此，旅游经营者不仅应认真对待旅游者的投诉还应承担告知旅游者关于其内部消费纠纷解决程序的信息方面的义务。这一点已在《消费纠纷非诉讼解决指令》序言第47点的规定中予以明确。另外，按照联合国《保护消费者准则》（2016年）有关旅游经营者良好实践原则的规定，旅游经营者应为旅游者提供快捷、公正、透明、经济、便利、快速有效的纠纷处理机制，包括适用有关内部纠纷处理程序的国内和国际标准。[①] 此外，欧盟《消费纠纷非诉讼解决指令》指出，虽然该指令并未对旅游经营者的内部消费纠纷处理程序作出规定，但是肯定了该程序在早期阶段解决旅游纠纷方面的积极作用，并要求成员国在其本国法中继续保留或增加此程序。[②]

另外，旅游经营者完备的内部消费纠纷处理程序对解决旅游纠纷起到重要作用。例如，经营多种旅游保险产品的新西兰保险公司就设有完善的内部消费纠纷处理程序。当旅游者与旅游保险公司发生纠纷时，旅游者首先要与相关分支机构经理协商解决纠纷，经理将在 5 个工作日内书面予以答复。如果旅游者仍然不满意处理结果，可以列举出所有与纠纷有关的证据然后寄给保险公司的总经理，由总经理进行审查并在 5 个工作日内书面答复。如果旅游者仍然不满意纠纷解决结果，那么可以在 2 个月内将争议交由中立第三方仲裁员解决。[③]

此外，由于跨境旅游纠纷的协商没有中立第三方的介入，所以相比调解、仲裁以及诉讼而言，协商程序十分灵活，尚未有具体的法定程序规则。[④] 不过，英国司法部制定的于 2015 年生效的《内部纠纷处理规则》（*Complaints Handling Rules*）[⑤] 对旅游经营者完善内部纠纷处理程序具有重要的参考意义。首先，内部纠纷解决程序的设置要求。旅游经营者需要设立和维护适当且有效的内部纠纷解决程序，来处理旅游者针对其服务所进行的投诉，无论旅游者是以口头方式还是以书面形式提出，也无论投诉是否具有法律依据。内部纠纷解决程序必须包括以下几个部分：接收投诉、作出回复、进行适当的调查和明确受理期限。[⑥] 在设立合适的纠纷解决程序时，旅游经营者需要充分考虑其业务类型、企业的规模和机构设置、可

---

① 联合国《保护消费者准则》第 4 章第 11 条第 6 款：消费者投诉和争议处理。经营者应确保为消费者提供快捷、公正、透明、经济、便利、快速有效且不给消费者带来不必要的费用或负担的投诉处理机制。经营者应参照适用有关内部消费者投诉处理、非诉讼纠纷解决服务、消费者满意准则的国内和国际标准。

② 《消费纠纷非诉讼解决指令》序言第 17 点。

③ Louise Longdin, "Alternative Disputes Resolution in the International Travel Industry: the New Zealand Position", *International Travel Law Journal* 1 (1997): 44.

④ 肖建国、黄忠顺：《消费纠纷解决——理论与实务》，清华大学出版社，2012，第 65 页。

⑤ UK Ministry of Justice, Complaints Handling Rules, effective from 28 January 2015.

⑥ 《内部纠纷处理规则》第 7 条。

能收到的主要投诉类型和数量以及需要作出调查的投诉数量。① 另外，旅游经营者必须采取合理的措施确保其相关员工知悉内部纠纷解决程序，且有能力按照程序规则与旅游者协商解决纠纷。②

其次，内部纠纷解决程序的开展。旅游经营者必须确保旅游者能够通过任何合理的方式进行投诉，包括书信、电话、电子邮件或亲自来访。③ 旅游经营者必须在收到旅游者的投诉后的 5 个工作日内通过书面或电子邮件的方式通知旅游者。④ 同时，旅游经营者需将受理其投诉的人员的名字或具体职务以及具体的内部纠纷解决程序一并告知旅游者。由与旅游纠纷不存在利益关系的专业人员对旅游纠纷进行调查，例如公司内部的申诉专员。负责处理旅游者投诉的公司人员有权对旅游纠纷作出决定或者能够与可以作出决定的其他人员直接联系。旅游经营者需要确保在收到投诉后的八周内对旅游者作出答复，包括作出决定，或者告知旅游者其他的纠纷解决途径。⑤ 针对旅游者的投诉作出的决定应能够真正解决旅游纠纷。在旅游者的投诉得到支持的情况下，旅游经营者应及时采取补救措施。另外，旅游经营者还需要对纠纷解决过程进行记录并且在监管机关要求的情况下提供纠纷解决过程的具体信息。

（二） 旅游者具备讨价还价的能力

跨境旅游纠纷属于民事纠纷，旅游者和旅游经营者之间在解决旅游纠纷上具有平等性。平等性是协商得以进行的重要前提，而脱离平等基础的协商则很难确保纠纷解决结果的公平正义。然而，由于在跨境旅游活动中，旅游者与旅游经营者之间实际并非势均力敌。一般而言，旅游经营者在经济实力、专业知识、信息量等方面具有相对优势。因此，旅游者和旅游经营者在协商中具有应然上的平等性和实然上的不平等性的双重性。⑥ 例如，大部分的旅游者对在旅游活动中所享有的权利义务只有大致的了解，但在涉及具体的旅游纠纷时通常存在法律专业知识不足的问题。若旅游者能够提前知晓其相关法律权利，将有助于防范或降低旅游纠纷发生的

---

① 《内部纠纷处理规则》第 8 条。
② 《内部纠纷处理规则》第 9 条。
③ 《内部纠纷处理规则》第 10 条。
④ 《内部纠纷处理规则》第 11 条。
⑤ 《内部纠纷处理规则》第 12 条。
⑥ 肖建国、黄忠顺：《消费纠纷解决——理论与实务》，清华大学出版社，2012，第 36 页。

可能性。例如，德国的新闻报纸 *Bild* 每年都发表由德国一个著名的法律专家制作的"法兰克福表格"。该表格详细地列出了在酒店和旅行社提供的服务不符合约定要求时旅游者应获得的相应赔偿金额。[①] 德国旅游者通常将该表格裁剪下来并随身携带去旅游，并在旅游纠纷发生后争取相关费用的减免。[②] 若旅游者在纠纷发生后知晓其法律权利，不仅有助于帮助其避免花费不必要的时间和精力来请求没有法律依据的赔偿，如因被蚊子叮咬而要求酒店赔偿，还有助于增强其在协商解决纠纷中的讨价还价能力，更好地维护自身的合法权益。[③] 欧洲的消费者中心就通过为欧盟旅游者提供免费的法律咨询以协助其与旅游经营者协商解决纠纷。十年间，欧洲消费者中心为消费者提供咨询建议的数量超过 65 万次。[④] 另外，在非诉讼纠纷解决机构所受理的旅游投诉中有很大一部分为旅游者寻求旅游纠纷相关的法律咨询和建议。因此，有效的旅游纠纷协商需要旅游者知晓与旅游纠纷相关的法律权利。

此外，旅游者在向旅游经营者投诉前还需要被告知有关投诉的注意事项和技巧，以提高协商的成功率。例如，台湾地区"行政院"消费者保护处为旅游者提供了用于向旅游经营者投诉的中英文参考范本，还指出旅游者应注意的事项。其中，注意的事项包括六个方面：①旅游者应清楚地描述存在的问题和提出纠纷解决建议；②描述交易的过程和细节；③说明已采取哪些措施解决纠纷，并指出旅游经营者未妥善解决纠纷时将采取何种措施；④明确旅游经营者需要回复的时间期限；⑤注意用语和措辞，避免采用辱骂或恐吓的文字；⑥附送有关证明文件，如合同、收据、发票等副本。

---

① See Germans Are Notorious in the Tourism Industry for Making the Most Ridiculous Complaints, http://www. spiegel. de/international/vacation-frustration-german-tourists-make-the-most-ridicu-lous-complaints-a – 777374. html, visited on 28 October 2020.

② Julie Zeveloff, Why German Tourists Are The Most Miserable Tourists on Earth, http://www. businessinsider. com/german-tourists-complain – 2011 – 8? IR = T, visited on 28 October 2020.

③ Gina Ionela Butnaru & Luminita Mihaela Ion, "Problems of Consumer Protection in Tourism", *Centre for European Studies (CES) Working Papers* 5 (2) (2013)：160.

④ See The European Consumer Centres Network, 10 Years Serving Europe's Consumers (2005 – 2015).

第二节　跨境旅游纠纷的调解

一　跨境旅游纠纷调解的概念和优势

英国《牛津法律词典》将调解定义为一种替代性的纠纷解决方式。依此方式，一位独立的第三人（即调解员）协助争议的当事人达成一个彼此都能够接受的解决冲突的方案。[①]《中国大百科全书》（法学卷）对调解作出如下界定：双方或多方当事人之间发生民事权益纠纷，由当事人申请，或者人民法院、群众组织认为有和好的可能时，为了减少诉累，经法庭或群众组织从中排解疏导、说服教育，使当事人互相谅解，争端得以解决，是谓调解。[②] 范愉教授认为，若排除因各国在制度上的差异而存在的定义上微小的歧义，可以根据性质和功能把调解界定为在第三方协助下进行的并由当事人自主协商的纠纷解决活动。[③] 另外，按照欧盟 2008 年《调解指令》的规定，调解是一种结构性程序，无论其被如何命名或归类，纠纷当事人在调解员的协助下自愿达成纠纷解决方案。[④] 参照《中华人民共和国人民调解法》的界定，旅游纠纷调解是指在中立第三方的主持下，通过劝解、疏导等手段，使旅游者与旅游纠纷相对人自愿进行协商，达成调解协议以解决纠纷的方式。因此，跨境旅游纠纷的调解可定义为，在中立调解员的协助下，纠纷当事人双方平等协商和合意达成纠纷解决协议以消除旅游纠纷的方式。[⑤]

由此可见，调解是协商的延伸。这是为何协商通常先于调解得到适用，并与调解相衔接，通过中立第三人的介入以提高纠纷解决的成功率。另外，根据上述定义，调解员不像仲裁员或法官那样可以对旅游纠纷当事人施加外部的强制力。且调解协议一般只具有民事合同的性质，也不具有

---

① Elizabeth Martin, *Oxford Dictionary of Law* (Oxford University Press, 2002), p. 311, 转引自范愉《多元化纠纷解决机制》，厦门大学出版社，2005，第 319 页。
② 《中国大百科全书》（法学卷），中国大百科全书出版社，1984，第 589 页。转引自范愉《多元化纠纷解决机制》，厦门大学出版社，2005，第 319～320 页。
③ 范愉：《多元化纠纷解决机制》，厦门大学出版社，2005，第 319 页。
④ 《关于民商事调解若干问题的指令》第 3 条。
⑤ 唐茂林：《论人民调解解决旅游纠纷的优势与制度创新》，《广西民族大学学报》（哲学社会科学版）2013 年第 6 期，第 149 页。

法律强制力。因此，在非诉讼纠纷解决机制中，调解通常与仲裁相衔接，形成复合性的非诉讼纠纷解决方式，使调解的优势得到充分发挥。值得注意的是，与"调解"意思相对应的英文单词有两个，"mediation"和"conciliation"。对于这两个英文单词是否具有完全相同的含义，学者们存在不同见解。但是，无论是持肯定还是否定意见的学者，都承认两者在很多方面存在共同之处，例如要求程序中立、公正以及尊重当事人的意愿。加之，两者之间并没有清晰的界限，所以对两者进行严格区分并没有太大的实际意义。①

　　跨境旅游纠纷调解的内涵主要包括六个方面。第一，调解为旅游纠纷当事人提供了一种法院外纠纷解决的路径，参与纠纷的主体既无法官也可无律师。调解程序根据旅游纠纷的特点灵活展开，具有低廉、高效、快捷的特点。第二，旅游纠纷调解的主要形式是当事人在作为中立第三方的调解员的协助下，自主协商解决旅游纠纷。调解员应凭借自身的法律和专业知识优势帮助当事人减少分歧，围绕争议焦点展开友好协商，促使当事人达成合意。第三，旅游纠纷调解应以纠纷当事人的自愿为基础。虽然调解员可在调解过程中适时提出纠纷解决方案，但不得强迫当事人接受。这也是区别于仲裁和诉讼的关键因素——调解员没有权力对争议的双方当事人施加外部的强制力。② 第四，旅游纠纷调解呈现一定的倾斜性。由于寻求调解的旅游者和旅游经营者双方在经济实力、专业知识和信息方面存在一定的差距，因此需要调解员在调解过程中对处于相对弱势地位的旅游者进行适度的指导。另外，调解员所适用的规范相较于普通民事纠纷调解中适用的规范也会适度倾向于保护旅游者。③ 第五，在旅游纠纷调解程序中，当事人可以随时终止调解，退出调解程序，另选其他途径来解决纠纷。第六，旅游纠纷调解协议是纠纷当事人意志的体现，对当事人具有合同约束力。但是，调解协议不具有法律强制力，经人民调解委员会调解并经法院司法确认的调解协议除外。按此规定，中国的人民调解、行政调解、行业调解等类型的调解都属于调解。

　　实践中，除了协商外，多数情况下跨境旅游纠纷是通过调解方式解决。即使旅游者向有权机构投诉或向法院起诉，也多由行政机关或法院调

---

① 黄进主编《国际商事争议解决机制研究》，武汉大学出版社，2010，第210～211页。
② 范愉：《非诉讼程序（ADR）教程》（第三版），中国人民大学出版社，2016，第107页。
③ 肖建国、黄忠顺：《消费纠纷解决——理论与实务》，清华大学出版社，2012，第98页。

解解决。调解方式在旅游纠纷解决中具有独特的优势并发挥重要的作用。调解具有自愿性、和解性、协商性、开放性、保密性、低廉性、程序的简易性和处理的高效性、结果的灵活性和多样性八个方面的特点和优势。[①]概括而言，调解在解决跨境旅游纠纷的优势主要包括以下几个方面。

（1）跨境旅游纠纷调解具有自愿性，并有助于舒缓旅游纠纷当事人之间的紧张关系

自愿是调解的本质属性。调解的自愿性包含了两层含义。首先，调解方式选择上的自愿性。只有旅游纠纷双方当事人都同意采用调解方式解决争议，调解程序才能得到启动。在整个调解过程中，自愿性始终伴随着当事人，包括旅游纠纷当事人可随时退出调解。这层含义指向的是程序上的内容，反映的是旅游纠纷当事人享有程序上的选择权。其次，是否达成和解以及达成调解协议具体内容上的自愿性。即使调解员提出的调解方案完全正确、合法，也不能强制旅游纠纷当事人接受。任何调解协议的达成，均需得到旅游纠纷双方当事人的同意。该层含义指向的是实体方面的内容，体现了对旅游纠纷当事人民事实体权益的处分权的尊重。自愿性还反映在调解活动中旅游纠纷当事人的主体性和主导性。不论是调解的开始、结束，还是调解的过程、协议的达成均是以当事人的自愿为基础。因此，上述因素促使旅游纠纷当事人对最终达成的调解协议接受程度高，在实践中对调解协议的履行率也较高。

此外，旅游活动为体验式消费，且旅游者追求身心愉悦。旅游纠纷的发生造成旅游者与旅游经营者之间关系的紧张。调解引入中立第三人，利用其专业知识和实践经验引导当事人缩小分歧，围绕主要的争议点进行协商并自主达成和解方案，或者适时提出纠纷解决方案供当事人参考。由此可见，调解员的介入有助于缓解旅游纠纷当事人之间的紧张关系，促进旅游者和旅游经营者之间合作关系的修复和巩固。

（2）跨境旅游纠纷调解具有开放性和灵活性，降低旅游者维权的难度

在诉讼程序中，若旅游纠纷当事人提出的事实与案件无实质性关联，不论当事人认为其多么重要，法院也会以与本案无关为理由予以排除。另外，法院判决必须依据法律作出，法官对判决结果并无太大的自由裁量

---

① 李浩：《调解的比较优势与法院调解制度的改革》，《南京师大学报》（社会科学版）2002年第 4 期，第 19 页。

权。相比而言，在调解过程中，尽管调解员在初始阶段面对的是相对确定的某种争议，但在调解过程中，旅游纠纷当事人可以把新的事实引入。这些新的事实往往反映了旅游纠纷当事人之间深层次的矛盾，是当事人真正希望解决的。调解的开放性可以使调解员找到潜藏在表面争议下的深层次矛盾，从整体上、根本上解决纠纷。在很多情况下，旅游者提起诉讼可能只是为了发泄不满情绪。例如，在增加自费项目上，旅游者被强制参观某些景点，虽然旅游者在参观过程中也实现了娱乐身心的目的，但是导游的粗暴态度使其不满。此种旅游纠纷的解决可能很简单，也许只要对方说"对不起，我错了"，这极大地降低了旅游者维权的难度。然而，法院在绝大多数情况下仅支持金钱赔偿的诉讼请求，难以满足旅游者的非金钱赔偿的需求。

（3）跨境旅游纠纷调解具有灵活性、高效性和经济性，能够较好地应对小额、频发的跨境旅游纠纷，节约司法资源

虽然诉讼程序也包括简易程序，但对于小额、频发且法律关系较为明确的跨境旅游纠纷而言仍然存在程序复杂的问题。程序上的复杂是法院对纠纷作出正确裁判的保障，强求审判的高效率势必会削弱程序上的保障，最终降低审判的质量。相比而言，调解程序不必像诉讼程序那样遵守严格的程序规则，因而解决纠纷的效率可得到极大提升，且旅游者所需要交纳的费用也得到极大地降低。另外，调解员可在法律允许的范围内采用简便的、灵活多样的方式进行调解，因而能够及时、高效地解决跨境旅游纠纷。实践中，采用调解方式解决旅游纠纷只需要几天时间甚至只需要几个小时。例如，2016 年春节期间，山东旅游者孙先生到三亚旅游，在酒店洗澡时不慎摔倒，3 根肋骨骨折。孙先生要求酒店赔偿 8 万元未果。随后，在孙先生所在酒店的纠纷联络员[①]的调解下，旅游纠纷双方于第二天便达成了和解协议。[②] 如果孙先生通过诉讼程序解决该旅游纠纷，则至少需要两个月时间，还要支付 5000 元至 10000 元的律师费和 1000 元左右的诉讼

---

① 旅游矛盾纠纷联络员工作机制，是城郊法院旅游巡回法庭在多年办案过程中摸索建立起来的。旅游审判庭在三亚市旅游委的支持下，召开三亚市各酒店、各景区及各旅行社会议。由这些单位推选出一两名负责处理旅游纠纷的联络员，代表其所在酒店、旅行社参与旅游矛盾纠纷的调处与协调沟通。参见葛晓阳《多地法院设立旅游巡回法庭　部门联动"朋友圈"解纷又快又好》，《法制日报》2016 年 8 月 11 日，第 3 版。

② 葛晓阳：《多地法院设立旅游巡回法庭　部门联动"朋友圈"解纷又快又好》，《法制日报》2016 年 8 月 11 日，第 3 版。

费用。① 由此可见，调解能够及时、高效、经济地解决小额、频发的跨境旅游纠纷，避免将有限的司法资源过多耗费在琐碎案件上。

（4）跨境旅游纠纷调解具有保密性，有助于旅游纠纷当事人坦诚沟通，降低法律风险

保密性指调解不公开进行，且在调解过程中，调解员应对旅游纠纷当事人告知其的信息保密，在未经该当事人的同意下不得透露给其他人。另外，保密性还指旅游纠纷当事人以及调解员均不必担心因其在调解程序中作出的陈述、提出的意见、发表的观点等而在随后可能的民事司法程序或仲裁程序中面临法律风险。例如，《调解指令》第 7 条②和《中国国际经济贸易仲裁委员会仲裁规则》（2015 年版）第 38 条③均对调解的保密性作出明确规定。这显然有助于旅游者和旅游经营者在调解程序中开诚布公地进行沟通和交换信息，提高调解协议的达成率，使旅游者的合法权益尽快得到落实。

（5）跨境旅游纠纷调解书具有在其他国家得到执行的可能性，有利于跨境旅游者的合法权益切实得到保障和落实

海牙国际私法会议发布的《承认和执行外国法院判决公约》（*Convention on the Recognition and Enforcement of Foreign Judgments*，以下简称《海牙判决公约》）④ 第 11 条规定经调解达成的和解协议在经一缔约国法院确

---

① 王洋：《旅游巡回法庭：司法为民 司法便民》，《中国旅游报》2016 年 3 月 2 日，第 2 版。
② 第 7 条：调解的保密性
  1. 假如当事人意使调解以保密的方式进行，除当事人同意外，各成员国应当保证调解员以及其他参与管理调解程序的人员，不会被迫在民商事诉讼和仲裁中就调解产生的或与调解相关的信息作证。但以下情况除外：（a）当与成员国相关的公共政策成为必须首要考虑的因素时，特别是需要保护儿童的最佳利益时或防止对个人身心健康的侵害时；（b）为了履行或执行调解协议而必须披露协议的内容时。
  2. 第 1 款的规定不排斥成员国制定更为严格的措施以维护调解的保密性。参见王珺等《欧洲议会和欧盟理事会 2008 年 5 月 21 日第 2008/52/EC 号关于民商事调解某些方面的指令》，《北京仲裁》2009 年第 1 期，第 119 页。
③ 第 38 条：保密
  （一）仲裁庭审理案件不公开进行。双方当事人要求公开审理的，由仲裁庭决定是否公开审理。
  （二）不公开审理的案件，双方当事人及其仲裁代理人、仲裁员、证人、翻译、仲裁庭咨询的专家和指定的鉴定人，以及其他有关人员，均不得对外界透露案件实体和程序的有关情况。
④ HCCH, Convention of 2 July 2019 on the Recognition and Enforcement of Foreign Judgments in Civil or Commercial Matters, https://assets. hcch. net/docs/806e290e – bbd8 – 413d – b15e – 8e3e1bf1496d. pdf, visited on 29 November 2020.

认后可在另一缔约国得到执行。具体而言，根据第 11 条规定，经缔约国法院同意的或在诉讼程序中达成的和解协议若在判决来源国具有可执行性，那么应根据该公约以与法院判决相同的方式执行。值得注意的是，第 11 条不仅包含经法院同意和在诉讼程序中达成的和解协议，还包括在法院外达成的和解协议，例如跨境旅游纠纷当事人在诉讼程序外达成和解协议并得到法院的同意或确认。① 但是，该和解协议必须在判决来源国能够以与法院判决相同的方式执行。为此，请求执行该和解协议的申请人需要按照该公约第 12 条第 1 款第 4 项的规定提供相应的证明文件。例如，判决来源国法院出具的证明文件，该文件证明司法和解协议的全部或部分可在其本国以与法院判决相同的方式执行。值得注意的是，《海牙判决公约》第 11 条规定司法和解协议可被申请执行，而不能被申请承认。其原因主要在于在某些缔约国内，司法和解协议并不具有既判力，因此无法在另一缔约国得到承认。② 另外，司法和解协议被拒绝执行的理由与法院判决被拒绝执行的相同。但是，由于司法和解协议本质上是双方当事人的合意，因此不涉及管辖权问题。③ 同样地，《海牙判决公约》中第 7 条关于拒绝承认或执行外国法院判决的"未经合法传唤"的理由也不适用。在实践中，拒绝执行司法和解协议最为相关的理由将是违反公共政策。因此，经调解达成的和解协议在法院确认后可跨国得到执行，这显然有利于敦促旅游经营者积极与旅游者通过调解方式解决纠纷，并有助于切实保障跨境旅游者的合法权益。

二 跨境旅游纠纷调解的程序规则和运行

相比协商，调解不仅有独立第三方介入，还有较为完善的法定程序规

---

① Francisco Garcimartín & Geneviève Saumier, Explanatory Report on the Convention of 2 July 2019 on the Recognition and Enforcement of Foreign Judgments in Civil or Commercial Matters, p. 297, https://assets. hcch. net/docs/a1b0b0fc – 95b1 – 4544 – 935b – b842534a120f. pdf, visited on 29 November 2020.

② Francisco Garcimartín & Geneviève Saumier, Explanatory Report on the Convention of 2 July 2019 on the Recognition and Enforcement of Foreign Judgments in Civil or Commercial Matters, p. 298, https://assets. hcch. net/docs/a1b0b0fc – 95b1 – 4544 – 935b – b842534a120f. pdf, visited on 29 November 2020.

③ Francisco Garcimartín & Geneviève Saumier, Explanatory Report on the Convention of 2 July 2019 on the Recognition and Enforcement of Foreign Judgments in Civil or Commercial Matters, p. 299, https://assets. hcch. net/docs/a1b0b0fc – 95b1 – 4544 – 935b – b842534a120f. pdf, visited on 29 November 2020.

则。20世纪80年代以后，世界各国在司法改革中不约而同地汇入了非诉讼纠纷解决的浪潮。尽管模式各异，但在重视司法性调解方面殊途同归。① 为了充分发挥调解"分流"案件的作用和增加纠纷当事人获得司法正义的可能性，调解在很多国家的立法中得到规定。例如，2003年，奥地利率先颁布了欧洲第一部《民事调解法》，并成为列支敦士登、斯洛文尼亚、德国制定本国调解法的蓝本。另外，为鼓励当事人使用调解来解决纠纷，欧盟于2008年颁布了《调解指令》。欧盟成员国也均在2011年5月21日之前将该指令内容转化为国内法。例如，德国于2012年6月通过了《促进调解及其他庭外纠纷解决程序的法律》。

就调解的程序规则方面，《欧洲调解员之行为准则》（2004年）最具有代表性。因此，本部分就结合该准则进行分析。该准则就民商事调解程序中调解员的资格和指定、应坚持的原则、调解程序的开展和结束以及仲裁费用和仲裁的保密性等问题作出了具体的规定。这将确保调解员在法律允许的范围内协助旅游纠纷当事人达成真正符合各方当事人意愿的调解协议。

首先，跨境旅游纠纷调解员的资格、指定和行为要求。调解员必须能够胜任调解工作并且具备相关的专业知识。对于调解员资格的评判可基于其是否经过适当的培训和坚持调解技能的学习和实践。② 在接受指定前，调解员必须告知当事人其具有主持案件调解的相关背景知识和专业能力。经当事人要求，调解员应披露上述信息。③ 因此，在跨境旅游纠纷解决方面，调解员应具备旅游行业的相关专业知识和实践经验。另外，调解员必须保持独立性和公正性。④ 调解员必须将影响其独立性或与其产生利益冲突的三种情形披露给旅游纠纷各方当事人。其一，调解员与旅游纠纷中的一方或多方当事人存在任何私人或商业关系。其二，调解员直接或间接地与调解结果存在任何经济或其他利益关系。其三，调解员本人或其所属机构的其他人员曾为旅游纠纷一方或多方当事人以非调解员的身份提供过服务。只有上述情形确实不影响其公正性并且得到旅游纠纷各方当事人的明确同意，调解员才可开始调解或继续调解。

---

① 范愉：《委托调解比较研究——兼论先行调解》，《清华法学》2013年第3期，第61页。
② 《欧洲调解员之行为准则》第1条第1款。
③ 《欧洲调解员之行为准则》第1条第2款。
④ 《欧洲调解员之行为准则》第2条。

其次，跨境旅游纠纷调解程序的开展和结束。调解员必须确保旅游纠纷当事人了解调解程序的特点以及调解员和各方当事人在调解程序中的角色。调解员必须在开始调解前确保旅游纠纷当事人了解并且明确同意调解协议中的条款规定，包括调解员和各方当事人应承担的保密义务。调解员必须确保调解程序以适当方式开展，综合考虑案件情况（尤其是旅游者与旅游经营者之间力量不均衡的情况）、适用的规范和快速解决纠纷的需求。旅游纠纷当事人还可与调解员共同协商制定调解的开展规则。在必要时，调解员可分别听取旅游纠纷各方当事人的意见。① 此外，调解员必须确保各方当事人有平等机会参与调解程序。在调解程序结束前，任何一方当事人均可自由退出该程序，无须作出解释。最后，调解员在以下两种情形下可结束调解。第一，调解员综合考虑案件情况和其职权范围后认为旅游纠纷当事人达成的和解方案将无法得到执行或是违法的。第二，调解员认为正在进行的调解无法实现达成和解协议的目标。经旅游纠纷当事人要求，调解协议可以书面形式做成，且调解员必须采取所有合理措施确保当事人充分了解和同意所达成的和解协议内容。此外，在当事人的要求下和在其职权范围内，调解员可告知当事人如何将和解协议形成正文以及使得协议具有可执行性。②

再次，其他有关跨境旅游纠纷调解程序的问题。关于调解员的报酬问题，若旅游纠纷当事人未被提前告知费用问题，则调解员必须告知当事人关于其报酬计算的完整信息。在所有旅游纠纷当事人同意报酬支付规则前，调解员不得开始调解程序。关于调解程序的保密性问题，调解员必须对因调解程序产生的或与调解程序相关的信息承担保密责任。任何由旅游纠纷一方当事人提供给调解员的并要求其保密的信息不得未经该方当事人的同意而披露给其他方当事人，除非法律要求必须为之。

值得注意的是，在跨境旅游纠纷案件中优先使用调解也在很多欧洲的法院判例中得到确认。例如，英格兰法院于 2016 年审理 Briggs（and 598 others）v. First Choice Holidays & Flights Ltd. 案③中判决，旅游者在与 ABTA

---

① 《欧洲调解员之行为准则》第 3 条第 1 款。

② 《欧洲调解员之行为准则》第 3 条。

③ See Helen Briggs & 598 Ors v First Choice Holidays & Flights Ltd（2016），http://www. harmanscosts. com/news/helen-briggs－598－ors-v-first-choice-holidays-flights-ltd－2016/，visited on 28 October 2020.

会员单位发生纠纷时应先采用 ABTA 提供的调解程序来解决他们之间的纠纷，否则即使胜诉也会在诉讼相关费用上受到处罚。在本案中，审理法官认为原告们花费 456000 英镑通过诉讼来解决其与旅行社和航空公司的纠纷，与通过 ABTA 所提供的成本更为低廉的调解程序相比，既不合理也不符合比例原则。在本案中，599 名原告于 2009 年夏季参加由被告组织到土耳其的旅游活动。在旅游过程中，447 名旅游者生病（主要是肠胃病），而其他 152 名旅游者享受的住宿服务和导游服务与旅游合同内容不符。这些游客中有些人得到上万英镑的赔偿，而有的人只能获得不到 100 英镑的赔偿。对比需要支付的诉讼费用，审理法官要求 152 名未生病的游客通过 ABTA 的调解程序来获得赔偿。审理法官认为，通过 ABTA 的调解程序，每位游客最多可获得 5000 英镑或每笔订单最多获得 25000 英镑的赔偿，已足够涵盖 152 名原告的损失。另外，通过该调解程序共需要支付的最高费用为 40128 英镑，与审理法官所计算的 456000 英镑诉讼费用相比少很多。因此，审理法官判决，被告旅行社只需支付与通过 ABTA 调解程序所需支付相同的赔偿金额。尽管法官承认 ABTA 调解程序是自愿性质的且原告不得被强迫使用非诉讼纠纷解决机制，但是她认为按照 Halsey 案的判决，若原告拒绝通过非诉讼纠纷解决机制解决纠纷的理由不合理，其就应在诉讼相关费用上得到惩罚。[①] 另外，欧洲法院于 2017 年 6 月 14 日在 Livio Menini and Maria Antonia Rampanelli v. Banco Popolare Società Cooperativa 案中[②]也作出类似判决。成员国可要求其本国法院受理消费纠纷的前提条件为先经过调解程序，只要该要求未剥夺当事人向法院起诉的权利。

三 典型的跨境旅游纠纷调解模式及其评介

在调解的发展历程中，普通法国家和大陆法系国家有着不同的进路。前者主要采用市场化方式，更多地依赖成本效益和激励机制鼓励当事人采用调解方式。而大陆法系国家在调解发展中则倾向于依靠国家的推动和福

[①] 不过，在原告上诉后，高等法院推翻了原审法院的判决。高等法院认为，原告选择通过诉讼方式解决纠纷而非采用 ABTA 的调解程序并不一定是不合理的，不能因为存在可选择的非诉讼纠纷解决机制就认定通过诉讼解决纠纷不合理。

[②] Livio Menini and Maria Antonia Rampanelli v. Banco Popolare Società Cooperativa, Case C – 75/16, Judgment of June 2017.

利化措施，法院对调解的参与和控制程度较高。在前一种模式中，调解员经过资质认证，作为自由职业者向社会提供收费服务，既可以直接受当事人委托担任中立调解员，也可以受法院委托。而后一种模式主要是由政府提供公共财政支持，在法院或政府的规制下建立调解组织和进行调解程序。这种模式强调调解的规范性、制度化和公益性，原则上不以营利为目的。① 尽管各国有所侧重，但这两种发展模式也可以并行不悖。当代世界各国和地区一般既有国家（立法、行政和法院）设立的准司法性调解和公益性调解，同时也存在以市场机制运营的民间化的调解。② 在跨境旅游纠纷调解中，典型的模式主要包括旅游行业协会的调解、专业旅游纠纷解决机构的调解和消费者保护机构的调解。

（一）英国旅行社协会的调解

不少国家都成立了民间行业协会组织，以维护所在行业的健康稳定发展。为了解决消费者与其行业会员之间的消费纠纷，不少行业协会组建了自己的调解委员会。一般先经调解处调解，未能成功调解的案件再进入调解委员会的裁判程序或仲裁程序。行业协会的解纷途径虽然权威性较弱，强调纠纷当事人自主和解，但灵活的程序和便捷的沟通无疑大大提高了纠纷解决效率，缩短解纷时长。英国具有悠久的自我监管的国家政策和文化。旅游行业中就存在由旅游行业协会提供专门的旅游纠纷非诉讼解决服务，例如英国旅行社协会。本部分侧重介绍该协会的调解程序。

英国旅行社协会（the Association of British Travel Agents and Institute of Travel Agents Ltd. ，ABTA）最初于 1950 年由 22 个顶级的旅行社或旅游公司设立。③ 目前，该协会是英国最大的旅行社协会。根据 ABTA 制定的《行为准则》，其会员单位收到旅游者的投诉后需要在 28 天内作出回应，并通过协商方式解决旅游纠纷。若协商失败，ABTA 的消费者事务部将协助双方解决纠纷，即进入协助协商阶段。若在消费者事务部的协助下旅游双方当事人仍未能达成友好协商解决方案，那么旅游者可采取更为正式的

① 范愉：《当代世界多元化纠纷解决机制的发展与启示》，《中国应用法学》2017 年第 3 期，第 54 页。

② 范愉：《当代世界多元化纠纷解决机制的发展与启示》，《中国应用法学》2017 年第 3 期，第 54 页。

③ See ABTA – 65 Years of Travel Advice，https://abta. com/about-abta/ftooperators-factfile/legal-requirement，visited on 28 October 2020.

纠纷解决方式。ABTA 共提供两种跨境旅游纠纷非诉讼解决方式，即调解方式和仲裁方式。具体的调解和仲裁服务由经英国特许经营协会批准的非诉讼纠纷解决机构——CEDR 提供。在 ABTA 所受理的有关其会员单位和旅游者之间的旅游纠纷中，旅游者因在旅游过程中生病而与旅游经营者产生纠纷的数量呈快速增长的趋势。[①] 为此，ABTA 制定了《调解规则》（*The ABTA Conciliation Scheme Rules*）[②]，专门调解其会员单位与旅游者之间发生的与人身伤害和疾病相关的旅游纠纷。

首先，ABTA 调解程序适用的跨境旅游纠纷类型。调解只适用于旅游者与 ABTA 会员单位之间的纠纷，主要是由于旅游经营者的过错导致旅游者遭受人身伤害或受到疾病困扰。旅游者所请求的赔偿金额不得超过10000 英镑。调解程序不适用以下情形：①不属于其会员单位订单上所显示的旅游者提起的赔偿请求；②人身损害或疾病并不是旅游者主要的诉求；③旅游者提起的赔偿请求金额超过 10000 英镑；④旅游者提起赔偿请求的对象不是 ABTA 的会员单位；⑤旅游者在提起调解请求之前未与会员单位协商解决纠纷；⑥旅游者的请求过于琐碎或属于无理取闹；⑦旅游者是在返回出发地的 18 个月之后提起调解请求的，或者已经超过人身损害赔偿请求的法定时效。[③]

其次，ABTA 调解程序的开展。调解程序的开启需要旅游者和会员单位的同意。此外，旅游者必须填写 ABTA 提供的调解申请表。在收到适当填写的申请表后，ABTA 将会联系其会员单位要求其在收到上述表格后的28 天内就旅游者提出的诉求作出答辩意见。[④] 调解程序自 ABTA 确认收到旅游者的申请表和其会员单位的答辩意见之日起开始。在收到当事人提交的与旅游纠纷相关的所有材料后，ABTA 将案件交由 CEDR。CEDR 任命调解员，并通知旅游纠纷当事人。调解员在接受任命后的 21 个工作日内结束调解程序。[⑤] 调解员通过电话或书面形式（包括电子邮件）与当事人联系，

---

① See ABTA, Annual Activity Report（1 October 2016 – 30 September 2017），https：//abta. com/assets/upload-s/general/Annual_Activity_Report_October_2016 – 2017_Web. pdf, visited on 28 October 2020.

② See ABTA Conciliation Scheme Rules（2018），https：//abta. com/assets/uploads/general/The_ABTA_Concilia-tion_Scheme_Rules_29th_March_2018. pdf, visited on 28 October 2020.

③ Article 2 of ABTA Conciliation Scheme Rules（2018）.

④ *Ibid.* , Article 3.

⑤ *Ibid.* , Article 4（2）.

以便获得进一步的信息或寻找可能的纠纷解决方案。若纠纷当事人在与调解员讨论纠纷解决前已经达成和解，那么调解员将和解协议内容记录并通过 CEDR 以"确认调解结果声明"形式送达当事人进行签字。① 旅游纠纷当事人对声明进行的任何修订，除非是极为细小的错误，将被视为不同意和解协议。若纠纷当事人在与调解员讨论后仍未能达成和解，那么调解员在适当情况下将附有纠纷解决方案的"确认调解结果声明"分别送达当事人。若当事人同意调解员的建议方案，则在签字后 10 个工作日内寄回至CEDR。② 经各方当事人签字的和解协议成为具有法律约束力的合同。③ 若任何一方当事人拒绝签字或未在 10 个工作日内将声明寄回至 CEDR，那么该和解协议对任何一方当事人都不具有法律约束力。④

再次，ABTA 调解程序具有保密性。⑤ 调解程序中的所有参与人应对调解程序中的所有信息保密，但不包括调解程序中将要发生或已经发生的事实，或法律要求予以披露，或者基于执行和解协议的需要，或需要用以通知其保险公司及相关人员的情形。当事人、调解员和 CEDR 之间的所有往来信息，无论以何种方式进行，都不得用于对一方当事人不利的情形，也不得作为证据提交给法官、仲裁员或其他司法或正式纠纷解决程序中的裁判者，除非法律要求必须公开。一方当事人提供给调解员或者 CEDR 并要求其保密的信息，未经该当事人的同意不得披露，法律有要求的除外。

值得注意的是，ABTA 的调解程序受英格兰和威尔士的法律规制，且英格兰和威尔士的法院对所有与调解程序相关的争议具有排他性管辖权。⑥

总体而言，英国旅行社协会为其会员单位与旅游者之间的纠纷提供了两种非诉讼纠纷解决方式，即调解和仲裁方式。其中，调解方式主要用于解决旅游者在旅游活动中遭受的与人身伤害和生病相关的旅游纠纷，具有独创性。该调解程序由专门的非诉讼纠纷解决机构具体运行且需要遵守《调解规则》，从而确保了该纠纷解决方式的专业性、高效性和公正性。另外，该调解程序相关的费用由 ABTA 的会员单位负担，对旅游者免费，这

---

① *Ibid.*, Article 4 (4).
② *Ibid.*, Article 4 (5).
③ *Ibid.*, Article 4 (6).
④ *Ibid.*, Article 4 (7).
⑤ *Ibid.*, Article 5.
⑥ *Ibid.*, Article 6.

减轻了旅游者解决旅游纠纷的经济负担。此外，该调解方式并未剥夺旅游者向法院起诉的权利。最后，值得注意的是，该协会制定了《行为准则》，要求其会员单位必须对旅游者的投诉在特定时间内认真回复，否则将被处以罚款。这促使大量的旅游纠纷在调解或仲裁方式介入之前就得到解决，值得借鉴。

（二）比利时旅游纠纷委员会的调解

当前，世界上很少有国家设立专门的旅游纠纷解决机构。比利时的旅游纠纷委员会（The Travel Dispute Commission，Commission de Litiges Voyages）就是为数不多的专门为旅游纠纷解决提供调解和仲裁服务的公益性机构。该委员会在解决旅游纠纷方面所具备的专业性优势十分显著，有利于及时、高效、低成本地解决旅游纠纷。该委员会于 1983 年由消费者保护组织和旅游行业协会共同设立，并由联邦公共服务司法部提供资金支持。[①] 政府部分的财政支持有助于保持该机构的独立性和公正性。就跨境旅游纠纷解决方面，该委员会为旅游者与作为其会员单位的旅游经营者之间的合同纠纷提供快捷、高效、专业的调解和仲裁服务。

首先，该旅游纠纷委员会的调解程序的开启。调解不适用以下纠纷类型：涉及人身伤害的旅游纠纷；涉及未包含在包价旅游合同内的旅游保险或救助纠纷；涉及非旅游合同的纠纷。若旅游者希望通过调解方式解决旅游纠纷，则需要确保被投诉的旅游经营者已承诺遵守该委员会制定的条款。旅游者可在旅游结束后的一年内向该委员会提请调解。为确保给旅游经营者足够的时间调查和解决纠纷，该委员会建议旅游者在旅游结束后的一至三个月后申请调解。由此可见，该委员会鼓励旅游纠纷双方当事人先通过协商方式解决纠纷。旅游者可以书面或口头方式向该委员会请求调解。该委员会的秘书处联系被投诉的旅游经营者并且向其送达调解规则以及"调解同意书"。[②] 如果旅游经营者同意调解，则需要签署同意调解同意书。旅游者需要提交有关旅游纠纷的证据材料，以及对争议事项的概括描述。值得注意的是，按照比利时法律规定，旅游纠纷当事人签署调解同意

---

① See Introduction of Commission de Litiges Voyages, https://www.clv-gr.be/faq_fr.html#verzoening, visited on 28 October 2020.

② See Procedure of Conciliation of Commission de Litiges Voyages, https://www.clv-gr.be/verzoening_procedure_fr.html, visited on 28 October 2020.

书将引起诉讼时效六个月的中断。若经各方当事人明确同意，诉讼时效中断期间可再延长六个月。当秘书处在旅游纠纷当事人签署的调解同意书上签字后，各方当事人需要支付 50 欧元的费用。秘书处将调解同意书和相关证据材料转递给调解员，由调解员决定是否受理纠纷。如果调解员依法律规定认为旅游纠纷事项不属于调解范围，则秘书处会尽快通知旅游纠纷当事人，并返还其交纳的费用。

其次，该旅游纠纷委员会的调解程序的开展和结束。若调解员决定受理案件，则秘书处会尽快联系旅游纠纷当事人并告知其调解程序相关事宜。调解员均为法律专家，依据其旅游专业知识和实践经验提出纠纷解决建议方案，并促使纠纷当事人达成书面和解协议。旅游纠纷当事人可亲自参与调解程序，无须聘请律师。调解程序按照比利时现有的相关法律规定和一般法律原则开展。在调解员和旅游纠纷当事人同意的情况下，调解程序可以电话、传真、电子邮件、书面等方式或会议方式开展。调解程序不公开进行，审理时长不超过 90 天。旅游纠纷当事人和调解员可在任何时候结束调解。旅游纠纷当事人在调解员的协助下达成和解协议后，经双方当事人签字的调解协议具有约束力。若调解失败，旅游者可选择通过该委员会的仲裁程序解决或提起诉讼。此外，调解程序具有保密性，调解员和各方当事人均负有保密义务。

总体而言，比利时的旅游纠纷委员会是世界上为数不多的由政府出资运行的专业性旅游纠纷非诉讼解决机构。另外，该委员会由消费者保护组织和旅游行业协会共同设立。这确保该委员会在审理旅游纠纷时保持中立性和公正性。该委员会同时运行两种非诉讼纠纷解决方式即调解和仲裁，以便能够终局性地解决旅游纠纷。此外，该委员会的调解员为法律专家，兼具法律知识和旅游专业知识，因此能够专业、高效地解决旅游纠纷。该调解模式还特别注意程序的灵活性和便利性，例如采用远程通信设备进行调解。最后，虽然该调解服务采取收费原则，但是费用较低，并不会给旅游者造成过重的经济负担。这种收费机制也促使旅游者慎重对待旅游投诉，并且敦促纠纷双方协商解决跨境旅游纠纷。

（三）中国台湾地区消费争议调解委员会的调解

1994 年台湾地区的"消费者保护法"公布实施，并于同年 7 月 1 日成立，"行政院"消费者保护委员会。2012 年 1 月 11 日，"行政院"消费者保护委员会改制为"行政院"的消费者保护处。消费者保护处对格式合同文本的条款进行审核以保护消费者的合法权益免于因经营者单方制定格式合同而遭受损害。其中，经审核的与旅游相关的格式合同有 9 种，涉及跨境旅游合同的是《国外旅游定型化契约范本》和《国外个别旅游定型化契约书》。消费者保护处还在 2004 年设立了网上投诉系统，不仅便于消费者投诉，还有利于大量案件的处理和资料的分析整理。到 2016 年，经该系统登录的案件量已达 5 万件。① 台湾地区"行政院"消费者保护处和地方政府还设有消费者保护官（即消费者申诉专员）。当发生旅游纠纷时，旅游者可依据"消费者保护法"第 43 条第 1 款向旅游经营者或者向消费者保护团体或消费者服务中心投诉。在未获得妥善处理时，可依第 43 条第 3 款的规定向消费者保护官申诉。在申诉失败后，可依第 44 条的规定请求消费争议调解委员会进行调解或提起诉讼，或者直接请求消费争议调解委员会调解。本部分就消费争议调解委员会的调解程序进行分析。

首先，消费争议调解委员会的设置和案件受理范围。消费争议调解委员会由政府代表、消费者保护官、消费者保护团体代表、企业经营者所属或相关职业团体代表、学者及专家组成。旅游纠纷的受理、程序进行及其他相关事项，由台湾地区"行政院"制定的"消费争议调解办法"（1994 年）② 规定。对于跨境旅游纠纷，调解委员会不予受理的情形包括以下几种：调解委员会要求旅游者补正相关材料而逾期未补正；非属旅游消费纠纷案件；非由旅游者或其代理人提起；旅游纠纷已经调解或仲裁解决；旅游纠纷已经调解委员会调解但未成功③；经一审法院法庭辩论终结；无相对人；旅游纠纷已经法院判决；同一旅游纠纷案件，旅游者重复申请调解。④

其次，消费争议调解委员会的调解程序的启动和开展。关于管辖权的确定，旅游纠纷当事人共同所在地，或旅游者住所地或居住地，或旅游经营者住所地或居所地或营业所或事务所所在地，或旅游纠纷发生地，或其他经双方当事人合意所定的调解委员会才有权对旅游纠纷进行调解。⑤ 旅

---

① 参见《台湾地区"行政院"消费者保护处简介》，https://www.cpc.ey.gov.tw/Default.html？t = 672BCA8CD93FB3D0A947891B704237A6，最后访问日期：2020 年 10 月 31 日。

② 参见《台湾地区"消费争议调解办法"》，http://www.rootlaw.com.tw/LawArticle.aspx？LawID = A040330000000600 - 1020918，最后访问日期：2020 年 10 月 31 日。

③ 但经相对人同意重新调解的，不在此限。

④ 台湾地区"消费争议调解办法"第 5 条。

⑤ 台湾地区"消费争议调解办法"第 6 条。

游者应以书面方式申请调解。① 调解委员会受理调解申请后，通知旅游纠纷当事人及其代理人调解的日期，一般不超过自受理申请之日起 30 天。② 当旅游者为未成年人时，应由其法定代理人代为调解。旅游者还可委任代理人参与调解。③ 调解委员会应有委员三分之一以上出席，才可进行调解。调解委员会得由主席指定调解委员一人或数人进行调解。④ 调解委员会可邀请公正或专业人士出席，担任协同调解员。⑤ 当调解事项涉及自身或其家属时，调解委员应自行回避或经当事人申请进行回避。⑥ 调解委员会主席因故未能执行其职务时，应由消费者保护官代其行使职权。⑦ 同一旅游纠纷的调解申请人数超过五人以上，未共同委任代理人时，得选定一至三人出席调解委员会。与旅游纠纷有利害关系的第三人，经调解委员会的许可，可参加调解程序。⑧ 调解程序具有保密性，不得公开。另外，调解委员、协同调解员及其他经办调解事务的人员，对于调解事件的内容，除已公开的事项外，应保守秘密。⑨ 调解除勘验费及鉴定费应由旅游纠纷当事人支付外，不再收取任何费用。⑩

再次，消费争议调解委员会调解程序的结束。旅游纠纷当事人未达成合意但接近达成时，调解委员可提出解决方案，并取得参与调解员过半数签名同意后，做成解决方案书，送达双方当事人。⑪ 对于小额旅游纠纷，若纠纷当事人一方无正当理由缺席，则调解委员会可依到场当事人的请求或依职权提出解决方案，并送达双方当事人。⑫ 旅游纠纷当事人在收到上述解决方案后，未在 10 日内提出异议，视为已依该方案成立调解。若提出异议，则视为此次调解不成立。⑬ 调解成立时，调解委员会应做成调解书。⑭

---

① 台湾地区"消费争议调解办法"第 3 条。
② 台湾地区"消费争议调解办法"第 7 条。
③ 台湾地区"消费争议调解办法"第 2 条。
④ 台湾地区"消费争议调解办法"第 8 条。
⑤ 台湾地区"消费争议调解办法"第 9 条。
⑥ 台湾地区"消费争议调解办法"第 10 条。
⑦ 台湾地区"消费争议调解办法"第 11 条。
⑧ 台湾地区"消费争议调解办法"第 14 条。
⑨ 台湾地区"消费争议调解办法"第 15 条。
⑩ 台湾地区"消费争议调解办法"第 24 条。
⑪ 台湾地区"消费争议调解办法"第 16 条。
⑫ 台湾地区"消费争议调解办法"第 20 条。
⑬ 台湾地区"消费争议调解办法"第 18 条。
⑭ 台湾地区"消费争议调解办法"第 26 条。

调解委员会应于调解成立之日起 10 日内，将调解书送请管辖法院审核。经法院核定后，调解委员会将调解书送达双方当事人。① 调解经法院核定后，当事人就该争议不得再行起诉。经法院核定的调解，与民事判决具有相同的法律效力。② 调解不成立时，当事人得申请调解委员会发给调解不成立的证明书，且该证明书将于申请后 7 日内发给当事人。③

　　总体而言，虽然台湾地区消费争议调解委员会的调解并不是专门针对旅游纠纷而设立的，但是旅游纠纷也属于消费纠纷，因而可适用该调解程序。该委员会属于行政机构，且以消费者保护官为主席，因而确保了纠纷解决程序的中立性和公正性。该委员会的调解程序对旅游者是免费的，为旅游者免除了经济负担。最后，该委员会与法院合作，主动将调解书及时送交法院审核，赋予调解书以法律强制执行力。这种将调解程序与司法程序相衔接的做法，值得赞赏。

---

① 台湾地区"消费争议调解办法"第 28 条。
② 台湾地区"消费争议调解办法"第 30 条。
③ 台湾地区"消费争议调解办法"第 27 条。

第五章　跨境旅游纠纷的仲裁

第一节　跨境旅游纠纷仲裁的优势
及相关法律问题

一　跨境旅游纠纷仲裁的概念和优势

跨境旅游纠纷仲裁（arbitration）是指在纠纷当事人的合意的基础上，把已经发生或将来可能发生的旅游纠纷，委托由法院之外的中立第三方裁决解决的方法或制度。[①] 仲裁的特点主要包括：以非法院主体主持的裁判活动；以有效的仲裁协议为基础，即基于当事人的自愿性；仲裁人员具有高度专业性；仲裁程序具有灵活性和保密性；仲裁裁决一般具有终局性。[②] 针对小额、频发的旅游纠纷，仲裁方式主要具有以下几个方面独特的优势。首先，仲裁员为旅游领域的专家，不仅具备法律知识，还具备相关的专业知识和实践经验。因此，仲裁员能够准确把握争议的焦点，及时、高效地解决纠纷。其次，仲裁程序灵活多样，尊重当事人的意愿。旅游纠纷当事人享有多方面的选择自由，可合意决定将哪些纠纷提交仲裁，选择仲裁机构、仲裁地点、仲裁语言和适用的法律和规则。纠纷当事人还可就审理方式、证据规则和意见陈述等事项达成协议。同时，仲裁程序较其他非诉讼纠纷解决程序有更为完善的程序规则，能够确保程序公正和结果正义。再次，仲裁裁决能够终局性地解决旅游纠纷。这使得旅游者免去再寻求其他救济方式的负担，确保旅游纠纷解决的高效性。然后，仲裁裁决具

---

① 范愉：《非诉讼程序（ADR）教程》（第三版），中国人民大学出版社，2016，第120页。
② 王崇敏、齐虎：《试论旅游纠纷仲裁解决机制》，《海南大学学报》（人文社会科学版）2010年第3期，第38页。

有法律效力。旅游者可向法院申请强制执行，有利于保障纠纷解决结果得到切实执行。最后，仲裁机构作出的涉外仲裁裁决根据相关的公约、司法协助协议、法律规定以及互惠原则，具有在国外得到承认与执行的可能。其中，1958 年的《联合国承认和执行外国仲裁裁决公约》（*Convention of the Recognition and Enforcement of Foreign Arbitration Awards*，以下简称《纽约公约》）是当前全球范围内得到最为广泛接受和实施的有关仲裁裁决的国际公约。[①] 通常，申请人仅需要向被请求法院提交经正式认证的裁决正本或经正式证明的副本，以及协议正本或经正式证明的副本即可。这对于保护跨境旅游者的合法权益具有重要的实际意义。

在实践中，若旅游者未能与旅游经营者达成和解或调解协议而希望获取进一步的救济时，或者旅游者希望获得具有约束力的裁决并厘清纠纷双方之间的是非责任时，一般会采用诉讼方式达到上述目的。但是，诉讼程序存在耗时长、费用高、程序复杂且当事人承担的心理压力大的问题。此外，通过诉讼解决旅游纠纷，旅游者还面临较大的法律风险，例如纠纷解决结果不确定和败诉方承担过重的经济负担。然而，根据上述分析，仲裁方式同样可以帮助旅游者实现上述目的，并且比诉讼存在诸多优势。因此，在解决小额、频发的跨境旅游纠纷上，仲裁逐渐取代诉讼成为旅游者在与旅游经营者协商或调解失败后的优选救济途径。因此，有必要充分发挥协商和调解方式在解决小额、频发的跨境旅游纠纷中的分流作用，并以仲裁作为第二层级的纠纷解决方式，终局性地解决旅游纠纷。总体而言，以协商和调解为先且以仲裁为中心的跨境旅游纠纷非诉讼解决机制能够确保及时、高效、低廉地解决跨境旅游纠纷。

二 跨境旅游合同中仲裁协议的法律效力

在讨论仲裁协议的法律效力之前需要明确旅游纠纷作为消费纠纷是否具有可仲裁性。关于可仲裁性的类型，涉及当事人的权利能力时叫作主体的可仲裁性，而当争议事项根据一国的国内法不具有可仲裁性时，叫作争

[①] 中国于 1987 年 1 月 22 日加入该公约。截至 2020 年 11 月 18 日，缔约国已达到 166 个，https：//uncitral. un. org/en/texts/arbitration/conventions/foreign_arbitral_awards/status2，最后访问日期：2020 年 10 月 24 日。

议事项的可仲裁性。[1] 消费仲裁属于后一种类型。[2] 虽然各国就消费争议具有可仲裁性采用不同的立法模式，但是绝大多数国家在立法中明确消费争议具有可仲裁性。[3] 具体而言，一些国家的立法采用列举方式，以清单方式列举出可提交仲裁的争议类型，例如中国、委内瑞拉、奥地利、秘鲁。[4] 一些国家作出概括性规定，任何包含有经济利益的争议都可以提交仲裁，例如德国、葡萄牙和瑞士。[5] 因此，跨境旅游纠纷具有可仲裁性。

然而，对于旅游合同中仲裁条款的法律效力，无论是学术界还是各国的立法和司法实践均存在较大的分歧。很多学者对旅游合同中仲裁条款的法律效力持否定态度。例如，有观点认为旅游者与旅游经营者签订合同时一般都不会仔细阅读合同条款。即使阅读，旅游者也未必能理解签订仲裁协议意味着放弃诉讼权利的真正含义。[6] 也有观点认为，仲裁的法律有效性是建立在双方当事人合意基础上，而在制定包含有仲裁协议的合同时，经营者几乎不会征求消费者的同意且在多数情况下消费者在争议发生后才开始考虑选择解决纠纷的机构问题。[7] 还有观点认为仲裁剥夺了旅游者在诉讼中所享有的一些根本权利，例如在实行陪审团制度的国家享受陪审团审理的权利，在旅游者惯常居所地法院提起诉讼的权利，和通过严格完善的证据规则从旅游经营者处获得有利证据对抗旅游经营者的权利。[8] 对于

① Yves Fortier, "Arbitrability of Disputes", in Gerald Aksen & Robert Briner, *Global Reflections on International Law*, *Commerce and Dispute Resolution*: *Liber Amicorum in Honor of Robert Briner* (ICC Publishing, 2005), p. 269.

② Youseph Farah & Leonardo Oliveira, "Releasing the Potential for a Value-Based Consumer Arbitration under the Consumer ADR Directive", *European Review of Private Law* 24 (1) (2016): 122.

③ 李颍：《论规制消费仲裁的必要性及规制路径》，《北京仲裁》2018 年第 4 期，第 157 页。

④ 《中华人民共和国仲裁法》（1994 年）第 3 条、《委内瑞拉商事仲裁法》（1998 年）第 3 条、《奥地利民事诉讼法》第 582 条第 2 款、《秘鲁仲裁法》（2008 年）第 1 条。

⑤ 《德国民事诉讼法》第 1030 条第 1 款、《葡萄牙仲裁法》第 1 条第 1 款、《瑞士国际私法》第 177 条。

⑥ J. Sovern et al., "Whimsy Little Contracts", with Unexpected Consequences: An Empirical Analysis of Consumer Understanding of Arbitration Agreements, http://ssrn.com/abstract = 2516432, visited on 21 November 2020.

⑦ D. Collins, "Compulsory Arbitration Agreements in Domestic and International Consumer Contracts", *King's Law Journal* 19 (2) (2008): 335 – 356; M. Piers, "Consumer Arbitration in the EU: A Forced Marriage with Incompatible Expectations", *Journal of International Dispute Settlement* 2 (1) (2011): 209, 219 – 228.

⑧ Kaufmann Kohler, "Globalization of Arbitral Procedure", *Vanderbilt Journal of Transnational Law* 36 (2003): 1313.

各国关于旅游合同中仲裁条款的法律效力，本部分主要以最具有代表性的美国、加拿大和欧盟进行分析。

（一）美国持自由的态度

美国的旅游经营者通常在旅游合同中加入仲裁条款，以降低旅游经营活动中的法律风险。美国的法律和司法实践大多数情况下对此类仲裁条款的法律效力予以肯定。[1] 美国联邦最高法院在 Southland Corp. v. Keating 案[2]中认为，《美国联邦仲裁法》体现了美国支持仲裁的国家政策，允许合同当事人通过合意选择仲裁方式解决纠纷，限制州要求通过司法途径解决纠纷的权力。总体而言，美国的法律对于仲裁条款采取非常自由开放的态度，对商事纠纷和消费纠纷的仲裁的规定并不加以区分。

美国法院在 Green Tree Fin. Corp. v. Randolph 案[3]中相互矛盾的判决正体现了这一点。在该案中，Randolph 与 Green Tree 金融公司签署了移动房屋购买合同，并约定任何与该合同有关的纠纷均须通过仲裁方式解决。随后，Randolph 以 Green Tree 金融公司违反《诚信贷款法》为由向地区法院起诉，但该法院裁定应通过仲裁方式解决。第十一巡回法庭推翻了该裁定，认为高额的仲裁成本阻碍 Randolph 主张其合法权利，因而裁定该仲裁协议不具有可执行性。然而，联邦最高法院持不同观点，判决消费者应承担因经济原因无法通过仲裁庭解决消费纠纷的证明责任。不过，持反对意见的法官认为，Green Tree 金融公司因通过其格式合同中的仲裁条款反复将消费纠纷提交仲裁机构而积累了丰富的经验，因而比消费者更了解提交仲裁所需要支付的费用。联邦最高法院最终采用的证明责任承担模式似乎意味着，Green Tree 金融公司可通过与消费者签订包含仲裁条款的格式合同轻松避免采用其他有利于消费者保护的非诉讼纠纷解决方式来解决消费纠纷。[4]

---

[1] Thomas Dickerson, "Travel Abroad, Sue at Home 2012: Forum Non Conveniens & the Enforcement of Forum Selection and Mandatory Arbitration Clauses", *Pace Law Review* 32 (2) (2012): 410, 434.

[2] Southland Corp. v. Keating, 465 U. S. 1 (1984).

[3] Green Tree Fin. Corp. v. Randolph, 531 U. S. 79 (2000).

[4] Norbert Reich, "Party Autonomy and Consumer Arbitration in Conflict: A 'Trojan Horse' in the Access to Justice in the E. U. ADR-Directive 2013/11?" *Penn State Journal of Law & International al Affairs* 4 (1) (2015): 294.

另外，在 AT&T v. Concepcion 案①中，最高法院分析了消费者合同中仲裁条款和禁止集团诉讼之间的关系。在本案中，Concepcion 等人被 AT&T 公司依照电话零售价收取营业税，而电话本身按照他们与 AT&T 公司签订的服务合同是免费的。另外，消费者合同中约定采用仲裁方式解决与合同相关的纠纷，而排除集团诉讼。Concepcion 等人向加利福尼亚南区联邦地区法院提起诉讼。该诉讼随后被合并入集团诉讼，起诉 AT&T 公司对免费提供的电话收取营业税的行为存在虚假宣传和欺诈问题。该地区法院驳回了 AT&T 公司依据消费者合同请求仲裁的动议。加利福尼亚州最高法院依据其在 Discover Bank 案②中确立的法律规则③，判决该仲裁条款不允许集团诉讼是不合理的，消费者有权继续集团诉讼且不得被强迫参与仲裁程序。第九巡回法院也认为，消费者合同中的仲裁条款根据加利福尼亚州的法律规定是不合理的，且《美国联邦仲裁法》不优先于上述法律规则适用。然而，联邦最高法院推翻了上述判决，认为该案体现了加利福尼亚法院支持消费者选择集团诉讼与《美国联邦仲裁法》支持仲裁这两种政策之间的冲突。撰写意见书的 Scalia 法官认为，当合同条款排除集团诉讼后，再要求实行集团诉讼，会干涉仲裁作为合约的基本特征且与《美国联邦仲裁法》相违背。最高法院判决，《美国联邦仲裁法》应优先于州法院集体诉讼规则，所以该消费纠纷应交由仲裁解决而不应进行集团诉讼。

上述案件都涉及消费者合同中的仲裁条款。这种条款通常包含两部分内容。一是双方发生任何与合同有关的纠纷时，应当通过仲裁解决，而非诉诸法院。二是只允许一对一的双边仲裁，不允许消费者集体申请诉讼。其中，第一部分内容通常得到法院的支持，而第二部分内容经常是争议的焦点。到目前为止，联邦最高法院已经确认了这种"仲裁条款"是合法且有效的。原因在于，其受《美国联邦仲裁法》的保护，而且该仲裁条款本质上是一种合约，法院只能努力执行这一合约的内容。

（二）加拿大持矛盾的态度

加拿大的学者们对于仲裁条款能否在消费者合同中得到执行和能否最

---

① AT&T Mobility LLC v. Concepcion，563 U. S. 333（2011）.

② Discover Bank v. Superior Court，113 P. 3d 1100（Cal. 2005）.

③ 加利福尼亚州最高法院判决，在消费合同中放弃集团诉讼的规定大部分都是不合理的。

终像美国经营者那样被用来避免集团诉讼的问题进行了激烈的讨论。另外，加拿大法院对消费者合同中仲裁条款的法律效力作出了矛盾的判决。

在 Dell Computer Corp. v. Union des Consommateurs 案①中，加拿大最高法院判决，一名魁北克居民与某美国公司签订的购买计算机的电子合同中的仲裁条款具有可执行性，驳回了魁北克消费者联盟提起的集团诉讼请求。该法院认为，消费者通过该美国公司网站上的链接了解了所签订合同中的仲裁条款，并且在点击该链接时就同意受该仲裁条款的约束。该法院还认为，这种知悉仲裁条款的方式并不比通过纸质合同了解仲裁条款的难度更大。此外，该法院还认为，任何关于该仲裁条款无效的主张都应当由仲裁员先解决，因为仲裁员根据国际协定和加拿大的法律享有"管辖权之管辖权"或"权限之权限"（Kompetenz-Kompetenz/Competence-Competence）。②

然而，加拿大最高法院最近在 Seidel v. TELUS 案③中，似乎对在移动电话销售合同中排除集团诉讼的仲裁条款采取更为批判的态度。在该案中，该销售合同包含了仲裁条款，允许销售商将与合同相关的争议通过民间的且保密性的仲裁方式解决，且消费者放弃提起集团诉讼的权利。在争议的焦点问题中，最高法院需依据英属不列颠哥伦比亚省《商事行为和消费者保护法》（British Columbia Business Practices and Consumer Protection Act）判定该仲裁条款是否合理以及消费者放弃集团诉讼的权利是否符合该法第3条④的规定。最高法院首先需要解决的问题是是否根据美国和加拿大的"管辖权之管辖权"规则允许禁止集团诉讼，或者根据法院规定也可执行该禁止性条款。持大多数意见的法官认为，根据《商事行为和消费者保护法》第172条的规定允许不具有特别利益的任何人提起禁止令和宣告性救济的集体诉讼。本案中原告就是基于该条款起诉，从而避免受到仲裁条款和禁止集团诉讼的约束。在解释第172条的适用范围上，持多数意见的法官以《商事行为和消费者保护法》的目标为依据，即为消费者提供保护和

---

① Dell Computer Corp. v. Union des Consommateurs，［2007］2 S. C. R. 801（Can.）.
② 这一传统学说指的是仲裁员而非法院有权对当事人提出的关于仲裁程序法律效力的异议（包括仲裁员的选择）作出裁定。
③ Seidel v. TELUS Communications Inc.，［2011］1 S. C. R. 531（Can.）.
④ 第3条：任何人放弃依据本法享受的权利、利益或保护的行为是无效的，除非明确得到本法律的允许。

促进消费者获得司法正义。该目标暗含至少在禁止令和宣告性救济的集体诉讼方面限制"管辖权之管辖权"规则的适用。因此，最高法院判决，本案中禁止集团诉讼的规定依赖于无效的仲裁条款，其无法在有效仲裁条款缺失的情况下独立存在。

（三）欧盟国家持谨慎的态度

欧盟的很多国家只认可争议发生后签署的仲裁协议的法律效力。为对消费者进行更好的保护，英国和欧盟成员国在立法中限制消费者合同中仲裁条款的法律效力，尤其是在消费争议发生前签订的仲裁条款的法律效力。例如，按照奥地利《民事诉讼法》第 617 条的规定，只能在消费纠纷已经发生的情况下才能与消费者签订仲裁协议；消费者必须被告知仲裁与法院诉讼之间的不同；即使案件具有涉外因素，如果违反国内法中的强制性规定仲裁条款也应被撤销。法国的《消费者法》第 L312 - 1 款规定，经营者与消费者之间签订的合同中包含意在损害消费者权益的条款并导致合同双方当事人之间权利和义务的不对等时，被认为是不公正的。英格兰、威尔士和北爱尔兰（不包括苏格兰）的《仲裁法》（1996 年）第 89 ~ 91 条对在争议发生前签订的仲裁协议作出限制性规定，但对争议后仲裁条款的有效性未予以限制。

尽管欧盟层面的立法很少直接对成员国的国内仲裁或国际仲裁的仲裁程序规则进行干预，但目前已经出现对某些特定领域（尤其是消费者领域）的仲裁程序予以规制的现象。具体而言，按照关于适用于法院外消费纠纷解决机构原则的第 98/257 号建议案第 6 条的规定，应对消费者获得司法正义的基本权利提供强有力的保护；非诉讼纠纷解决方式的使用不得剥夺消费者向法院提起诉讼的权利，除非消费者对此知悉并且在纠纷发生后明确表示选择仲裁方式；只有当消费者提前被告知仲裁程序具有法律约束力并且明确表示参与仲裁程序时，仲裁裁决（或仲裁机构作出的其他类型决定）才能对其产生法律约束力。尽管上述法律规定具有软法性质，但是对欧盟成员国的国内仲裁实践产生重要影响。

随后，欧盟《消费纠纷非诉讼解决指令》第 10 条规定，消费者和经营者在争议发生前达成的将争议提交非诉讼纠纷解决机构的协议若剥夺了消费者向法院提起诉讼的权利，则该协议对消费者不具有约束力。该条还要求消费者应对仲裁条款作出"具体接受"（specific acceptance）的意思表示。何为"具体接受"？该指令序言第 43 点没有规定。但是，《欧洲共同销售法指令草案》第 8 条① (*the Draft Regulation of a Common European Sales Law*, CESL) 提供了范例，即消费者应在同意签订合同之外作出明确的同意声明 (explicit statement)。这种声明可以电子版形式作出，但是经营者必须以可供保存的方式告知消费者其法律约束力，仅仅以超链接的方式提供是不足够的。②

欧盟关于仲裁条款法律效力的规定从程序法层面延伸到实体法层面，例如欧盟第 93/13 号指令——《关于消费者合同不公正条款的指令》。该指令第 3 条第 1 款规定，没有经过消费纠纷当事人个别协商的合同条款如果违背诚实信用原则要求，导致双方的合同权利义务不平衡而且不利于消费者，将被视为是不公平的。该指令还在附件中列举被视为不公平条款的例子，其中包括排除或阻碍消费者起诉或者采取任何其他法律救济的权利，尤其是要求消费者将纠纷提交非法定的仲裁机构进行仲裁。

此外，欧洲法院还在多个判例中肯定了上述指令包含了要求成员国在审查仲裁裁决的可执行性时有义务就仲裁协议的公正性作出裁定。例如，在 2006 年的 Claro v. Centro Móvil 案③中，欧洲法院裁定，第 93/13 号指令规定了成员国法院在作出撤销仲裁裁决时具有判定该仲裁协议是不公平的且无效的义务，即使消费者未在仲裁程序中主张仲裁协议的无效性而只在法官作出撤销该仲裁裁决前提出。在 2009 年的 Asturcom Telecomunicaciones v. Rodríguez Nogueira 案④中，欧洲法院作出类似裁定，认为第 93/13 号指令规定了成员国法院在裁定仲裁裁决是否具有可执行性时有义务在某些情况下判定仲裁协议具有不公正性。上述 Claro 案和 Asturcom 案均是由经营者针对消费者提起的仲裁，而《消费纠纷非诉讼解决指令》明确将经营者向非诉讼纠纷解决机构提起仲裁的情况排除在外。但是，这两个案例中确立的原则可得到适用，尤其是对仲裁员所享有的"管辖权之管辖权"原则的挑战。

---

① 第 8 条明确，对《欧洲共同销售法指令》的选择能否发生法律效力取决于当事人之间的约定。对于经营者和消费者之间的合同，只有消费者在主合同外明确同意适用《欧洲共同销售法指令》时，才能使该指令对当事人产生法律效力。

② Content Services Ltd. v. Bundesarbeitskammer, Case C-49/11, Judgment of July 2012.

③ Elisa María Mostaza Claro v. Centro Móvil Milenium SL, Case C-168/05, Judgment of October 2006.

④ Asturcom Telecomunicaciones SL v. Cristina Rodríguez Nogueira, Case C-40/08, Judgment of October 2009.

值得注意的是，为了平衡消费者保护和交易自由，无论是欧盟还是美国针对消费合同中仲裁协议的法律效力问题都开始发生变化，它们之间的差异出现缩小的趋势。尽管至今欧洲法院对欧盟境内的消费者仲裁予以限制，但是在跨境电子商务快速发展的情况下，《消费纠纷非诉讼解决指令》已经对这种限制有所放松。其序言第 43 条规定，消费纠纷发生前签订剥夺消费者向法院起诉权利的仲裁条款只对经营者具有法律约束力而对消费者不具有法律约束力；若仲裁机构作出的裁决或决定具有法律约束力，则只有提前将此告知消费者并且消费者明确表示接受仲裁裁决或决定的约束时才对消费者具有法律约束力。上述规定是针对消费者和经营者提交经认证的仲裁机构解决纠纷情形的要求。这意味着跨境旅游纠纷当事人提交那些未获得认证的仲裁机构时，只要不违反现有的法律规定，如《关于消费者合同不公正条款的指令》，则在消费纠纷发生前签订的仲裁条款就可能具有法律效力。另外，一些成员国也开始允许在消费者合同中包含争议发生前的仲裁条款，例如西班牙在第 231/2008 号皇家指令中就作出此规定。与此同时，美国关于消费仲裁的规定面临日益增加的指责，并已经采取措施为消费者提供更大力度的保护。例如，已于 2015 年 4 月向国会提交《仲裁公平法》的修订版本，否定涉及雇佣、消费或公民权利和反垄断领域的争议发生前签订的仲裁协议的法律效力。

三 跨境旅游纠纷仲裁的法律适用问题

仲裁机构受理跨境旅游纠纷时，涉及不同国家的当事人，因而面临应适用哪个国家法律的问题。依据不同国家的实体法或程序法处理跨境旅游纠纷将产生不同的法律后果。跨境旅游纠纷仲裁的法律适用主要指适用何种法律判定仲裁协议的有效性、仲裁程序所遵守的规则以及仲裁当事人的权利义务。[①] 换句话说，跨境旅游纠纷仲裁的法律适用问题主要包括仲裁协议的法律适用、仲裁程序的法律适用和仲裁实体问题的法律适用。[②] 另外，国际商事仲裁制度赋予当事人很大的自主性，可协议选择某一国家的法律，而不必局限于仲裁地法律。

首先，跨境旅游纠纷仲裁协议法律效力的法律适用问题。根据上文分

---

① 何其生主编《国际私法入门笔记》，法律出版社，2019，第 440 页。
② 时振平：《国际商事仲裁中的实体法律适用研究——以对比分析中外仲裁法、仲裁规则、仲裁裁决为基础》，《北京仲裁》2016 年第 4 期，第 85 页。

析，不同国家对跨境旅游合同中仲裁协议的法律效力作出不同的规定。仲裁协议作为合同的一种，其准据法与国际商事合同的准据法的确定标准相同。① 因此，旅游纠纷当事人的意思自治原则是最主要的适用标准。若当事人未明示选择，则通常适用仲裁机构所在地或仲裁地法律，如中国《涉外民事关系法律适用法》第 18 条的规定。若上述地点无法确定，可依据最密切联系原则来确定仲裁协议的准据法。总体而言，支持仲裁和促进仲裁协议有效已成为国际趋势。

其次，跨境旅游纠纷仲裁程序的法律适用问题。仲裁程序法独立于仲裁实体法已得到确认。跨境旅游纠纷仲裁可依据当事人选择的仲裁程序法和仲裁规则运行，即仲裁程序的法律适用采用当事人意思自治原则。然而，仲裁不是在法律的真空中运行，仍受到仲裁地法律的规制。目前，仲裁程序受仲裁地法律支配已得到大多数国家的肯定。

再次，跨境旅游纠纷仲裁实体问题的法律适用问题。对于仲裁实体问题所适用的实体法关乎争议当事人权利义务的确定和是非曲直的判断，并对仲裁结果起决定作用，因而是跨境旅游纠纷仲裁的核心问题。若争议当事人已选择所适用的实体法，那么仲裁庭将尊重当事人选择实体法的权利，依照当事人所选择的实体法作出仲裁裁决。这在大多数的仲裁法和仲裁规则中得到明确规定，例如瑞士《关于国际私法的联邦法》（2017 年）第 187 条②和《国际商会仲裁规则》（2017 年版）第 21 条第 1 款③。但是，当事人选择适用于争议的实体法必须是善意的、合法的且不得违反公共政策，如《中国国际经济贸易仲裁委员会仲裁规则》（2015 年版）第 49 条第 2 款④规定。⑤ 若当事人未选择所应适用的实体法时，上述仲裁法和仲裁规则也都赋予仲裁庭一定的权力，援用其认为适当的冲突法规则来确定准

① 何其生主编《国际私法入门笔记》，法律出版社，2019，第 436 页。
② 第 187 条［对案件实质问题进行裁决：1. 应适用的法律］1. 仲裁庭应依照当事人所选择的法律对争议事项作出裁决，或者在当事人未选择法律时，依照与争议事项有最密切联系的法律作出裁决；2. 当事人可授权仲裁庭依照公平原则作出裁决。参见邹国勇《外国国际私法立法选择》，武汉大学出版社，2017，第 419 页。
③ 第 21 条第 1 款：当事人得自由约定仲裁庭处理争议实体问题所应适用的法律规则。在当事人未选择法律时，仲裁庭应依其认为适当的冲突规则确定适用的法律规则。
④ 第 49 条第 2 款：当事人对案件实体适用法有约定的，从其约定。当事人没有约定或其约定与法律强制性规定相抵触的，由仲裁庭决定案件实体的法律适用。
⑤ 〔英〕艾伦·雷德芬、马丁·亨特等：《国际商事仲裁法律与实践》（第四版），林一飞、宋连斌译，北京大学出版社，2005，第 103 页。

据法，或者无须援用任何冲突规则而直接适用其认为适当的实体法。① 例如，《消费纠纷非诉讼解决指令》第 7 条第 1 款第 9 项②规定，仲裁庭可依据衡平法和行业行为准则作出仲裁裁决。值得注意的是，跨境旅游纠纷均属于跨境消费纠纷，但部分立法依据旅游者的消费行为将其分为主动消费者和被动消费者，并采用不同的法律适用标准，如《罗马条例 I》第 6 条和中国《涉外民事关系法律适用法》第 42 条的规定。③ 若旅游经营者主动在旅游者惯常居所地国或通过其他方式（主要借助网络）针对旅游者惯常居所地国进行商业或营业活动，则旅游者被动地在其惯常居所地国与旅游经营者签订合同。此时，旅游者属于被动消费者，尽管其可自由选择准据法，但并不妨碍其惯常居所地国的强制性规定给旅游者提供的保护。若旅游者主动前往旅游经营者营业地国与旅游经营者签订合同，则旅游者属于主动消费者。在此种情况下，旅游者将难以享受特殊的保护，需要遵照一般合同的法律适用标准。④

另外，在跨境旅游合同的法律适用问题上，限制或排除当事人的意思自治以及强制适用旅游者惯常居所地法以保护被动的旅游者已得到不少地区和国家的立法支持。根据《瑞士联邦国际私法》第 120 条第 1 款规定，无论是主动旅游者还是被动旅游者签订的跨境旅游合同在法律适用上均排除当事人的意思自治，且对于被动旅游者应强制性地适用旅游者惯常居所地法律。中国《涉外民事关系法律适用法》第 42 条也完全排除了当事人的意思自治，但对于被动的旅游者参与签订的跨境旅游合同允许旅游者在其惯常居所地法和商品、服务提供地法之间进行选择，从而最大限度地保护其合法权益。⑤ 值得探讨的问题是，仲裁员是否有义务适用关于旅游者保护的强制性规则？《消费纠纷非诉讼解决指令》第 7 条第 1 款第 9 项规定，仲裁庭可依据法律规定、衡平法和行业行为准则作出仲裁裁决。不过，成员国在将该指令转化为国内法时可在上述规定的基础上提高关于消费纠纷仲裁的要求，例如限制衡平法或行业行为准则的适用。另外，该指

---

① 何其生主编《国际私法入门笔记》，法律出版社，2019，第 450 页。
② 第 7 条第 1 款第 9 项：非诉讼纠纷解决机构可使用这类规则作为其争议解决的依据，例如法律条文、衡平法和行业行为准则。
③ 何其生主编《国际私法入门笔记》，法律出版社，2019，第 116 页。
④ 向在胜：《日本国际私法现代化的最新进展——从〈法例〉到〈法律适用通则法〉》，《时代法学》2009 年第 1 期，第 116 页。
⑤ 何其生主编《国际私法入门笔记》，法律出版社，2019，第 118 页。

令第11条还就法律适用的两种情形分别作出了规定：①对于纯国内案件，国内法中关于消费者保护的强制性规则必须得到适用，即使消费纠纷当事人在合同中明确排除这些条款的适用；②对于跨境旅游纠纷案件，应根据《罗马条例I》第6条第1款至第2款的规定或者《罗马公约》第5条第1款至第3款的规定来确定所应适用的准据法，但所适用法律的结果不得剥夺旅游者所享有的其惯常居所地国的强制性规则对其提供的保护。由此可见，该指令第11条要求仲裁庭在作出裁决时应适用关于旅游者保护的强制性规则。另外，欧洲法院试图将欧盟关于消费纠纷①解决中的相关强制性规则在仲裁程序中适用，但目前此方面的判例法尚未形成。②

然而，在美国，仲裁员未被明确要求适用州法中关于旅游者保护的法律规定。是否在仲裁裁决中适用关于旅游者保护的法律规定，尤其是州法中的相关规定，主要取决于仲裁员的意愿。美国法院对仲裁裁决的合法性审查仅在最后的执行阶段进行且主要基于公共秩序原因进行。③ 加之，仲裁裁决不公开，因此很难受到公众和学术界的监督。美国立法中似乎并没有针对未适用关于旅游者保护强制性规则的仲裁裁决为消费者提供救济措施，除非旅游者能够证明该仲裁裁决存在《纽约公约》第5条中规定的拒绝执行该仲裁裁决的理由④。因此，旅游合同中增加的仲裁条款成为美国旅游经营者避免在诉讼程序中适用关于旅游者保护法律规定的颇为流行的法律工具。⑤ 因此，相比而言，《消费纠纷非诉讼解决指令》的规定显然更有利于旅游者合法权益的保护。

---

① Asturcom Telecomunicaciones SL v. Cristina Rodríguez Nogueira, Case C – 40/08, Judgment of October 2009.

② Norbert Reich, "Party Autonomy and Consumer Arbitration in Conflict: A 'Trojan Horse' in the Access to Justice in the E. U. ADR-Directive 2013/11?" *Penn State Journal of Law & International Affairs* 4（1）（2015）: 316.

③ Norbert Reich, "Party Autonomy and Consumer Arbitration in Conflict: A 'Trojan Horse' in the Access to Justice in the E. U. ADR-Directive 2013/11?" *Penn State Journal of Law & International Affairs* 4（1）（2015）: 316.

④ 《纽约公约》规定存在如下情形则可以拒绝承认和执行外国商事仲裁裁决：仲裁协议当事人无缔约能力或仲裁协议无效；仲裁违反正当程序；仲裁庭超越权限；仲裁庭的组成或仲裁程序不当；仲裁裁决不具有约束力或被撤销或停止执行；争议事项不具有可仲裁性；违反法院地的公共秩序。

⑤ Norbert Reich, "Party Autonomy and Consumer Arbitration in Conflict: A 'Trojan Horse' in the Access to Justice in the E. U. ADR-Directive 2013/11?" *Penn State Journal of Law & International Affairs* 4（1）（2015）: 296 – 297.

四 跨境旅游纠纷仲裁机构的法律性质

实践中，可提供跨境旅游纠纷仲裁服务的机构不局限于专门的仲裁机构，其主体具有多样性。这引发欧盟对这些非专门仲裁机构的法律性质的讨论。跨境旅游纠纷仲裁机构的法律性质问题主要涉及欧盟法下跨境旅游纠纷仲裁机构是否属于《欧洲联盟运作条约》第 267 条下的"任何法院或裁判庭"。只有被认定为属于第 267 条下的"任何法院或裁判庭"时，仲裁机构才有权就欧盟法律的解释问题提请欧洲法院予以答复。成立于 1952 年的欧洲法院为欧盟法院系统中的最高法院，其职能包括解释欧盟法律，以统一成员国国内法院对欧盟条约的解释和适用。欧洲法院通过一系列案例逐渐设立一套认定标准：以法律规定设立；具有永久性；为涉及双方当事人的审理程序；具有强制性管辖权；适用法律作出判决或裁决；具有独立性。①

在 C. Broekmeulen v. Huisarts Registratie Commissie 案②中，欧洲法院判定荷兰专业医疗机构的上诉委员会属于第 267 条中的"法院或裁判庭"。其认定理由为"当司法实践中存在无法从普通法院获得有效救济的情况，在涉及欧盟法律的解释问题时，该上诉委员会是经政府机构的批准而行使职能且其运行得到政府的支持。该上诉委员会作出的决定也在后续的诉讼程序中被承认，因此其作出的决定具有终局性，应被认定为第 267 条中的法院或裁判庭"。但在 Nordsee Deutsche Hochseefischerei GmbH③ 案中，欧洲法院认定受理当事人之间纠纷的独任仲裁员不属于第 267 条中关于"法院或仲裁庭"的规定。而欧洲法院作出此种认定的关键在于仲裁的性质。欧洲法院认为，本案中成员国的政府机构并未介入当事人选择仲裁方式的决定，也未被请求自动介入。如果独任仲裁员提出有关欧盟法律的解释问题，那么其可请求普通法院予以解释或对其作出的仲裁裁决进行审查。因此，应由普通法院而非该仲裁员将有关欧盟法律条款的解释或有效性问题向欧洲法院提出请求。欧洲法院的此种观点在

---

① Josephine Steiner et al. , *Steiner & Woods EU Law* (Oxford University Press, 2012), p. 218.
② C. Broekmeulen v. Huisarts Registratie Commissie, Case C – 246/80, Judgment of October 1981.
③ Nordsee Deutsche Hochseefischerei GmbH v. Reederei Mond Hochseefischerei Nordstern AG & Co. KG and Reederei Friedrich Busse Hochseefischerei Nordstern AG & Co. KG. , Case C – 102/81, Judgment of March 1982.

Denuit v. Transorient[①] 案中得到进一步的确定。该案涉及比利时旅游纠纷委员会向欧洲法院请求关于第 90/314 号指令相关条款的解释问题。欧洲法院认定该委员会不属于第 267 条中规定的"法院或裁判庭"而拒绝了该委员会的请求。其原因在于，欧洲法院认为纠纷当事人无论是在法律上还是在事实上都没有义务将其旅游纠纷提交该委员会进行仲裁。然而，欧洲法院并没有认识到较高的诉讼成本使得仲裁成为消费者可实际获得的唯一的准司法救济途径。[②]

第二节　典型的跨境旅游纠纷仲裁模式及其评介

一　行业协会的跨境旅游纠纷仲裁

当旅游者与 ABTA 的会员单位存在纠纷，无法通过协商方式解决或在 ABTA 协助下也无法达成和解协议时，可通过 ABTA 的仲裁程序解决。AB-TA 的旅游纠纷仲裁程序根据《ABTA 仲裁规则》（2016 年）[③] 开展，具有及时、高效、灵活和低成本的优点。目前，ABTA 受理的跨境旅游纠纷只限于 ABTA 会员单位与其旅游消费者之间发生的具有涉外因素的旅游合同或侵权纠纷。[④] 换句话说，ABTA 不受理涉及外国旅游经营者和在英国国外购买 ABTA 会员单位旅游产品的旅游者的旅游纠纷。该仲裁程序不受理纯人身伤害赔偿纠纷，但可受理附带的人身伤害赔偿请求。ABTA 提供的低廉高效的旅游纠纷仲裁服务使购买其会员单位旅游产品的旅游者无须通过法院就可解决旅游纠纷。在 2012 年 7 月至 2013 年 6 月，ABTA 共受理 10831 件涉及其会员单位与旅游者的纠纷，但绝大部分通过友好协商方式

---

① Guy Denuit and Betty Cordenier v. Transorient-Mosaïque Voyages et Culture SA. , Case C – 125/04, Judgment of January 2005.

② Josephine Steiner et al. , *Steiner & Woods EU Law* (Oxford University Press, 2012) , p. 220.

③ 该仲裁规则对 2016 年 4 月之后登记的案件适用。See ABTA Arbitration Scheme Rules, https://abta. com/assets/uploads/general/ABTA_Arbitration_Rules_May_2016. pdf, visited on 21 November 2020.

④ ABTA, Annual Activity Report (1 October 2016 – 30 September 2017) , https://abta. com/assets/uploads/general/Annual_Activity_Report_October_2016 – 2017_Web. pdf, visited on 21 November 2020.

解决。① 在 2013 年 1 月至 9 月，有 246 件旅游纠纷进入仲裁程序，其中
152 件（约占 62%）的仲裁裁决支持旅游者的请求事项。②

首先，ABTA 仲裁程序的启动。旅游者只能在与 ABTA 的会员单位协
商解决纠纷无果并且经 ABTA 协助协商仍未解决时才可以申请仲裁。③ 旅
游者需要在返回旅游出发地或原定的返回日期后的 18 个月内向 ABTA 提出
仲裁请求。④ 仲裁程序对 ABTA 的会员单位而言是强制性的。但是，若旅
游者提交的仲裁请求及其材料超过上述时间，那么 ABTA 的会员单位仍可
以同意参加仲裁程序，但是不能被强迫参与。旅游者可以通过邮寄或网
上提交的方式提出请求。ABTA 网站上提供标准的仲裁申请表，内容包
括赔偿请求的理由和相关证据材料。该申请表为旅游者提供具体的指引，
帮助旅游者了解争议的本质以及确定赔偿请求金额。这一过程有助于使
旅游纠纷当事人将注意力集中在争议的内容上并促使他们协商解决争议。
旅游者需要将仲裁申请表提交至 ABTA，并提供相应的证据材料，由 AB-
TA 将上述材料转递至 CEDR。值得注意的是，在该仲裁程序下，旅游者
的请求赔偿金额不得超过 25000 英镑，且每个旅游者不得超过 5000 英
镑。另外，如果仲裁请求涉及人身损害，则每个旅游者的请求赔偿金额
限于 1500 英镑。⑤

其次，ABTA 仲裁程序的开展。ABTA 收到旅游者提交的仲裁请求材料
后将副本送达 ABTA 的会员单位，后者在 28 天内提交书面答辩状或书面告
知 ABTA 纠纷已协商解决。⑥ 在收到 ABTA 的会员单位提交的答辩材料后，
ABTA 将所有的材料递交至 CEDR。CEDR 将答辩状送达旅游者。旅游者需
要在 7 天内对 ABTA 会员单位的答辩状发表意见，但不得提出新的请求或
增加新的证据。ABTA 的会员单位有 7 天的时间就旅游者针对其答辩状发
表的意见进行评价。CEDR 将从仲裁员名册中任命一名仲裁员并告知双方

---

① ABTA, Code of Conduct Annual Report 2012/2013, https://abta.com/assets/uploads/publica-
tions/Code_Report_2012 – 2013. pdf, visited on 21 November 2020.
② ABTA, Code of Conduct Annual Report 2012/2013, https://abta.com/assets/uploads/publica-
tions/Code_Report_2012 – 2013. pdf, visited on 21 November 2020.
③ 《ABTA 仲裁规则》第 2 条。
④ 《ABTA 仲裁规则》第 1 条第 3 款。
⑤ 《ABTA 仲裁规则》第 1 条第 6 款。
⑥ 《ABTA 仲裁规则》第 3 条。

当事人。仲裁员将对所有的材料和证据予以审查，还可以通过 CEDR 向双方当事人要求提交进一步的信息。所有通信往来和文件传递默认是以电子邮件方式。仲裁员依据书面材料进行审理，而不进行听审，无须旅游纠纷当事人出席。因此，大部分的旅游纠纷案件可在 8 周内得到解决。① 这也就可以解释为何该仲裁程序不适合审理某些类型的争议，如涉及严重的疾病或人身伤害。

在案件材料送达仲裁员或仲裁员最后一次要求提交信息的日期后的 28 天内，CEDR 通过书面形式作出裁决。裁决书包括案件事实概述、裁决结果以及审理依据。值得注意的是，整个仲裁程序应依照英国 1996 年的《仲裁法》和《ABTA 仲裁规则》进行，且仲裁地点均为英国伦敦。② 另外，仲裁程序和仲裁请求适用英格兰和威尔士的法律，而旅游合同的准据法由仲裁员决定。ABTA 有权对仲裁裁决的副本进行审查，确保纠纷解决程序符合其《行为准则》。旅游纠纷当事人应在收到仲裁裁决后的 21 天内履行。任何一方当事人可在收到仲裁裁决的 14 天内书面请求上诉。③ 上诉程序由 CEDR 管理，适用一般的仲裁规则。上诉人需提交仲裁裁决副本以及其认为仲裁裁决存在错误的原因，并交纳 350 英镑的上诉费用和税费。上诉仲裁员可支持原仲裁裁决或者撤销原仲裁裁决并作出新的仲裁裁决。上诉仲裁员作出的裁决具有终局性并且对所有的当事人具有法律约束力。除了当事人上诉至法院，没有其他进一步的救济途径。当事人需要在收到上诉裁决后的 21 天内履行。

再次，ABTA 仲裁程序中的费用承担和保密性问题。关于仲裁费用的问题，ABTA 的会员单位需要在规定时间内向 CEDR 交纳单独的案件登记费，如果未能按时交纳将违反 ABTA 制定的《行为准则》。另外，旅游者提交仲裁时需要支付费用，否则案件不被受理。根据 ABTA 的意见，收取费用可以防止旅游者过度或恶意投诉，还可以提高纠纷解决的效率。例如，在 2012 年，仲裁员驳回 59 个投诉请求，理由是他们认为旅游者的赔

① ABTA, ABTA Arbitration Can Save Customers Hundreds of Pounds, https://abta.com/about-us/press/abta-arbitration-can-save-customers-hundreds-of-pounds, visited on 21 November 2020.
② 《ABTA 仲裁规则》第 1 条第 5 款。
③ 《ABTA 仲裁规则》第 8 条。

偿请求没有法律依据。[①] 自 2011 年起，CEDR 规定，旅游者在收到旅游经营者的答辩意见并发表意见后才被要求支付仲裁费用。CEDR 意在敦促旅游者尽可能与旅游经营者通过协商方式解决争议。根据旅游纠纷标的额，旅游者和 ABTA 的会员单位支付不同的费用[②]。其中，旅游者平均需要支付 108 英镑的费用。相比之下，通过小额法庭审理旅游纠纷所需的费用约为通过该仲裁程序所支付费用的 4.2 倍，即大概每个案件平均需要多支付 346 英镑。[③] 由此可知，该仲裁程序具有成本低廉的优势。另外，当旅游者获得的赔偿金额等同于或低于 ABTA 的会员单位之前同意赔偿的金额时，按照《ABTA 仲裁规则》第 5 条第 2 款的规定旅游者均被视为败诉方。每一方当事人都应自行承担准备和提交案件相关的费用，包括律师代理费，且不得针对这些费用提起诉讼。关于仲裁的保密性问题，旅游者和 ABTA 的会员单位在任何时候都不得将仲裁程序中的相关信息泄露给其他人，除非是基于执行仲裁裁决的需要。另外，个人信息的披露只能基于执行仲裁裁决或法律规定或法院命令或政府或管理部门的要求。ABTA 和 CEDR 可对仲裁裁决内容进行分析以便对仲裁程序的效率进行评估，并且发布相关研究结果。[④]

　　总体而言，英国旅行社协会采用委托专业仲裁服务的方式来解决其会员单位与旅游者之间的旅游纠纷，充分发挥行业自律精神，在维护旅游市场秩序和保护旅游者利益方面取得了良好成效，值得借鉴。另外，该仲裁

---

① 例如，CEDR 受理的案件中，一名旅游者支付 8000 英镑用于去远东旅游的住宿费和返程机票费。他声称由于旅行路线、准备出国证件以及宾馆的地址上存在疏忽大意而导致其受损 6438 英镑。仲裁员在分析其诉求以及相关证据后，作出不予赔偿的裁决。See ABTA, Alternative Dispute Resolution for Consumers: Implementing the Alternative Dispute Resolution Directive and Online Dispute Resolution Regulation, http://67d8396e010decf37f33 – 5facf23e65 8215b1771a91c2df41e9fe. r14. cf3. rackcdn. com/publications/CDR_for_consumers_response. pdf, visited on 21 November 2020.

② 纠纷标的额在 1 英镑 ~2999.99 英镑时，旅游者要付 108 英镑的费用，而被投诉的 ABTA 会员单位则要付 252 英镑的费用；当纠纷标的额在 3000 英镑 ~7499.99 英镑时，旅游者和 ABTA 会员单位均付 180 英镑的费用；当纠纷标的额在 7500 英镑 ~25000 英镑时，旅游者付 264 英镑的费用，而 ABTA 的成员单位付 96 英镑的费用。See ABTA, Alternative Dispute Resolution for Consumers: Implementing the Alternative Dispute Resolution Directive and Online Dispute Resolution Regulation, http://67d8396e010decf37f33 – 5facf23e658215b1771a91 c2df41e9fe. r14. cf3. rackcdn. com/publications/CDR_for_consumers_response. pdf, visited on 21 November 2020.

③ ABTA, ABTA Arbitration Can Save Customers Hundreds of Pounds, https://abta. com/about-us/press/abta-arbitration-can-save-customers-hundreds-of-pounds, visited on 21 November 2020.

④ 《ABTA 仲裁规则》第 8 条。

程序还制定了收费标准，一方面可敦促旅游者与其会员单位自行协商解决旅游纠纷，另一方面还有利于减轻仲裁庭审理案件的压力和提高其解决纠纷的效率，这对提供免费纠纷解决服务的国家或地区具有一定的启示意义。

二　非营利机构的跨境旅游纠纷仲裁

当前，绝大部分的仲裁机构为商事仲裁机构，主要解决高标的额且案情复杂的商事纠纷。这些商事仲裁机构对仲裁费用设有下限，给小额消费纠纷当事人带来较大的经济负担。另外，这些仲裁机构的仲裁规则主要为商事仲裁程序规则，也不适用于解决小额消费纠纷。为了更好地解决日益增长的消费纠纷和保护消费者的合法权益，一些公益性、非营利机构开始为消费者提供仲裁服务，尤其是北美商业促进局和美国仲裁协会，制定了专门用于小额、频发的消费纠纷的仲裁程序规则。这为跨境旅游纠纷得到及时、高效和经济的解决提供了保障。

（一）　北美商业促进局的仲裁

成立于 1912 年的北美商业促进局（The Better Business Bureaus，BBB）已发展成为横跨北美（美国、加拿大、墨西哥）的国际性非营利组织。[①] 其主要宗旨在于促进经营者与消费者之间良好关系的形成。BBB 针对旅游者与旅游经营者之间的争议提供调解和仲裁两种非诉讼纠纷解决服务。尤其是，BBB 制定了专门解决小额、频发消费纠纷的全面、系统的仲裁规则，在世界范围内属于领先地位。BBB 的仲裁程序分为附条件的约束性仲裁和约束性仲裁。其中，附条件的约束性仲裁规则共 33 条[②]。约束性仲裁

[①] See Introduction of Council of Better Business Bureaus, https://www.bbb.org/council/about/council-of-better-business-bureaus/, visited on 21 November 2020.

[②] 《BBB 附条件的约束性仲裁规则》。第 1 条是有关仲裁规则用语的定义，第 2 条为受理案件的范围，第 3 条为仲裁规则的适用，第 4 条为提交仲裁协议，第 5 条为救济措施，第 6 条为仲裁员的选任，第 7 条为与仲裁员的联系，第 8 条为仲裁员的适格，第 9 条为当事人的代理人，第 10 条为仲裁员的检查权，第 11 条为技术专家，第 12 条为开庭通知，第 13 条对开庭的方式，第 14 条为出席庭审，第 15 条为媒体出席庭审，第 16 条为缺席出庭，第 17 条为庭审记录，第 18 条为翻译，第 19 条为宣誓，第 20 条为庭审程序，第 21 条为庭审程序中的证据采纳，第 22 条为缺席人员的书面证言，第 23 条为传唤证人，第 24 条为初次开庭后的证据采纳，第 25 条为庭审的结束，第 26 条为当事人之间的和解，第 27 条为时间期限，第 28 条为仲裁裁决的作出，第 29 条为适时表达异议，第 30 条为期限的变更，第 31 条为仲裁的保密性，第 32 条为司法程序/法律责任的免除，第 33 条为仲裁规则的解释/继续仲裁的权利。

的仲裁规则又分为适用于旅游纠纷发生前签订仲裁协议的约束性仲裁规则（共 34 条①）和旅游纠纷发生后签订仲裁协议的约束性仲裁规则（共 30 条②）。附条件的约束性仲裁和约束性仲裁的启动程序与进展几乎一样，只不过其作出的裁决的法律约束力有所不同。具体而言，前者的仲裁员所作出的裁决，只有在旅游者同意接受该裁决内容时才具有约束旅游纠纷双方当事人的法律效力，而后者则无此限制。本部分结合三个仲裁规则就 BBB 在解决旅游纠纷方面仲裁程序的启动、开展、裁决的作出和法律效力以及其他有关问题进行介绍，以期对完善中国关于小额旅游纠纷的仲裁规则有所裨益。

第一，仲裁程序的启动和准备。关于仲裁范围和仲裁申请的提出，《BBB 关于争议发生前签订仲裁协议的约束性仲裁规则》［*Better Business Bureau Rules of Binding Arbitration（Pre-Dispute*），以下简称《消费争议发生前的仲裁规则》]③ 第 2 条作出了规定。该仲裁规则仅适用于旅游纠纷当事人

---

① 《BBB 关于争议发生前签订仲裁协议的约束性仲裁规则》。第 1 条是有关仲裁规则用语的定义，第 2 条为受理案件的范围，第 3 条为救济措施，第 4 条为仲裁费用计算，第 5 条为提起仲裁，第 6 条为答辩和反请求，第 7 条为修订仲裁请求或反请求内容，第 8 条为仲裁员的选任，第 9 条为仲裁员的适格，第 10 条为与仲裁员的联系，第 11 条为当事人的代理人，第 12 条为开庭通知，第 13 条为开庭的方式，第 14 条为当事人缺席仲裁程序，第 15 条为出席庭审，第 16 条为庭审笔录，第 17 条为仲裁员的检查权，第 18 条为技术专家，第 19 条为传唤证人，第 20 条为开庭前信息交换，第 21 条为当事人及证人的宣誓，第 22 条为仲裁审理的程序，第 23 条为庭审中证据的采纳，第 24 条为证人无法到场以书面替代的规定，第 25 条为在初次开庭后的证据的采纳，第 26 条为仲裁程序的终结，第 27 条为当事人之间的和解，第 28 条为仲裁程序中的时间期限，第 29 条为仲裁裁决的作出，第 30 条为违反本规则的异议权，第 31 条为时间的更改，第 32 条为仲裁的保密性，第 33 条为仲裁员免除出庭责任，第 34 条为该仲裁规则的解释及停止仲裁程序进行的权利。

② 《BBB 关于争议发生后签订仲裁协议的约束性仲裁规则》。第 1 条是有关仲裁规则用语的定义，第 2 条为受理案件的范围，第 3 条为救济措施，第 4 条为仲裁协议，第 5 条为选择仲裁员，第 6 条为仲裁员的适格，第 7 条为与仲裁员的联系，第 8 条为代理人，第 9 条为开庭通知，第 10 条为开庭的方式，第 11 条为当事人缺席，第 12 条为出席庭审，第 13 条是庭审记录，第 14 条为宣誓，第 15 条是审理程序，第 16 条是证据的采纳，第 17 条是仲裁员的检查，第 18 条为技术专家，第 19 条为书面证据，第 20 条为证人的传唤，第 21 条为首次开庭后证据的采纳，第 22 条为仲裁程序的终结，第 23 条为当事人之间的和解，第 24 条为仲裁程序中的时间期限，第 25 条为仲裁裁决的作出，第 26 条为即时提出异议权，第 27 条为时间的更改，第 28 条为仲裁的保密性，第 29 条为仲裁员出庭责任的免除，第 30 条为该仲裁规则的解释及停止仲裁程序的权利。

③ See Better Business Bureau Rules of Binding Arbitration（Pre-Dispute），https://www.bbb.org/us/storage/16/documents/dispute-resolution/Arbitration% 20Pre% 20Dispute% 20395781.pdf，visited on 21 November 2020.

以书面形式签订的将未来旅游纠纷提交 BBB 仲裁或按照 BBB 具有约束力的仲裁规则将当事人所签订的协议范围内的旅游纠纷提交 BBB 仲裁。旅游者应以书面方式提出仲裁申请。① 除非当事人在仲裁协议中另有约定，旅游者提交仲裁的时间应适用诉讼时效期限。BBB 应将书面的仲裁申请送达被申请的旅游经营者。旅游经营者在收到仲裁请求书后的 14 天内将答辩意见和/或反请求书寄送至 BBB。② 旅游者可以书面形式修订仲裁请求书、答辩意见或反请求书。③

按照《BBB 关于争议发生后签订仲裁协议的约束性仲裁规则》[*Better Business Bureau Rules of Binding Arbitration (Post-Dispute)*，以下简称《消费争议发生后的仲裁规则》]④ 第 2 条规定，案件受理范围为旅游经营者与旅游者之间因前者提供的旅游服务存在缺陷或其他问题而产生的纠纷，并在纠纷发生后同意提交仲裁。除非双方当事人另有专门约定，《消费争议发生后的仲裁规则》不适用于以下旅游纠纷案件：有关刑事处罚的案件；有关瑕疵产品责任损害赔偿案件；有关人身伤害案件；主张的事项不涉及商品或服务瑕疵；主张的事项已经由旅游者提起诉讼或已由法院作出判决或已提起仲裁或当事人之间已达成和解协议。关于旅游纠纷发生后仲裁协议的签订问题，由 BBB 提供仲裁协议，协议中简单描述旅游纠纷的性质以及旅游者所希望作出的裁决。仲裁协议范围应属于本规则范围内的争议事项，除非双方当事人同意将其他争议事项提交仲裁。BBB 在开庭前需要将仲裁协议送达旅游纠纷当事人，且每方当事人需要在收到仲裁协议后的 5 天内签字并寄回至 BBB。⑤

《BBB 附条件的约束性仲裁规则》(*Rules of Conditionally Binding Arbitration*)⑥ 第 2 条规定了仲裁案件范围，即旅游经营者事先同意将其与旅游者之间可能发生的纠纷提交 BBB 仲裁。旅游经营者在同意书中明确提交仲

---

① 《消费争议发生前的仲裁规则》第 5 条。

② 《消费争议发生前的仲裁规则》第 6 条。

③ 《消费争议发生前的仲裁规则》第 7 条。

④ See Better Business Bureau Rules of Binding Arbitration (Post-Dispute), https://www.bbb.org/us/storage/16/documents/dispute-resolution/Arbitration% 20Post% 20Dispute% 20395782. pdf, visited on 21 November 2020.

⑤ 《消费争议发生后的仲裁规则》第 4 条。

⑥ See Rules of Conditionally Binding Arbitration, https://www.bbb.org/bbb-dispute-handling-and-resolution/dispute-resolution-rules-and-brochures/rules-of-conditionally-binding-arbitration/, visited on 21 November 2020.

裁的特定类型纠纷和可采取的救济措施。旅游经营者也可以逐案事先同意提交仲裁。旅游者在向 BBB 提起仲裁申请时，BBB 将告知其旅游经营者事先同意仲裁的范围。BBB 应为旅游纠纷当事人准备仲裁协议，并简要介绍纠纷的性质和纠纷解决的方案。应当开庭前将仲裁协议交给旅游者和旅游经营者。如果旅游者或旅游经营者对争议的一般描述和解决方案表示同意，那么其应在仲裁协议上签字并在收到仲裁协议后的 5 天内返还给BBB。如果旅游者的仲裁请求事项属于旅游经营者事先同意提交仲裁的范围，即使旅游经营者未签署仲裁协议和将其收到的仲裁协议在 5 天内返还给 BBB，也仍可认定旅游经营者接受仲裁协议并受仲裁条款的约束。若旅游者的仲裁请求事项不属于旅游经营者事先同意提交仲裁的范围，则旅游经营者必须在仲裁协议上签字并且返还给 BBB。

对于开庭前的准备，其一是关于仲裁员的选任。BBB 应按照规定程序选定仲裁员。仲裁员一般为来自旅游者所在地区的由 BBB 任命的人员，提供免费的仲裁服务。仲裁员不必具有旅游行业相关的专业知识，在必要时可寻求专家的帮助。根据 BBB 的意见，或旅游纠纷当事人的协议内容或法律的规定，BBB 可指定由三个仲裁员组成仲裁庭，并决定首席仲裁员。[①]仲裁员应宣誓作出公正裁决，但若仲裁员与旅游纠纷当事人一方之间存在经济方面的、竞争性的、职业的、家庭或社会方面的关系，则需要对所有当事人予以披露。[②] 另外，旅游纠纷当事人与仲裁员之间的所有联系必须通过 BBB 进行。[③] 其二是关于旅游纠纷当事人的出庭问题。旅游者既可以自我代理也可以聘请律师代理。旅游者若决定聘请律师需要至少在开庭前 21 天告知 BBB，且 BBB 需要告知被申请的旅游经营者，使其有机会也聘请律师。[④]

第二，仲裁程序的开展和仲裁裁决的作出及履行。BBB 将根据旅游纠纷当事人和仲裁员的时间安排开庭的日期、时间和地点，并至少在开庭

---

① 《消费争议发生前的仲裁规则》第 8 条、《消费争议发生后的仲裁规则》第 5 条、《BBB附条件的约束性仲裁规则》第 6 条。
② 《消费争议发生前的仲裁规则》第 9 条、《消费争议发生后的仲裁规则》第 6 条、《BBB附条件的约束性仲裁规则》第 8 条。
③ 《消费争议发生前的仲裁规则》第 10 条、《消费争议发生后的仲裁规则》第 7 条、《BBB附条件的约束性仲裁规则》第 7 条。
④ 《消费争议发生前的仲裁规则》第 11 条、《消费争议发生后的仲裁规则》第 8 条、《BBB附条件的约束性仲裁规则》第 9 条规定为至少在开庭前提前 8 天告知 BBB。

前 10 天予以通知。BBB 通常选择在最方便旅游者出庭的 BBB 分支机构开庭。① 在大部分情况下，仲裁员采用开庭审理的方式。但根据旅游纠纷当事人的要求或 BBB 的意见，BBB 可安排一方或双方当事人通过电话，或书面或其他电子通信方式参加庭审。② 若旅游纠纷一方当事人在收到 BBB 的适当通知后未出庭，则由仲裁员进行缺席审理。不过，旅游纠纷当事人缺席并不会导致对其不利的裁决，其仍可以在 BBB 规定的期限内通过书面形式发表自己的意见。③ BBB 的工作人员、旅游纠纷当事人及其代理人和证人可出席庭审。在适当情况下，BBB 允许特定人员旁听。④ BBB 可在仲裁员的要求下对庭审进行视频记录，但该视频记录只能用来帮助仲裁员作出裁决和写明裁决理由，或者用于 BBB 的培训和行政管理目的。⑤ BBB 将基本的庭审记录信息保存一年或按法律的要求保存更长的时间。⑥

仲裁员决定审理程序的开展，并由旅游纠纷当事人就争议事项进行个人陈述，提供相关证人和证据，对证人提问和进行质证并作最后陈述。⑦ 值得注意的是，旅游纠纷当事人交纳的仲裁费用只能涵盖一定的庭审时间，而额外的庭审时间则会给当事人增加额外的费用。这确保了仲裁程序的高效性。另外，关于证据规则问题，证据采纳规则没有诉讼程序中那么严格，但应具备关联性。⑧ 证人若无法出庭可提交书面证言。缺席的旅游纠纷当事人可通过电话方式参加庭审，但需要至少在开庭前 7 天把证据材料提交至 BBB。⑨ 仲裁员可要求对旅游纠纷涉及的产品或服务进行检查，

---

① 《消费争议发生前的仲裁规则》第 12 条、《消费争议发生后的仲裁规则》第 9 条、《BBB 附条件的约束性仲裁规则》第 12 条规定 BBB 需要至少在开庭前 8 天告知当事人开庭的时间和地点。

② 《消费争议发生前的仲裁规则》第 13 条、《消费争议发生后的仲裁规则》第 10 条、《BBB 附条件的约束性仲裁规则》第 13 条。

③ 《消费争议发生前的仲裁规则》第 14 条、《消费争议发生后的仲裁规则》第 11 条、《BBB 附条件的约束性仲裁规则》第 16 条。

④ 《消费争议发生前的仲裁规则》第 15 条、《消费争议发生后的仲裁规则》第 12 条、《BBB 附条件的约束性仲裁规则》第 14 条和第 15 条。

⑤ 《消费争议发生前的仲裁规则》第 16 条、《消费争议发生后的仲裁规则》第 13 条。

⑥ 《BBB 附条件的约束性仲裁规则》第 17 条。

⑦ 《消费争议发生前的仲裁规则》第 22 条、《消费争议发生后的仲裁规则》第 15 条、《BBB 附条件的约束性仲裁规则》第 20 条。

⑧ 《消费争议发生前的仲裁规则》第 23 条、《消费争议发生后的仲裁规则》第 16 条、《BBB 附条件的约束性仲裁规则》第 21 条。

⑨ 《消费争议发生前的仲裁规则》第 24 条、《消费争议发生后的仲裁规则》第 19 条、《BBB 附条件的约束性仲裁规则》第 22 条。

但可能会给旅游纠纷当事人增加额外的费用。① BBB 应仲裁员的要求可邀请免费的技术专家对旅游纠纷所涉及的产品或服务进行检查，并在庭审中或庭审后以书面形式出具意见或当庭发表意见。② 旅游纠纷当事人可请求 BBB 让仲裁员传唤证人或要求有关人员提供与案件相关的证据，但相关费用需要该当事人支付。③ 另外，仲裁员可要求旅游纠纷当事人在开庭前交换文件或其他信息，并将副本交给 BBB 留存。④ 旅游纠纷当事人可聘请翻译人员帮助其参与开庭程序。若无法找到合适的翻译人员，也可联系 BBB，由 BBB 为其寻找免费的翻译人员，从而减轻纠纷当事人的经济负担。⑤ 旅游纠纷当事人和其证人都应在庭审程序中在由仲裁员或 BBB 的工作人员的主持下进行宣誓。⑥

关于和解协议的达成，若旅游纠纷当事人在开庭前自愿达成和解协议，那么就无须开庭。若旅游纠纷当事人在庭审过程中达成和解协议，那么仲裁员将和解协议写入裁决中。若旅游纠纷当事人在庭审后、仲裁裁决作出前达成和解协议，也应立刻告知 BBB。⑦ 关于仲裁裁决的作出，仲裁员一般会在庭审结束后的 5 天内作出裁决。⑧ 除非州或联邦法律另有规定，可依旅游者的请求或 BBB 或仲裁员的决定延长上述期限。⑨ 另外，BBB 将书面裁决以及裁决理由送达给所有旅游纠纷当事人。仲裁裁决应是仲裁员认为公正的裁决。除非旅游纠纷当事人在协议中有特别要求，仲裁员可不必须依据法律原则作出仲裁裁决或临时措施。⑩ 关于仲裁裁决的履行，除

---

① 《消费争议发生前的仲裁规则》第 17 条、《消费争议发生后的仲裁规则》第 17 条、《BBB 附条件的约束性仲裁规则》第 10 条。

② 《消费争议发生前的仲裁规则》第 18 条、《消费争议发生后的仲裁规则》第 18 条、《BBB 附条件的约束性仲裁规则》第 11 条。

③ 《消费争议发生前的仲裁规则》第 19 条、《消费争议发生后的仲裁规则》第 20 条。

④ 《消费争议发生前的仲裁规则》第 20 条。

⑤ 《BBB 附条件的约束性仲裁规则》第 18 条。

⑥ 《消费争议发生前的仲裁规则》第 21 条、《消费争议发生后的仲裁规则》第 21 条、《BBB 附条件的约束性仲裁规则》第 19 条。

⑦ 《消费争议发生前的仲裁规则》第 27 条、《消费争议发生后的仲裁规则》第 23 条、《BBB 附条件的约束性仲裁规则》第 26 条。

⑧ 《消费争议发生前的仲裁规则》第 26 条、《消费争议发生后的仲裁规则》第 22 条、《BBB 附条件的约束性仲裁规则》第 25 条规定，仲裁员一般在庭审结束后的 10 天内作出裁决。

⑨ 《消费争议发生前的仲裁规则》第 28 条、《消费争议发生后的仲裁规则》第 24 条、《BBB 附条件的约束性仲裁规则》第 27 条。

⑩ 《消费争议发生前的仲裁规则》第 29 条、《消费争议发生后的仲裁规则》第 25 条、《BBB 附条件的约束性仲裁规则》第 28 条。

非仲裁裁决内容中另有具体规定，履行时间一般为旅游纠纷当事人收到仲裁裁决起的 30 天内。如果旅游纠纷当事人认为其无法履行或无法在规定的时间内履行，那么需要立即以书面形式告知 BBB。如果仲裁员认定旅游纠纷当事人确实无法履行，那么需要将原来的裁决内容改变为仲裁规则中允许的其他救济措施。①

若旅游纠纷一方当事人未按时履行裁决内容，那么另一方当事人可以向法院请求执行仲裁裁决或根据州或联邦法律规定寻求其他法律救济。②然而，对于附条件的具有约束力的仲裁，在仲裁裁决作出后，BBB 将仲裁员作出的裁决送达旅游者，同时附有拒绝或接受仲裁裁决的表格。BBB 要求旅游者在特定时间内作出接受或拒绝该仲裁裁决的意思表示。如果旅游者未能在上述期间作出意思表示，那么一般将被视为其拒绝接受仲裁裁决。如果旅游者表示接受该仲裁裁决，那么仲裁裁决对旅游经营者和旅游者均产生法律约束力。如果旅游者拒绝接受仲裁员作出的临时措施或仲裁裁决，那么旅游者需要依据州或联邦法律规定寻求其他权利救济。在这种情况下，旅游经营者也无须承担履行仲裁裁决的义务，且依联邦或州法律规定，仲裁员作出的裁决可作为旅游者或旅游经营者在提起与仲裁所解决的争议相关的诉讼程序中的证据。③ 另外，在履行期间开始后的两周，BBB 还会联系旅游纠纷当事人检查仲裁裁决的履行情况。

第三，仲裁程序中的救济措施、费用承担、保密性和责任承担问题。关于仲裁程序中的救济措施，依据《消费争议发生前的仲裁规则》第 3 条的规定，仲裁员可在所适用的法律允许的范围内就旅游纠纷当事人在仲裁协议中所同意的救济措施中选择救济措施。依据《消费争议发生后的仲裁规则》第 3 条的规定，仲裁员可作出以下救济措施的决定：旅游纠纷当事人之间合同权利义务的解除；全部或部分退还旅游合同价款，包括销售税和其他与旅游服务产品销售相关的费用；命令旅游经营者履行合同义务；因接受旅游服务而造成的财产损失，但不得超过 3500 美元；其他救济措

---

① 《消费争议发生前的仲裁规则》第 29 条、《消费争议发生后的仲裁规则》第 25 条、《BBB 附条件的约束性仲裁规则》第 28 条。
② 《消费争议发生前的仲裁规则》第 29 条、《消费争议发生后的仲裁规则》第 25 条。
③ 《BBB 附条件的约束性仲裁规则》第 28 条。

施。① 但是，仲裁员不得作出以下救济措施的决定，除非所有旅游纠纷当事人同意：对工资损失或收入予以补偿；对精神损害予以赔偿；惩罚性赔偿或者律师费用赔偿。

关于仲裁费用问题，BBB 应告知旅游纠纷当事人仲裁费用标准以及在经济困难的情况下如何请求费用的减免或缓交。BBB 可在旅游纠纷当事人未在规定时间内支付案件受理费时拒绝举行听审会议。② 关于仲裁程序的保密性问题，仲裁程序和所有的相关记录都应保密，BBB 不得将仲裁裁决内容告知任何不属于仲裁当事方的人员或组织，除非所有旅游纠纷当事人均同意或应法律要求或与司法或政府行政管理相关需要而披露。BBB 会将旅游经营者拒绝参加仲裁或未履行仲裁裁决的行为记录在其报告中，但隐去个人信息。③ 关于诉讼程序/责任承担问题，旅游纠纷当事人同意 BBB 和仲裁员不应在任何司法程序中被任意一方当事人传唤，还应同意 BBB 及其员工，北美贸易促进委员会及其员工，以及仲裁员免于对仲裁程序中的任何行为或过失承担法律责任。④ 关于仲裁程序的终止问题，BBB 或 CBBB 保留有停止违反其政策或州或联邦法律或条例的仲裁程序，或当事人存在不当行为或未能按期支付 BBB 费用的案件的仲裁程序。⑤

总体而言，北美商业促进局制定的仲裁规则充分考虑了小额旅游纠纷的特点，确保能够及时、高效、专业和经济地解决跨境旅游纠纷。另外，该机构制定的三套仲裁规则十分全面、系统，并充分考虑到了跨境旅游纠纷发生前仲裁协议的有效性问题。针对上述问题，该机构制定了附条件的约束性仲裁规则。根据该规则作出的仲裁裁决只有在旅游者明确同意接受时才对旅游纠纷双方当事人产生法律约束力，值得借鉴和效仿。

（二）美国仲裁协会的仲裁

美国仲裁协会（American Arbitration Association，以下简称 AAA）成立

---

① 只要该救济措施包含在旅游经营者对 BBB 的承诺中或者所有当事人以书面形式同意仲裁员可以作出某个具体的救济措施的决定。
② 《消费争议发生前的仲裁规则》第 4 条。
③ 《消费争议发生前的仲裁规则》第 32 条、《消费争议发生后的仲裁规则》第 28 条、《BBB 附条件的约束性仲裁规则》第 31 条。
④ 《消费争议发生前的仲裁规则》第 33 条、《消费争议发生后的仲裁规则》第 29 条。
⑤ 《消费争议发生前的仲裁规则》第 34 条、《消费争议发生后的仲裁规则》第 30 条、《BBB 附条件的约束性仲裁规则》第 33 条。

于 1926 年，是一个独立的民间非营利机构。① AAA 旨在在法律许可的范围内，通过协商、调解、仲裁等方式解决各种类型的纠纷，包括旅游纠纷。AAA 还根据纠纷的类型制定相应的仲裁规则，以便更好地解决这些纠纷。跨境旅游纠纷则适用《AAA 消费者仲裁规则》（2014 年）。该规则于 2014 年 9 月 1 日生效，共有 55 个条文，取代了之前的《消费者相关争议补充程序》。该仲裁规则适用于旅游者将该仲裁规则纳入其仲裁协议的情形且还同时应符合以下条件之一。其一，明确适用《AAA 消费者仲裁规则》或者修订消费者仲裁规则的《消费者相关争议补充程序》。其二，仲裁协议包含在旅游合同中但未明确适用的仲裁规则。其三，仲裁协议包含在旅游合同中，但是规定了不同于《AAA 消费者仲裁规则》的其他规则。② 值得注意的是，若跨境旅游纠纷金额或反请求中的争议金额低于 25000 美元，应通过递交文件或书面审理方式解决。但经任何一方旅游纠纷当事人的要求或者根据仲裁员的决定，可开庭审理。

第一，跨境旅游纠纷仲裁程序的启动。对于旅游合同中包含 AAA 仲裁条款的情形，旅游者必须以书面形式告知被申请的旅游经营者，其希望通过仲裁程序解决旅游纠纷。旅游者通过邮寄或 AAA 网站或直接递交至 AAA 办公室的方式申请仲裁。仲裁申请书需要包括以下内容：简要说明争议内容；写明旅游者和旅游经营者的名字和住址；说明纠纷的金钱数额；如果要求开庭审理则需要明确希望开庭的地点；说明旅游者请求采取的救济措施。旅游者必须在将申请书送达旅游经营者的同时送达一份副本至 AAA。另外，旅游者还必须附送给 AAA 包含仲裁条款的旅游合同的副本。但是，如果旅游者是按照法院的指令请求仲裁，那么旅游者还必须附送给 AAA 相关法院指令的副本。AAA 将书面通知旅游者和旅游经营者其已经收到仲裁申请。旅游经营者应在 AAA 告知双方当事人其已收到仲裁申请书且符合要求的 14 天内作出书面答辩意见，也可同时提出反请求。若旅游经营者未能在 14 天内作出答辩，那么 AAA 将推定旅游经营者不赞同申请人的请求，但仍将继续仲裁程序。③ 对于旅游合同中不包含 AAA 仲裁条款的情况，例如旅游者和旅游经营者未签订仲裁协议或者他们的仲裁协议未指定 AAA，旅游者和旅游经营者仍可协议交由 AAA 仲裁。

---

① See About the AAA and ICDR, https://www.adr.org/about, visited on 21 November 2020.
② 《AAA 消费者仲裁规则》第 1 条。
③ 《AAA 消费者仲裁规则》第 2 条。

　　为开启仲裁程序，旅游者必须向 AAA 提交仲裁申请。旅游者提交仲裁申请的内容需要满足以下方面：以书面形式写成（包括旅游纠纷当事人之间的电子邮件往来中包含同意仲裁的信息的情形）；双方当事人的签字；对旅游纠纷的简单描述；旅游者和旅游经营者的名字和住址；旅游纠纷涉及的金额；请求的开庭地点；旅游纠纷解决方案。[①] 另外，关于请求事项的变更，一旦旅游者提交仲裁请求，那么对仲裁请求或反请求的修改都需要以书面形式向 AAA 作出，并将副本送达旅游经营者。如果仲裁员已被指定，那么旅游者只能经仲裁员的同意才能增加或修改仲裁请求或反请求。[②]

　　值得注意的是，旅游者有选择小额诉讼法庭的权利。如果旅游者的请求事项属于小额诉讼法庭的管辖范围，那么任何一方旅游纠纷当事人都有权请求小额诉讼法庭解决而非提起仲裁。具体包括三种情形。其一，旅游者可请求小额诉讼法庭解决争议而不必先提交 AAA 仲裁。其二，在向 AAA 申请仲裁后、仲裁员正式指定之前，一方旅游纠纷当事人可书面告知对方当事人和 AAA 其希望由小额诉讼法庭解决争议。在收到上述通知后，AAA 将结束对案件的管理。其三，在指定仲裁员后，如果一方旅游纠纷当事人希望将案件提交至小额诉讼法庭并且告知对方当事人和 AAA，那么将由仲裁员决定是否继续采用仲裁方式还是结束仲裁交由小额诉讼法庭解决争议。[③]

　　第二，跨境旅游纠纷仲裁程序的开展。关于仲裁员的任命，AAA 拥有全国仲裁员花名册并由旅游纠纷当事人从中指定仲裁员来解决旅游纠纷。如果旅游纠纷双方当事人未共同选择仲裁员并且对选择仲裁员的程序持不同意见，则由 AAA 从仲裁员名册中任命一名仲裁员或选出首席仲裁员。仲裁员需要保持中立并且满足第 19 条要求的公正和独立的标准。[④] 如果仲裁协议中没有明确仲裁员的数量并且旅游纠纷当事人也未对人数达成一致意见，那么将由独任仲裁员审理案件和作出裁决。[⑤] 关于仲裁员的适格，任何被任命为仲裁员的人员以及旅游纠纷当事人和其代理人，必须及时告知 AAA 任何可能引起对仲裁员的中立或独立性产生合理怀疑的情况。这些情

---

① 《AAA 消费者仲裁规则》第 3 条。
② 《AAA 消费者仲裁规则》第 8 条。
③ 《AAA 消费者仲裁规则》第 9 条。
④ 《AAA 消费者仲裁规则》第 15 条和第 16 条。
⑤ 《AAA 消费者仲裁规则》第 17 条。

况包括存在的任何偏见，与仲裁结果存在经济利益，与仲裁结果存在私人利益，以及与当事人或其代理人过去或现在存在一定的关系。如果 AAA 从仲裁员或其他人员那里收到上述信息，应告知所有旅游纠纷当事人，并在适当情况下，告知仲裁员和其他人员。① 另外，仲裁员应保持公正和独立，且谨慎、诚信地行使其职权。② 对仲裁员基于某些原因无法或不想履行其职责的情形，AAA 宣布仲裁员职位空缺，并根据原来的程序指定替代仲裁员。替代仲裁员将决定是否有必要重新开展之前所进行的全部或部分庭审程序。③ 关于仲裁员的职权，仲裁员在其管辖范围内行使职权，包括判定仲裁协议是否存在及其适用范围和有效性，仲裁请求或反请求的可仲裁性，包含仲裁条款的旅游合同是否存在或者有效。④

关于案件审理的方式，旅游纠纷当事人之间的争议可通过书面审理或通过电话进行听审或开庭的方式解决。若仅通过书面方式进行审理，那么AAA 除了适用本仲裁规则外还应适用《通过提交文件解决争议程序》的规则。另外，书面审理适用于仲裁请求或反请求金额低于 25000 美元的纠纷，但一方当事人要求开庭或通过电话方式听审或仲裁员决定必须进行庭审的情形除外。⑤ 关于开庭的地点、时间和日期，由仲裁员与旅游纠纷当事人协商后确定。若决定采用开庭方式审理而旅游纠纷当事人就开庭的地点未达成一致意见，那么由 AAA 决定开庭的地点。若一方当事人不同意 AAA 的决定，那么其可以要求被选定的仲裁员考虑旅游纠纷当事人的居住地、所处的环境、争议的内容以及《消费者正当程序议定书》的规定来作出关于开庭地点的最终决定。⑥ AAA 至少在开庭日期的前 10 天通知当事人开庭时间。⑦ 关于初期开庭管理，若应任一方旅游纠纷当事人的要求或者 AAA 或仲裁员的决定进行开庭，那么仲裁员将尽快组织初期开庭管理。初期的管理听审通过电话方式进行，除非仲裁员认为有必要时可面对面进行。在初期开庭管理过程中，旅游纠纷当事人和仲裁员需讨论案件的未来开展情

---

① 《AAA 消费者仲裁规则》第 18 条。
② 《AAA 消费者仲裁规则》第 19 条。
③ 《AAA 消费者仲裁规则》第 20 条。
④ 值得注意的是，仲裁条款应被视为独立于合同的其他条款。仲裁员判定合同是无效的并不意味着仲裁条款一定无效。《AAA 消费者仲裁规则》第 14 条。
⑤ 《AAA 消费者仲裁规则》第 29 条。
⑥ 《AAA 消费者仲裁规则》第 11 条。
⑦ 《AAA 消费者仲裁规则》第 11 条和第 26 条。

况，包括明确争议事项和仲裁请求、庭审计划以及其他初期事项。仲裁员应及时发布书面命令，公布初期开庭管理的决定。①

关于旅游纠纷当事人之间的信息交换，若任一方当事人要求或仲裁员决定进行信息交换，那么仲裁员可引导旅游者和旅游经营者共享文件和其他信息并明确准备出庭的证人。任一方当事人准备在庭审中出具的证据材料需至少在开庭前 5 天进行交换，除非仲裁员设定其他交换时间。另外，仲裁员有权解决旅游纠纷当事人之间因信息交换而产生的纠纷。② 关于代理出庭事宜，任一方当事人都可无须聘请代理人而自行参加仲裁程序，也可以聘请律师或其他经授权的代理人代其出庭，除非被适用的法律所禁止。聘请代理人的当事人需要至少在开庭前 3 天向对方当事人和 AAA 提供代理人的姓名、地址和联系信息。如果代理人在仲裁过程中提起仲裁申请或者作出答辩意见，均被视为收到适当通知。③ 关于庭审的出席人员，旅游纠纷当事人及其代理人有权出庭听审。仲裁员和 AAA 需要确保仲裁程序的保密性，除非法律另有要求。由仲裁员决定是否允许非仲裁当事人参加庭审。④ 另外，只要经过适当通知，即使一方旅游纠纷当事人或其代理人缺席，仲裁程序仍可继续。⑤ 关于宣誓，每位仲裁员在庭审开始前可能需要宣誓，但若法律要求，则必须宣誓。若仲裁员认为证人也需宣誓，由仲裁员进行监督。⑥

关于仲裁审理程序，仲裁员在确保各方旅游纠纷当事人公平参与庭审的情况下可对仲裁程序进行灵活调整。仲裁员通过行使自由裁量权以尽快解决争议并且指引旅游纠纷当事人按顺序出示证据或者将仲裁程序分为多个部分并指引当事人出示证据。开庭时间一般不超过一天，但若当事人有正当理由，仲裁员可在首次开庭后的 7 天内再次开庭。旅游纠纷当事人也可协商采用书面审理形式。⑦ 此外，如果仲裁员认为提出动议的当事人有充足理由相信其动议能够成功并且能够解决争议问题或缩小争议范围，则

---

① 《AAA 消费者仲裁规则》第 21 条。
② 《AAA 消费者仲裁规则》第 22 条。
③ 《AAA 消费者仲裁规则》第 25 条。
④ 《AAA 消费者仲裁规则》第 30 条。
⑤ 《AAA 消费者仲裁规则》第 39 条。
⑥ 《AAA 消费者仲裁规则》第 31 条。
⑦ 《AAA 消费者仲裁规则》第 32 条。

允许当事人提出决定性的动议。①

关于开庭记录，若一方当事人要求书面记录开庭过程，该当事人需直接与速记员联系并且至少在开庭前告知另一方当事人、AAA 以及仲裁员，并支付相应的费用。除非经当事人同意或仲裁员要求采用其他形式的记录，否则不得进行其他形式的记录。仲裁员解决当事人之间因书面记录费用分担而产生的纠纷。当事人可同意或由仲裁员决定将书面记录作为开庭记录的官方文本。如果被认定为官方文本，那么记录必须提交给仲裁员和其他当事人以便对其内容进行核查。② 关于翻译人员的聘请，若一方当事人想要在仲裁过程中聘请翻译员，那么其应直接与翻译员联系并支付相应的费用。③

关于证据规则，旅游纠纷当事人不必严格遵照法律规定的证据规则。所有的证据必须在仲裁员和所有的旅游纠纷当事人面前出具，除非当事人缺席或免于出庭。由仲裁员决定采纳何种证据以及判断证据的关联性和重要性。另外，仲裁员应考虑保密特权原则，例如律师和客户之间的保密协议。仲裁员或法律授权的其他人员还可在当事人的要求下传唤证人或证据。④ 仲裁员可考虑和接受未出庭的证人通过声明书或宣誓书的方式提供的证言，但也会考虑对方当事人的反对意见。若旅游纠纷当事人同意或仲裁员决定在开庭后需要将文件材料或其他证据提交至仲裁员，那么需经AAA 归档后转递给仲裁员。⑤

关于仲裁员的检查权或调查权，仲裁员认为必要时可检查争议财产或开展与仲裁相关的调查，可通过 AAA 告知旅游纠纷当事人。旅游纠纷当事人可自愿出席。若一方或所有当事人均未出席检查或调查，那么仲裁员将进行口头或书面报告告知当事人并且允许其发表意见。⑥ 对于可采取的临时措施，仲裁员可作出旅游纠纷当事人通过法院可获得的任何临时措施决定，并可要求当事人提供担保。另外，在本仲裁规则下，当事人可向州或联邦法院请求临时救济，且由于该临时救济与仲裁协议的内容保持一致，

① 《AAA 消费者仲裁规则》第 33 条。
② 《AAA 消费者仲裁规则》第 27 条。
③ 《AAA 消费者仲裁规则》第 28 条。
④ 《AAA 消费者仲裁规则》第 34 条。
⑤ 《AAA 消费者仲裁规则》第 35 条。
⑥ 《AAA 消费者仲裁规则》第 36 条。

因而不会被认为放弃仲裁。①

第三，跨境旅游纠纷仲裁裁决的作出和仲裁程序中的其他问题。关于仲裁裁决的作出，在旅游纠纷当事人不再提供进一步的证据或证人时，仲裁员宣布仲裁程序的结束。② 仲裁裁决需要在开庭结束后 30 天内作出。对于通过书面方式审理的案件，则在仲裁员收到最后的陈述和证据后的 14 天内作出仲裁裁决。AAA 只会在特殊情况下延长作出仲裁裁决的时间。③ 应一方当事人的要求或者仲裁员的决定而再次开庭时，仲裁员需要在再次开庭后的 30 天内作出裁决。④ 仲裁裁决通过邮寄方式送达旅游纠纷当事人。

对于旅游纠纷当事人达成和解的情形，如果旅游纠纷当事人在仲裁过程中任何阶段达成和解，那么在一方当事人的要求下，仲裁员可在"合意达成的仲裁裁决"中列明和解的内容。合意达成的裁决内容必须包含仲裁费用的分担，包括案件受理费用、仲裁员的报酬和其他费用。合意达成的裁决不应公开，除非当事人另有约定。⑤

关于仲裁裁决的形式，仲裁裁决需要以书面形式且以法律要求的形式和方式作出，并说明裁决作出的依据。AAA 可以按照本仲裁规则公布仲裁裁决，但是旅游纠纷当事人和证人的名字会被去掉，除非当事人以书面形式同意其名字出现在裁决中。⑥ 关于仲裁的救济措施，仲裁员可作出任何当事人通过法院可获得的救济决定，包括根据相关法律规定对律师费用作出裁决。除了仲裁裁决，仲裁员还可作出其他类型的决定，并在每个决定中解决费用分担问题。仲裁员若判定旅游者提出仲裁请求或反请求的目的是让对方当事人难看或是无聊的，那么可要求旅游者承担相关的费用。⑦

关于案件受理费用的交纳，作为非营利组织，AAA 需要收取案件受理费，并在旅游者存在经济困难时，延迟或减免其应交纳的受理费用。⑧ 如果依据法院的指令申请仲裁且法院的指令明确指出由某一方当事人交纳受

---

① 《AAA 消费者仲裁规则》第 37 条。
② 《AAA 消费者仲裁规则》第 40 条。
③ 《AAA 消费者仲裁规则》第 42 条。
④ 《AAA 消费者仲裁规则》第 41 条。
⑤ 《AAA 消费者仲裁规则》第 45 条。
⑥ 《AAA 消费者仲裁规则》第 43 条。
⑦ 《AAA 消费者仲裁规则》第 44 条。
⑧ 《AAA 消费者仲裁规则》第 4 条。

理费，那么就由该方当事人交纳。① 关于仲裁员费用的支付，仲裁员按照AAA 的规定收取费用，但是仲裁员费用的支付安排必须通过 AAA 进行，不得在当事人与仲裁员之间直接进行。② 另外，AAA 可在开庭前要求当事人提前预付一定的费用，包括仲裁员的费用，并在案件结束后将多余的钱款返还给当事人。③

关于旅游经营者的告知义务和公众可获得的消费者仲裁条款登记问题，自 2014 年 9 月 1 日起，若旅游经营者希望在旅游合同中使用本仲裁规则，则必须告知 AAA 或者至少在合同生效前的 30 天予以告知，并提供仲裁协议副本。AAA 将对仲裁协议内容进行审查，看其是否实质上符合《消费者正当程序协议书》和《消费者仲裁规则》中要求的正当程序标准。任何对已登记的仲裁协议内容的修改、增加、删除或修订都需提交 AAA 进行审查并需要交纳审查费用。如旅游经营者未支付审查费用，那么当其根据其仲裁协议申请仲裁时 AAA 可拒绝受理。若旅游经营者未将仲裁协议提交审查但向 AAA 提交仲裁申请，那么 AAA 将加快对仲裁协议的审查。在此种情况下，旅游经营者除了需要交纳案件登记费用，还需支付不可返还的仲裁协议审查费用和登记费用，否则 AAA 将拒绝受理仲裁申请。在 AAA 审查旅游经营者提交的仲裁条款后，按年收取登记费，并且决定是否受理消费争议，以及将旅游经营者纳入公众可获取的消费者仲裁条款登记名册中。该名册是由 AAA 进行管理的，包括旅游经营者的名字、地址，消费者仲裁条款以及其他 AAA 认为是必要且相关的文件资料。值得注意的是，AAA 对消费者仲裁条款的审查以及决定是否根据该仲裁条款受理案件仅仅是 AAA 的行政管理决定而不能作为该仲裁条款是否具有可执行性的法律意见。若被 AAA 拒绝受理案件，那么当事人可以选择将争议提交给适当的法院解决。④

总体而言，AAA 制定了适用于小额、频发旅游纠纷的《AAA 消费者仲裁规则》，值得肯定。另外，为了更为及时、高效地解决旅游纠纷，AAA 还制定了《通过提交文件解决争议程序》供旅游者使用。根据后一种程序规则，仲裁员采用书面审理方式，并在收到旅游纠纷当事人最后的陈述和证

---

① 《AAA 消费者仲裁规则》第 2 条。
② 《AAA 消费者仲裁规则》第 5 条。
③ 《AAA 消费者仲裁规则》第 6 条。
④ 《AAA 消费者仲裁规则》第 12 条。

据后的 14 天内即可作出仲裁裁决。另外，作为非营利组织，AAA 只收取少量的案件受理费，并在旅游者存在经济困难时，还可减免费用，以鼓励旅游者争取自己的合法权益。此外，AAA 还对使用其仲裁规则的旅游经营者的仲裁协议内容进行审查，确保符合相关的正当程序标准，并将其名称对公众公布。这种举措显然有助于保护旅游者的合法权益和促进通过仲裁方式解决跨境旅游纠纷。

三 行政机构的跨境旅游纠纷仲裁

当前仲裁机构的资金来源主要为经营者和政府。其中，由行业协会运行的仲裁机构坚持"用者自付"的原则，在解决旅游纠纷方面发挥重要作用。但是，此种仲裁机构是由旅游经营者出资，因而在实践中出现了旅游经营者通过"重复参与者效应"在仲裁程序中获得不当优势。[①] 例如，在加拿大魁北克省的某仲裁机构机制下，经营者将消费纠纷重复提交给同一批的仲裁员处理。这些经营者从中了解到这些仲裁员的倾向，并据此选择最有利于其的仲裁员来解决纠纷。这种问题使仲裁的公正性和中立性受到削弱。而由政府资助的仲裁机构，例如西班牙和中国澳门特别行政区的仲裁机构，在运行过程中能够确保坚持公平、公正和独立原则。这种由政府资助的仲裁机构还有助于增强旅游者和旅游经营者通过仲裁方式解决旅游纠纷的信心。

（一）西班牙消费者仲裁委员会的仲裁

1978 年西班牙宪法第 51 条对消费者权利作出规定，是世界上首部确认消费者权利的宪法。[②] 但该宪法对如何接受消费者投诉以及快速、高效、低廉地解决消费纠纷的程序未作出具体的规定。直至 1984 年的《西班牙消费者保护法》（第 26/84 号法律）规定政府有义务设立专门针对消费争议的仲裁机构，并于 1986 年成立消费者仲裁委员会。[③] 消费者仲裁委员会

---

① Norbert Reich, "Party Autonomy and Consumer Arbitration in Conflict: A 'Trojan Horse' in the Access to Justice in the E. U. ADR-Directive 2013/11?" *Penn State Journal of Law & International Affairs* 4（1）（2015）: 294.

② Christopher Hodges et al. , *Civil Justice Systems: Consumer ADR in Europe*（Hart, 2012）, p. 210.

③ Pablo Cortés, *The New Regulatory Framework for Consumer Dispute Resolution*（Oxford University Press, 2017）, p. 276.

在西班牙多个省份及市进行实验性运作。1993 年，西班牙颁布第 636/9332 号皇家指令，为消费仲裁设定了基本法律框架。2007 年，西班牙颁布的第 1/2007 号皇家指令第 57、58 条对消费仲裁作出明确规定。

随后，2008 年颁布的第 231/2008 号皇家指令对消费仲裁和消费者仲裁委员会的职能、组成和权限等进行了详细规定。该指令强调仲裁的核心为当事人的自愿。仲裁庭由独任仲裁员或三个仲裁员组成，后者由行政机关、消费者保护组织和经营者组织分别指定以确保其利益得到代表。仲裁员违反独立、公平和保密原则将会丧失其仲裁员资格或其作出的裁决将被撤销。该指令对有效仲裁协议的形式要求是灵活的，允许在争议发生前订立消费仲裁条款，这在欧盟成员国属于例外。另外，根据该指令规定，经营者可以"公开接受仲裁"表示其愿意接受西班牙的仲裁机构的管辖。经营者可以决定只对特定类型的案件接受仲裁，或者针对其部分经营活动接受仲裁。同样地，他们也可以选择加入部分自治区、省级或市级的仲裁机构。当消费纠纷发生后，消费者向经营者所加入的仲裁机构提出仲裁申请，就可认定双方达成了有效仲裁协议。国家消费者保护机构要求所有声明事先接受仲裁的经营者进行核准登记，并将这些经营者的名单公布在其网站上。另外，事先同意接受消费者仲裁机构管辖的经营者将会获得"值得信赖"标识，并且有权在其所有的广告或推销活动中展示该标识。

此外，西班牙是最早开始实施《消费纠纷非诉讼解决指令》的欧盟成员国。目前，西班牙国家消费者保护机构负责消费者仲裁的运行、发展和宣传。该机构属于西班牙卫生、社会服务和平等部的仲裁部门。国家消费者仲裁委员会隶属于国家消费者保护机构，并内设特别委员会，设立统一的仲裁程序规则并对关于该机构主席作出的决定的上诉作出裁决。西班牙的消费者仲裁机构是按区域划分职能的，目前，共有 71 个消费者仲裁委员会，国家级的有 1 个、自治区级的有 18 个、省级的有 10 个、市镇级的有 2 个以及其他地方级的有 40 个。① 本部分就西班牙政府资助的仲裁机构如何解决跨境旅游纠纷进行具体分析。

第一，旅游纠纷仲裁程序的启动和开展。第 231/2008 号皇家指令对从

---

① Pablo Cortés, *The New Regulatory Framework for Consumer Dispute Resolution* (Oxford University Press, 2017), p. 278.

争议的提交到仲裁裁决的作出进行了详细的规定。① 首先，旅游者自己或者通过其律师或消费者协会填写仲裁请求表格。对于旅游者可请求赔偿数额的上限，该指令没有予以限制。仲裁程序具有单向性，即仲裁申请只能由旅游者提起，而不允许旅游经营者提出。该仲裁程序以旅游纠纷当事人的自愿为基础，当事人必须明确表示将消费争议交由消费者仲裁委员会仲裁。另外，根据第 1/2007 号皇家指令第 57 条第 1 款和第 231/2008 号皇家指令第 2 条的规定，消费者仲裁委员会的案件受理范围不包括：①消费纠纷已由法院作出判决；②涉及不可处分的权利；③当事人欠缺诉讼能力或无法亲自参与诉讼程序，而由有关行政机构代其参与诉讼的消费纠纷；④涉及中毒、人身伤害、死亡或涉嫌犯罪的消费纠纷。

其次，关于管辖权的确定，通常由旅游者居住地的消费者仲裁委员会受理。如果出现大量的类似纠纷提交至仲裁机构，那么纠纷就由大部分旅游者居住地的仲裁机构受理。如果旅游者分散在全国各地，那么就由国家消费者仲裁机构负责审理。就目前为止，西班牙只出现过一件这样的案件，但最终因经营者拒绝参与仲裁程序而未能通过仲裁方式解决。在群体性的旅游纠纷案件中，旅游者需要在程序开始时就全部参与仲裁程序。由仲裁委员会决定提交的争议是否可以通过仲裁的方式解决。如果旅游经营者已经事先同意接受仲裁，那么仲裁程序可立即开始。如果不属于上述情形，那么需要先将仲裁请求送达旅游经营者，并要求其在 15 天内作出是否接受仲裁的决定。②

再次，仲裁程序灵活，除要遵守统一的法律规定的程序外，仲裁委员会在审理程序上具有较大的自由权。仲裁庭可依据案件的性质进行部分书面审理或部分口头审理，还可以通过远程方式进行审理，且在必要时还允许集团仲裁。③ 在仲裁程序开始后，仲裁委员会通常先指定一名调解员协助旅游纠纷当事人达成调解协议，但一方当事人反对调解或者有证据显示调解已失败的除外。调解员必须保持公正、独立且遵守保密性要求。调解

---

① Christopher Hodges et al. , *Civil Justice Systems：Consumer ADR in Europe* (Hart, 2012), p. 214.

② Christopher Hodges et al. , *Civil Justice Systems：Consumer ADR in Europe* (Hart, 2012), p. 214.

③ Christopher Hodges et al. , *Civil Justice Systems：Consumer ADR in Europe* (Hart, 2012), p. 214.

工作由仲裁员以外的人员主持，且需在一个月内结束。调解员提出的争议解决方案是以旅游纠纷当事人的合意为基础，且不具有法律约束力。

若调解失败，那么仲裁委员会将组建仲裁庭并开始仲裁程序。旅游纠纷一般需要三名仲裁员进行审理，分别由行政机关（任命首席仲裁员）、消费者协会和经营者组织任命。在特定情况下，例如对首席仲裁员的公正性产生怀疑时，旅游纠纷双方当事人可以合意选择一个新的首席仲裁员。另外，在双方当事人均同意的条件下，纠纷内容简单且争议数额低于300欧元的旅游纠纷可由独任仲裁员审理，并由行政机关任命。① 仲裁程序和仲裁裁决一般依据衡平法（90%多的案件是依据衡平法进行审理的）而不是依据法律规定作出，但旅游纠纷当事人可以合意选择依据法律规定进行。如果仲裁审理程序依据衡平法进行，那么只需要其中一个仲裁员具有法学学位即可。但是，如果整个审理是依据法律规定的程序进行，那么所有的仲裁员均应为具有执业资格的律师。另外，旅游纠纷当事人可以在听审结束前补充证据或修改请求内容。

第二，旅游纠纷仲裁裁决的作出和执行。整个仲裁程序通常不会超过6个月，每个消费者仲裁委员会都在其管辖范围内享有为行使其职能安排人力和物力的自主权。因此，并不是每个消费者仲裁委员会都能够在特定时间内结束仲裁程序。仲裁庭作出的仲裁裁决具有与法院判决同等的法律效力。这意味着如果旅游经营者不遵守仲裁裁决，旅游者可通过法院申请执行。实践中，旅游经营者的履行率非常高。只有约1%的经营者未履行仲裁裁决。可能的原因为，如果旅游经营者不愿意履行仲裁裁决一般从一开始就拒绝参与仲裁程序。另外，旅游者可以在仲裁裁决作出后两个月内向法院提起上诉。根据第231/2008号皇家指令第36条的规定，旅游者也可以对消费者仲裁委员会（Junta Arbitral de Consumo）作出的拒绝受理案件的决定提起上诉。这些案件将由国家消费者仲裁委员会内设的特别委员会（Comision de las Juntas Arbitrales de Consumo）或区域仲裁机构（Junta Arbitral territorial）主席进行审查。关于仲裁费用问题，该仲裁程序对旅游者和旅游经营者都是免费的。若公共行政机构依职权要求取证，所有费用由行政机构支付，只有当行政机构财政资金缺乏时，才由旅游纠纷双方当

---

① Christopher Hodges et al., *Civil Justice Systems: Consumer ADR in Europe* (Hart, 2012), p. 214.

事人负担。不过，如果旅游纠纷当事人提出取证请求，则费用由请求方负担。

　　总体而言，西班牙的消费仲裁制度在消费者保护领域得到很好的发展并且效率较高，且大部分的裁决结果有利于消费者，是消费者友好型的制度。旅游经营者可以事先承诺加入仲裁程序解决所有或特定类型争议，或者接受临时仲裁。这有助于解决缺乏有效仲裁协议的问题，鼓励更多的旅游者通过仲裁方式解决旅游纠纷。《消费纠纷非诉讼解决指令》第 13 条规定要求旅游经营者告知旅游者其加入非诉讼纠纷解决机构的情况，那么这将进一步促进西班牙消费仲裁制度的发展。西班牙的仲裁制度的特点在于由公共行政机构直接运营或以提供资金的方式运营。这在确保仲裁机构符合《消费纠纷非诉讼解决指令》第 6 条规定的独立性和公正性方面具有积极意义。公共行政机构还与执法机构保持密切联系，以便执法机构能够及时发现旅游经营者违反消费者保护法律规定的行为并采取处罚措施，[1] 克服了由私人机构运行的仲裁机构可能因经济利益而作出偏向于旅游经营者的裁决的缺点。[2] 此外，西班牙的消费者仲裁机构能够受理几乎所有类型的消费争议，因此并不需要额外设立《消费纠纷非诉讼解决指令》第 5 条规定的具有补充功能的非诉讼纠纷解决机构。

（二）中国澳门特别行政区消费争议仲裁中心的仲裁

　　在消费争议仲裁中心成立之前，中国澳门特别行政区消费者委员会按照法律规定仅对轻微的消费纠纷提供调解服务，提出的解决建议不具有法律约束力。一旦出现消费纠纷双方僵持不下的局面时，或者经营者没有履行向消费者赔偿的承诺时，消费者的权益受到损害，且可能需要采取其他法律途径寻求救济，将增加纠纷解决的时间和成本。在此背景下，澳门特别行政区于 1998 年 3 月 11 日以第 19/GM/98 号批示许可澳门消费者委员会设立消费争议仲裁中心（以下简称"仲裁中心"），主要处理那些难以在短时间内解决的消费纠纷案件，为消费者提供多一种的权利救济途径。消费者委员会在接到消费者的投诉后，会根据个案的复杂程度，了解消费者

---

①　Pablo Cortés & Fernando Esteban，"Building a Global Redress System for Low-Value Cross-Border Disputes"，*International Comparative Law Quarterly* 62（2）（2013）：407 – 440.

②　Christopher Hodges et al.，Reforming the EU Consumer CDR Landscape：Implementation and Tts Issues，reported on Third Oxford Consumer Conference Report，held on 30 – 31 October 2014.

的意愿，并检查经营者是否为已经预先承诺愿意接受仲裁的"加盟商号"等情况，建议消费者将案件提交至仲裁中心处理。该仲裁制度具有程序灵活、免费的优点，使得消费者不仅能享受仲裁的公正性、保密性与专业性，还可以终局地解决消费纠纷。该仲裁中心还推出仲裁个案进度查询的电子平台服务，从质的层面提升仲裁中心的服务，使消费者以及被投诉的经营者都能享受该中心的快捷与便民的服务。

首先，旅游纠纷仲裁中心的机构设置和案件受理范围。仲裁中心设立于澳门消费者委员会总部内，由消费者委员会协助。① 消费者委员会在仲裁庭的组成方面指定一名负责人并分配专门的技术员，向旅游纠纷当事人提供适当的法律援助。仲裁裁决由一位兼任仲裁法官职务的法院司法官作出。仲裁法官因故无法审理案件超过一个星期或在休假期间的，由另一法院司法官替任。② 仲裁中心受理在澳门特别行政区发生的涉及金额不高于澳门币五万元的消费争议。其中，消费争议是指专门从事提供私用财货及劳务活动的自然人或法人因上述活动而产生的民事或商事性质的争议。因自由职业者提供的劳务而产生的争议，以及关于因身体及精神的侵害或死亡引起的刑事责任中的附带民事责任追究的争议不属于仲裁中心的工作范围。旅游者将消费争议提交至仲裁中心是出于自愿的，并且旅游纠纷双方当事人均无须支付案件受理费用。③

其次，旅游纠纷仲裁程序的运行规则。第一，仲裁程序的启动。仲裁中心的管辖权基础建立在旅游纠纷当事人之间签署的仲裁协议上。④ 其中，对于已发生的旅游纠纷，旅游纠纷当事人可以签署提交至该仲裁中心的仲裁协议。对于可能发生的或将来发生的旅游纠纷，当事人之间可订立提交至该仲裁中心的仲裁条款。仲裁协议应根据仲裁法的规定以书面形式作出或由书写资料所产生。在仲裁裁决作出前，旅游纠纷当事人可通过经双方签署的文件，终止交由仲裁中心解决争议的决定。另外，旅游经营者自身或其具有足够权力的代表性组织可预先以书面及一般性声明，根据仲裁规则的规定加入规范旅游纠纷的"加盟商号"。⑤ 通过上述的声明，旅游经营

---

① 《澳门消费争议仲裁规章》第 5 条。
② 《澳门消费争议仲裁规章》第 3 条和第 4 条。
③ 《澳门消费争议仲裁规章》第 3 条。
④ 《澳门消费争议仲裁规章》第 6 条。
⑤ 《澳门消费争议仲裁规章》第 7 条。

者事先同意将一切其作为当事人的旅游纠纷提交至仲裁中心审理。在一般加入的情况下，采用合同一般条款的加入者必须在与旅游者订立的合同中加入仲裁条款，同意仲裁中心在有关该合同争议的处理中所具有的权限。加入由仲裁中心宣示，例如在消费委员会总部张贴的名单中增加新加入的旅游经营者，并颁发给其由仲裁中心核准的识别徽号，供其标示于营业场所或其他场所的显眼处。当旅游经营者废止其加入的声明，不遵守声明中的承诺或自愿放弃履行仲裁裁决时，使用徽号的权利即告终止。

第二，旅游纠纷仲裁程序的开展。旅游纠纷当事人将以挂号信的方式被召集进行尝试调解，并同时就可能进行的仲裁审理程序作出安排。[①] 被申请者（旅游经营者）可在进行尝试调解的指定日期前以书面形式答辩或在审判听证中口头答辩。[②] 但是，未作出答辩的情形由仲裁员自由裁量，但不会导致对所提及事实的自认或自动判罚。尝试调解及审理是在消费者委员会的总部进行。[③] 考虑到证据提出的条件或特性，仲裁法官可在例外的情况下，决定在其他地点进行审判听证。仲裁中心将通过其负责人或分配至该中心的技术员，以衡平的方式来调解解决旅游纠纷当事人的争议。[④] 达成的调解协议将记录在案卷中或会议记录中。在尝试调解结束后，卷宗需立即交于仲裁法官，以便其根据调解的结果对调解协议进行确认或对案件进行审理。[⑤]

旅游纠纷调解协议的有效性取决于下列条件：旅游纠纷当事人本人或通过具有该行为能力的受托人参与；旅游纠纷当事人具有诉讼能力；调解的标的是成立的；旅游纠纷属于仲裁管辖权限之内；有关争议的实质关系的其他前提的成就。[⑥] 经确认的调解协议与在仲裁审理中所作的裁决具有相同的价值与效力。另外，委托律师不属于强制性要求，旅游纠纷当事人得自行参与以维护其合法利益。[⑦] 关于证据规则，旅游纠纷当事人可在仲裁程序中提出法律许可的证据。旅游纠纷当事人应在审判听证前提出所有对组成卷宗有必要的证据。旅游纠纷各方当事人的证人不得超过三人，且

---

① 《澳门消费争议仲裁规章》第 9 条。
② 《澳门消费争议仲裁规章》第 10 条。
③ 《澳门消费争议仲裁规章》第 11 条。
④ 《澳门消费争议仲裁规章》第 12 条。
⑤ 《澳门消费争议仲裁规章》第 13 条。
⑥ 《澳门消费争议仲裁规章》第 14 条。
⑦ 《澳门消费争议仲裁规章》第 19 条。

证人由当事人提供。但是，仲裁法官应利害关系人在充足时间前提出的请求而另有决定的，则不在此限。仲裁庭得主动或应旅游纠纷一方或双方当事人的请求收集当事人的个人陈述，或向第三人听证，或要求呈交被视为必要的文件，或指定一个或多个专家确定其任务并收集其陈述或报告，或命令进行直接分析或审查。仲裁庭进行听证及会议，应适当地提早通知当事人。①

第三，旅游纠纷仲裁程序的结束。在证据提出的阶段结束后，仲裁法官会立即宣读裁决。② 仲裁裁决以书面方式作出或经口述载入会议记录。仲裁裁决应列明旅游纠纷当事人的身份资料并说明裁决理由。仲裁法官将依照法律作出裁决，但当事人在仲裁协议或审理中选择援用衡平原则的，则不在此限。仲裁裁决作出后将在 5 天内以挂号信方式送达旅游纠纷当事人，或若当事人在场则通过案卷的记录通知，并把有关的副本或影印本邮寄或递交给利害关系人。③ 仲裁裁决与法院作出的判决具有同等的执行效力。仲裁裁决将由消费者委员会保存。旅游纠纷任何一方当事人得自终局裁决之日起 7 天内，请求更正任何错漏、误算或相同性质的错误，以及澄清裁决依据或裁决部分的含糊或模棱两可之处。④

总体而言，澳门特别行政区消费者委员会的仲裁中心是为数不多的由消费者保护机构运营的仲裁机构。其在消费仲裁上的做法已经被其他国家或地区积极效仿。例如，香港特别行政区正在积极筹划设立类似的消费争议仲裁中心。另外，该仲裁中心对旅游纠纷双方当事人均免费，因此免除了旅游者的经济负担。该仲裁中心在解决跨境旅游纠纷时将协商、调解和仲裁方式相衔接，确保纠纷得到快捷、高效、终局的解决。此外，该仲裁中心采用旅游经营者加入预先承诺愿意接受仲裁的"加盟商号"的措施，极大地解决了难以达成有效仲裁协议的问题，已经被中国内地部分省市借鉴。

---

① 《澳门消费争议仲裁规章》第 15 条。
② 《澳门消费争议仲裁规章》第 16 条。
③ 《澳门消费争议仲裁规章》第 17 条。
④ 《澳门消费争议仲裁规章》第 18 条。

第六章　跨境旅游纠纷的行政裁决

跨境旅游纠纷的行政裁决，指的是国家的行政机关（包括地方政府）或准行政机关①依照法律的授权，对纠纷当事人之间所发生的、与旅游业行政管理活动密切相关的民事纠纷进行审查，并作出裁决的行政行为。②行政裁决制度与诉讼制度存在明显差别，其运行机制与原理更接近于非诉讼纠纷解决机制。尤其是当前行政裁决越来越多地采用了协商和调解的方式，使得其功能和形式更具灵活性和多元性。③本部分主要讨论跨境旅游纠纷解决中最经常被旅游者使用的行政投诉和申诉专员制度。

第一节　跨境旅游纠纷行政投诉

一　跨境旅游纠纷行政投诉的概念和优势

跨境旅游纠纷行政投诉指旅游者在跨境旅游活动中，认为旅游经营者损害其合法权益，在特定时间内以书面或口头形式请求旅游投诉受理机构对相关旅游纠纷进行处理并获得赔偿的一种纠纷解决方式。④根据中国国家旅游局制定的《旅游投诉处理办法》，旅游投诉指旅游者认为旅游经营者损害其合法权益，请求旅游行政管理部门、旅游质量监督管理机构或旅游执法机构，对双方的民事纠纷进行处理的行为。中国的旅游纠纷投诉是由旅游行政管理部门根据国家法律、法规或有关的旅游行业惯例，对旅游

---

① 在本书中，还包括政府部门依相关法律法规批准设立的非营利性机构。
② 姜明安：《行政法与行政诉讼法》，北京大学出版社、高等教育出版社，2011，第254页。转引自齐树洁、丁启明《完善我国行政裁决制度的思考》，《河南财经政法大学学报》2015年第6期，第8~9页。
③ 范愉：《多元化纠纷解决机制与和谐社会的构建》，经济科学出版社，2011，第367页。
④ 王琦等：《旅游纠纷解决机制研究》，法律出版社，2015，第40~41页。

纠纷作出裁判，以维护旅游业经营、旅游活动正常秩序的一种手段。[①]

另外，由于各国的法律文化和基本国情存在不同，国家之间关于旅游行政投诉的法律规定不同。具体而言，少数国家采用专门立法的形式（如中国），而多数国家将旅游投诉放在消费者投诉的框架之下加以规范，如瑞典、比利时、立陶宛、德国等。由于各国立法形式的不同，受理投诉的机构、投诉的种类和范围以及投诉处理的过程均存在差异。尽管各国关于旅游投诉的法律规定有所不同，但就投诉的处理过程来看，基本都是投诉机构受理投诉案件之后，通过调查核实案件事实，促进纠纷解决或作出有关的处理决定。[②] 此外，旅游投诉在跨境旅游纠纷解决中的优势主要包括以下三个方面。

第一，具有权威性、合法性和专业性。旅游投诉受理机构将行政执法和纠纷解决功能相结合，具有权威性、合法性和专业性的优势。首先，旅游投诉受理机构的法律地位一般由法律或行政法规所确立。其具有主体的权威性以及程序和职权法定性的特点。[③] 其次，旅游行政管理部门中处理纠纷的人员凭借其在旅游行政管理过程中所积累的管理经验、专业知识以及纠纷解决技巧等优势参与旅游纠纷解决，具有专门性和针对性，能更好地了解旅游纠纷当事人的期望，使纠纷处理的结果更加公正，最大限度地平衡纠纷当事人之间的利益。在遇到疑难杂案或新类型的旅游纠纷时，旅游行政管理部门还能动员社会力量组成专家委员会或专案调查处理机构，综合考量公共利益、旅游经营者和旅游者的权益以及个案特殊情况，提出合理的解决方案。[④] 再次，在旅游纠纷的投诉处理过程中，旅游经营者既是纠纷的一方当事人，又是旅游行政管理部门日常的管理和监督对象。加之，旅游行政管理部门还有对旅游经营者作出处罚的权限。因此，在旅游纠纷解决过程中，旅游经营者不得不考虑旅游投诉受理机构的劝说、纠纷解决方案等建议。这不仅有利于旅游纠纷的及时合理解决，也有利于旅游

---

① 张国成：《旅游者能成为旅游投诉的被投诉者吗？——论被投诉者资格兼与韩玉灵先生商榷》，《承德民族职业技术学院学报》2003 年第 1 期，第 42 页。

② 罗明义、毛剑梅：《旅游服务贸易——理论·政策·实务》，云南大学出版社，2007，第 396 页。

③ 范愉：《行政调解问题刍议》，《广东社会科学》2008 年第 6 期，第 175 页。

④ 范愉：《行政调解问题刍议》，《广东社会科学》2008 年第 6 期，第 175 页。

纠纷和解或调解协议的自觉履行。① 总体而言，旅游投诉机构在解决旅游纠纷方面具有权威性、合法性和专业性，能够为旅游者提供及时、高效和专业的纠纷解决途径。

第二，成本低廉、程序灵活但具有规范性，且利于保护旅游者的利益。由于旅游纠纷在多数情况下涉及的纠纷金额较小，旅游纠纷解决费用的高低和受理程序的复杂程度对旅游者选择纠纷解决方式具有重大的影响。首先，旅游投诉受理机构基本由政府或其他行政机关设立，其运行资金由公共财政予以支持，基本上对旅游者是免费的。另外，旅游者无须交纳与仲裁费用或诉讼费类似的费用，仅需负担材料打印和复印费用、交通费等少量费用。旅游者在投诉过程中也无须聘请律师，可以节省相应的律师费用。因此，旅游纠纷投诉方式成本低廉。与诉讼相比，旅游纠纷投诉更适合处理具有常规性、多发性、社会性和群体性特点的旅游纠纷，尤其是有利于直接维护处于相对弱势地位的旅游者的合法权益。②

旅游者可以采用电话、信函、传真、口头等经济便捷的方式进行投诉。例如，旅游者可采用电话、网站、信函、微信等8种方式通过中国的旅游投诉平台进行投诉。案件审理基本以书面形式进行。为了便于旅游者进行投诉，旅游投诉受理机构还采取各种措施降低旅游投诉的难度。例如，中国已建立全国统一的旅游投诉网络平台，为旅游者提供单一的旅游投诉入口。近年来，旅游投诉受理机构在处理旅游纠纷方面更为注重采用调解方式，同时又有投诉处理规则予以保障，因此兼具灵活性和规范性。总体而言，旅游纠纷投诉程序兼具规范性、灵活性与经济性，还利于保护处于相对弱势地位的旅游者。

第三，有助于纠正和预防旅游市场中的不当行为。旅游投诉受理机构，尤其是旅游行政管理部门有对旅游经营者进行长期管理和监督的行政职能。在受理旅游者针对旅游经营者提出的投诉时，旅游行政管理部门通过为旅游者提供及时、有效的权利救济来纠正旅游经营者的违约或侵权行为。另外，若旅游纠纷涉及的法律问题尚未在现有的立法中予以明确，旅游投诉受理机构可在确保社会公共利益以及旅游纠纷当事人利益之间平衡的基础上，探索合理的规则和标准，促进相关政策和法律规则的制定，预

---

① 安晨曦：《论我国旅游纠纷投诉解决机制及其完善——以非诉讼纠纷解决方式为视角》，《安徽农业大学学报》（社会科学版）2012年第4期，第65页。

② 范愉：《多元化纠纷解决机制与和谐社会的构建》，经济科学出版社，2011，第368页。

防同类旅游纠纷的重复发生。①

此外,旅游行政管理部门在受理旅游者的投诉时,还可对旅游经营者违反相关法律法规规章的行为进行罚款或作出其他处罚,如中国的《旅行社条例》(2017 年)② 第 46 条、第 59 条和第 61 条的规定。这有助于营造旅游经营者之间公平、有序竞争的良好旅游市场环境,还有利于增强旅游者的消费信心。③ 对于不符合旅游投诉受理范围和条件的或者超出旅游行政管理部门职能范围的投诉,该机构可移送相关部门予以处理,如工商管理局、物价局、商务局等部门。这也有助于发现和纠正旅游经营者的不当行为或违法行为,进而规范旅游市场。另外,对于其他旅游投诉受理机构,即使其不具备对旅游经营者进行管理、监督和处罚的职能,但可将其受理的旅游纠纷案件定期向社会公开。这将对旅游经营者产生舆论压力并促使其改正不当行为,例如瑞典国家消费纠纷解决委员会。

总而言之,跨境旅游纠纷行政投诉不仅能够高效、专业、经济地保护旅游者的合法权益,还可及时、有效地纠正和预防旅游经营者的不当行为,营造良好的旅游市场环境,增强旅游者的消费信心。

二 典型的跨境旅游纠纷行政投诉处理模式及其评介

为了保护旅游者利益,防止不公平竞争,有效地组织实施国家旅游政策,推动本国旅游业的发展,很多国家都设立了全国性的旅游管理组织。旅游管理组织负责执行政府主体在本国旅游经济活动中的职能。就一般情况而言,一个国家的最高旅游行政管理机构通常为这个国家的国家旅游组织,但并不意味着这些旅游组织都是该国的政府部门。各国国家旅游组织存在差异的原因主要包括各国的政治经济制度差异、各国旅游业发展水平及政府产业政策的差异、旅游业在国民经济中的地位不同以及各国国家旅游组织的职能不同。

综观世界各国的情况,各国国家旅游组织的设立形式、地位高低和权

---

① 范愉:《行政调解问题刍议》,《广东社会科学》2008 年第 6 期,第 175 页。

② 2009 年 2 月 20 日中华人民共和国国务院令第 550 号公布;根据 2016 年 2 月 6 日《国务院关于修改部分行政法规的决定》进行第一次修订;根据 2017 年 3 月 1 日《国务院关于修改和废止部分行政法规的决定》进行第二次修订。

③ Christopher Hodges, "Comsumer Redress: Ideology and Empiricism", in Kai Purnhagen & Peter Rott, *Varieties of European Economic Law and Regualtion: Liber Amicorum for Hans Micklitz* (Springer, 2014), p. 806.

力大小都是依据该国的国情来决定的，大致可划分为三类。①由国家政府直接设立，并且在编制上作为国家政府的一个部门或机构。以这类形式设立的国家旅游组织在不同国家中又可分为以下几种情况。第一种情况，设为一个完整而独立的旅游部或相当于部的旅游局。例如菲律宾、泰国等国家的最高旅游行政管理机构都属于这种形式。第二种情况，设为一个混合部，即与其他部门合并为一个部。例如中国的文化和旅游部，法国的工业、邮电与旅游部。第三种情况，设为某一部的下辖机构。例如美国在商业部下设旅游管理局，加拿大在工商贸易部下设旅游管理局，日本在运输省下设国际观光局，韩国在交通部下设旅游管理局，以及匈牙利在商业部下设旅游局。②经国家政府承认，代表国家政府执行全国性旅游行政事务的半官方组织。这种形式的旅游行政管理机构常见于欧洲的一些国家。在这些国家中，有关国家旅游发展的重大决策虽然划归国家政府中的某个部负责，但该部并不承担具体的旅游行政管理事务，而是另设某一组织执行全国性的旅游行政管理工作，例如英国、爱尔兰、瑞典、挪威、丹麦和芬兰等国的国家级旅游局。③经国家政府承认，代表国家政府行使旅游行政管理职能的民间组织。这种民间组织多为影响力较大的、由民间自发组成的全国性旅游行业协会。政府同意其代行旅游行政管理职权后，通常会向其提供一定的财政拨款，但是该组织的领导成员并非由政府指定，而是由该组织的会员自己选举产生，例如德国、新加坡。①

　　国家旅游行政管理部门的职能主要为代表国家政府工作，直接或间接地协助执行国家制定的旅游政策，并负责使本国的旅游业朝向最优化方向发展。但是，很多国家的旅游行政管理部门，尤其是旅游业发达的欧美国家，一般不受理旅游者的投诉，或者虽然接受旅游投诉但并不亲自处理，而是交由消费者委员会或旅游经营者所属的行业协会或其他能够受理旅游纠纷的非诉讼纠纷机构受理。例如，泰王国旅游与体育部下设国家旅游局，主要负责为旅游者提供信息服务，但不对旅游纠纷个案进行处理，而是将旅游者的投诉内容转递给有关机构处理；保加利亚经济、能源与旅游部下设旅游局，设有供旅游者投诉的电话号码、电子邮箱和信箱，并在其官方网站上设有进行投诉的入口，但该入口与消费者保护委员会直接链接，由后者受理旅游者提交的旅游纠纷投诉；隶属于数码、文化、传媒和体

---

① 贾治华、伍锋主编《旅游学概论》，中国地质大学出版社，2011，第 193 页。

育部的英国旅游局在其官网上设有可供旅游者进行简单投诉的入口，但若被投诉的旅游经营者为 ABTA 的会员单位，则需要旅游者向 ABTA 进行投诉解决。目前，只有个别国家和地区的旅游行政管理部门受理旅游投诉。除此之外，很多国家的消费者保护机构在受理旅游投诉方面也发挥重大作用。

（一） 旅游行政管理部门的投诉处理

在为数不多的旅游行政管理部门能够受理旅游投诉的国家或地区中，中国和韩国最为典型。这两个国家的旅游行政管理部门可受理旅游投诉，还对处理投诉的程序规则作出较为详细的规定。

1. 中国旅游行政部门的投诉处理

中华人民共和国国家旅游局（以下简称"国家旅游局"）是国务院主管旅游工作的直属机构，其职能包括规范旅游市场秩序、监督管理服务质量、维护旅游者和经营者合法权益。值得注意的是，2018 年 3 月第十三届全国人大第一次会议批准设立中华人民共和国文化和旅游部（以下简称"文化和旅游部"），不再保留文化部、国家旅游局。根据《旅行社条例》第 13 条的规定，国务院旅游行政主管部门负责旅行社的质量保证金或银行担保的收取工作。旅游行政管理部门可在以下情形中使用旅行社的质量保证金赔偿旅游者的损失：旅行社违反旅游合同约定，侵害旅游者合法权益，经旅游行政管理部门查证属实的；旅行社因解散、破产或者其他原因造成旅游者预交旅游费用损失的。[1]

（1） 旅游投诉受理机构的设置

根据《消费者权益保护法》第 32 条和第 39 条的规定，旅游者可以通过 5 种途径解决旅游纠纷，其中包括向有关行政部门投诉，即工商行政管理部门、公安部门、物价部门等。根据《旅游法》第 92 条和《旅游投诉处理办法》第 2 条的规定，旅游投诉由旅游行政管理部门、旅游质量监督管理机构或旅游执法机构受理（以下简称"旅游投诉受理机构"）。地方性旅游法规对旅游投诉处理主体作出具体的规定，主要分为四种类型。一是规定旅游行政管理部门为旅游投诉处理主体，共 19 个省份[2]。二是规定旅

---

[1] 《旅行社条例》第 15 条。

[2] 天津市、上海市、山西省、内蒙古自治区、吉林省、江苏省、浙江省、福建省、江西省、湖南省、广东省、四川省、贵州省、西藏自治区、陕西省、甘肃省、青海省、宁夏回族自治区和新疆维吾尔自治区。

游行政管理部门为旅游投诉处理主体，但可委托旅游质监执法机构受理旅游投诉，共 6 个省份①。三是规定旅游行政管理部门和旅游质监执法机构均可为旅游投诉处理主体，共 4 个省份②。四是规定旅游质监执法机构为旅游投诉处理主体，共 2 个省份③。④

另外，随着中国旅游产业由"景点旅游"向"全域旅游"的发展，与之相适应的旅游投诉制度也需要进一步完善。《旅游法》第 91 条规定，县级以上人民政府应当指定或者设立统一的旅游投诉受理机构。另外，《关于加强旅游市场综合监管的通知》（2016 年）要求，各级政府要在 2016 年底前建立或指定统一的旅游投诉受理机构，根治旅游投诉渠道不畅通、互相推诿的问题。原国家旅游局于 2016 年 9 月将"12301 旅游服务热线"和"全国旅游投诉举报平台"整合为"12301 全国旅游投诉举报平台"。该平台实现全国旅游服务的大联网，建成"属地直达、全程监控、专业服务、企业协同、多渠道申请、统一入口"的闭环投诉管理体系。相关数据显示，2016 年第四季度平均结案时间为 24.09 天，2017 年第一季度缩短到 22.64 天，2017 年第二季度又缩短为 21.91 天。该平台新增了"诉转案系统"，将旅游行政调解与行政立案并行。⑤

（2）旅游投诉受理机构遵循的程序规则

中国的旅游投诉受理机构在受理旅游者的投诉后，对旅游纠纷的解决主要采用两种方式。其一，该机构作为中立第三人，对旅游者和旅游经营者之间的纠纷通过调解方式解决。其二，该机构在受理旅游者的投诉后，发现旅游经营者的行为不仅损害旅游者的合法权益还违反相关法律法规，则行使其行政执法权力，对该旅游经营者予以行政处罚。⑥ 鉴于本书主要讨论属于消费纠纷的跨境旅游纠纷的解决问题，本部分侧重对旅游投诉受理机构的第一种旅游纠纷解决方式的研究。原国家旅游局于 2010 年施行专

---

① 重庆市、河北省、安徽省、湖北省、广西壮族自治区、海南省。

② 北京市、黑龙江省、山东省、云南省。

③ 辽宁省、河南省。

④ 刘艳辉：《创新机制 增强旅游投诉调解效力（上）》，《中国旅游报》2013 年 11 月 25 日，第 11 版。

⑤ 李志刚：《加大力度 提升水平 拓展平台——全国旅游质监执法与监管工作培训班综述》，《中国旅游报》2017 年 9 月 11 日，第 3 版。

⑥ 于颖：《远程消费者保护机制研究》，法律出版社，2013，第 148 页。

门规范旅游投诉受理程序的《旅游投诉处理办法》。^① 该投诉处理办法对旅游投诉管辖范围、投诉受理部门、投诉处理规范等一系列问题进行了界定。该办法有助于依法公正处理旅游投诉，有助于提高旅游者的维权效率，更大限度上保障游客和旅游经营者的合法权益。

首先，旅游纠纷的受理范围和管辖权的确定。旅游投诉受理机构只受理双方当事人之间的民事争议，具体包括以下几种情形：认为旅游经营者违反合同约定的；旅游经营者致使投诉人人身、财产受到损害的；因不可抗力、意外事故致使旅游合同不能履行或者不能完全履行，投诉人与被投诉人发生争议的；其他损害旅游者合法权益的。^② 但是，旅游投诉受理机构不予受理下列情形：法院、仲裁机构、其他行政管理部门或者社会调解机构已经受理或者处理的；旅游投诉受理机构已经作出处理，且没有新情况、新理由的；不属于旅游投诉受理机构职责范围或者管辖范围的；不符合本办法规定的旅游投诉条件的；本办法规定情形之外的其他经济纠纷。^③ 投诉人向旅游投诉受理机构投诉的时效期限为 90 日，自旅游合同结束之日或投诉人合法权益被侵害之日起算。^④ 旅游投诉一般应当采取书面形式，但投诉事项比较简单的，投诉人可以口头方式提出。^⑤ 旅游投诉管辖指各级旅游投诉受理机构和同级旅游投诉受理机构之间受理旅游投诉案件的分工和权限。旅游投诉由旅游合同签订地或者被投诉人所在地或损害行为发生地的旅游投诉受理机构管辖。^⑥ 旅游投诉受理机构可以协商确定管辖，或者报请共同的上级旅游投诉受理机构指定管辖。^⑦

其次，审理程序和处理结果。旅游投诉受理机构接到投诉，应当在 5

---

① 值得注意的是，与 1991 年颁布的《旅游投诉暂行规定》相比，《旅游投诉处理办法》的投诉时效期限由 60 天延长至 90 天，受理和处理投诉时限则大大缩短。受理部门作出受理意见的时限由 7 日缩短为 5 日。被投诉人接到《旅游投诉受理通知书》之日起作出书面答复的时限由 30 日缩短到 10 日。旅游投诉受理机构接到投诉后，在受理旅游投诉作出调解意见的时限由 90 日缩短到 60 日。因此，《旅游投诉处理办法》在处理旅游投诉上更为高效、快捷，也更利于保护旅游者的合法权益。参见袁芳《新旅游投诉办法约束力待加强》，《北京商报》2010 年 7 月 2 日，第 4 版。
② 《旅游投诉处理办法》第 8 条。
③ 《旅游投诉处理办法》第 9 条。
④ 《旅游投诉处理办法》第 9 条。
⑤ 《旅游投诉处理办法》第 10 条和第 12 条。
⑥ 《旅游投诉处理办法》第 5 条。
⑦ 《旅游投诉处理办法》第 7 条。

个工作日内作出以下处理决定：予以受理；不予受理，并书面告知投诉人理由；转交有管辖权的旅游投诉受理机构或者其他有关行政管理部门，并书面告知投诉人。① 审理程序采用文化和旅游部制定的标准表格进行。② 旅游投诉受理程序分为简易程序和一般程序。对于事实清楚、应当及时制止或者纠正被投诉人损害行为的投诉可采用简易程序受理。③ 对于需要调查取证的旅游纠纷则应按一般程序办理。旅游投诉受理机构在受理投诉之日起5个工作日内向旅游经营者送达受诉通知书和投诉书副本。④ 旅游经营者应当在接到通知之日起10日内作出书面答辩意见。⑤ 旅游投诉受理机构对双方当事人提出的事实、理由及证据进行审查，并可根据有关法律、法规的规定，自行收集或者召集有关当事人进行调查。⑥ 对专门性事项需要鉴定或者检测的，可以由当事人双方约定的或一方当事人申请的鉴定或者检测部门进行。⑦

　　旅游投诉受理机构实行调解制度。⑧ 具体而言，旅游投诉受理机构在查明事实的基础上，遵循自愿、合法的原则进行调解，促使旅游者和旅游经营者达成和解协议。双方达成调解协议的，应当制作《旅游投诉调解书》，载明投诉请求、查明的事实、处理过程和调解结果。调解协议具有民事合同的性质，不具有法律强制执行力。另外，调解失败的，旅游投诉受理机构应当向双方当事人出具《旅游投诉终止调解书》，终止调解。旅游者和旅游经营者自行和解的，应当将和解结果告知旅游投诉受理机构。旅游投诉受理机构在核实后记录在案并由双方当事人、投诉处理人员签名或盖章。⑨ 旅游投诉受理机构应在自受理投诉之日起的60日内结束案件。⑩ 调解不成的，或者调解书生效后未得到履行的，旅游者可以提起仲裁或诉讼。

　　值得注意的是，旅游投诉受理机构在以下情形下即使调解失败也可作出划拨旅行社质量保证金赔偿的决定，或向旅游行政管理部门提出划拨旅

① 《旅游投诉处理办法》第15条。
② 《旅游投诉处理办法》第30条。
③ 《旅游投诉处理办法》第17条。
④ 《旅游投诉处理办法》第17条。
⑤ 《旅游投诉处理办法》第18条。
⑥ 《旅游投诉处理办法》第20条。
⑦ 《旅游投诉处理办法》第22条。
⑧ 《旅游投诉处理办法》第16条。
⑨ 《旅游投诉处理办法》第23条。
⑩ 《旅游投诉处理办法》第25条。

行社质量保证金的建议：旅行社因解散、破产或者其他原因造成旅游者预交旅游费用损失的；因旅行社中止履行旅游合同义务，造成旅游者滞留，而实际发生了交通、食宿或返程等必要及合理费用的。① 例如，旅游者许先生通过某旅行社官网报名参加了泰国游，但其在泰国办理落地签证时被拒并被遣返广州。旅游者向广州市旅游质量监督管理所投诉，要求旅行社退还其团款并支付遣返产生的费用。该旅游质量监督管理所经调查发现，旅游者在官网报名时没有将其香港户籍信息告知旅行社，旅行社也没有尽到注意义务。后经调解，由旅行社退回了游客未产生的费用并承担了一部分遣返费用。②

2. 韩国旅游发展局的投诉制度

韩国旅游发展局成立于1962年，职责为开发旅游服务产品、旅游宣传、协调和服务旅游企业。③ 外国旅游者在韩国旅游期间如遇到违法、侵权或不友好的行为，可以向该机构的旅游不便投诉中心投诉。根据《关于旅游不便投诉中心的运行和义务》④ 的规定，韩国旅游发展局的旅游不便投诉中心受理的投诉内容和类型包括：旅游者所经历或目睹的旅行社、酒店、饭店以及交通运输公司的违法或侵权行为；旅游从业人员的不友好和其他不法行为；与旅游相关的法律咨询；其他有关旅游行政管理的建议。而不予受理的投诉类型包括：未填写旅游者姓名，或投诉内容不明确或不属实；以诽谤或诋毁中伤他人为目的的投诉；已由法院判决或正在进行审理；已由调查或审计机关处理；已被法院驳回其诉求的投诉事项，已经过调查的投诉事项，已经过法院判决的投诉事项或者不符合法律规定的投诉事项；属于旅游者之间或经营者之间的纠纷、对国外企业的投诉、与旅游活动无关的投诉等。

值得注意的是，旅游行政管理部门在处理涉外旅游纠纷时均面临一定的局限性，例如只能受理针对本国的旅游经营者的投诉而对外国旅游者无管辖权，只能接受使用其本国官方语言和文字的投诉，旅游投诉处理的过

---

① 《旅游投诉处理办法》第26条。
② 周人果：《游客所遇的"坑"，线上线下皆有》，《南方日报》2018年3月14日，第B04版。
③ See Introduction of Korean Tourism Organization, http://kto. visitkorea. or. kr/chn. kto, visitied on 1 June 2018.
④ See Operations & Duties of the Tourist Complaint Center of Korean Tourism Organization, https://ww-w. touristcomplaint. or. kr/en/intro, visitied on 21 November 2020.

程和结果也只以其本国官方语言作出等。

（二）旅游行业协会的投诉处理

经政府部门承认，某些旅游行业协会可代表政府行使部分旅游行政管理职能，并受理旅游者的投诉。其中，最为典型的是香港特别行政区的旅游业议会。

首先，旅游纠纷投诉受理部门的设置。该旅游业议会成立于 1978 年，其目标在于推动旅游行业自律和保护旅游者的合法权益。[①] 根据香港特别行政区《2002 年旅行代理商条例（修订）》，无论是经营提供入港旅游服务还是离港旅游服务的旅行社都必须成为该旅游业议会的会员，才能领取营业牌照。旅游业议会下设十多个委员会，其中包括专门处理旅游纠纷的消费者关系委员会。另外，当香港消费者委员会或旅游发展局接到涉及包价旅游的投诉时，都会转送至旅游业议会进行处理。

其次，旅游纠纷投诉程序的运行规则。由于跨境旅游纠纷中购物纠纷问题最为突出，所以该旅游业议会专门针对包价旅游者实施了购物退款保障计划。所有经其会员单位引导在登记商店购物的包价旅游者，均可享受100% 退款保障。具体而言，旅游者购物后如有不满，大陆旅游者需要在 6 个月内，其他国家旅游者需要在 14 天内提出退款要求。[②] 在旅游者要退回的商品未被损害或者未被不当使用的情况下，其凭单据正本即可办理全额退款。另外，该行业协会对经登记的商店采用记分制管理制度，达到或超过 30 分的商店就有可能被暂时撤销或永久撤销登记，从而敦促其提供合格商品和维护旅游者的合法权益。[③]

对于其他类型的旅游纠纷，旅游者向该行业协会申请赔偿时，则由消费者关系委员会按照《处理消费者投诉个案的准则》[④] 处理。如果旅游者与会员单位之间的纠纷经旅游业议会办事处职员调解后仍无法达成和解协议，则可提交消费者关系委员会处理。该议会办事处将以书面形式告知其

---

① 参见《香港旅游业议会简介》，http://www.tichk.org/public/website/gb/council/introduction/html，最后访问日期：2020 年 11 月 23 日。

② 参见《香港旅游业议会的旅客注意事项》，http://www.tichk.org/public/website/gb/travellers/in_advice/html，最后访问日期：2020 年 11 月 23 日。

③ 参见《香港旅游业议会的旅客注意事项》，http://www.tichk.org/public/website/gb/travellers/in_advice/html，最后访问日期：2020 年 11 月 21 日。

④ 香港旅游业议会：《处理消费者投诉个案的准则》，http://www.tichk.org/public/website/gb/council/committees/consumer_guidelines_chi.pdf，最后访问日期：2020 年 11 月 21 日。

会员单位，将由消费者关系委员会处理，并将旅游者的投诉信和相关证明材料一并送达。会员单位可在该通知发出之日起 14 天内作出书面答辩意见。针对会员单位的答辩意见，旅游者可在 14 天内作出最后回应。消费者关系委员会将根据旅游者和会员单位提交的证据材料、会议规则以及行业惯例作出决定，同时也会按常理酌情处理，以实现个案公正。另外，该委员会参考但不受之前先例的约束。若该委员会认为旅游者的投诉事项成立，则按照旅游者的实际损失，以决定其会员单位是否需要赔偿或退款等，但不处理涉及道歉或处分员工的事项。旅游业议会以邮寄方式告知会员单位委员会作出的决定，并告知其有权向上诉委员会①提出上诉，否则应履行该决定内容。旅游业议会办事处在上诉期届满或上诉委员会作出决定后，将结果以书面形式告知旅游者。如旅游者接受决定内容，则必须在决定作出后 60 天内联系议会办事处职员，领取有关赔偿或退款等。若旅游者不满决定内容，仍有寻求其他途径解决纠纷的权利。

笔者认为，由于购物纠纷是跨境旅游纠纷中最为经常发生的一种纠纷，所以香港特别行政区的旅游业议会针对包价旅游者制定的购物退款保障计划，可以自助式、便利、及时、高效、低成本地解决旅游纠纷，值得推广。另外，该行业协会在处理其他类型的旅游纠纷时制定了较为系统的纠纷处理机制，尽可能将旅游纠纷在该体系内予以解决，还能提高纠纷当事人对纠纷解决结果的满意度，成效突出。

（三）国家消费者保护机构的投诉处理

由于很多国家旅游行政管理部门的职能主要在于协助执行国家制定的旅游政策，和从事国家的旅游宣传促销工作，并不处理具体的旅游纠纷。但是，这些国家中很多都设有全国性的消费者保护机构，能够受理和妥善解决旅游者的投诉。例如，大部分斯堪的纳维亚国家已经建立独具特色的国家消费投诉委员会（state complaint boards）。消费者协会和经营者协会均加入该委员会。该委员会为消费者提供了简便、低廉的权利救济途径，使得其他类型的非诉讼纠纷解决机制发挥的作用十分有限。另外，挪威和丹麦还设立了专门针对某些行业部门的消费投诉委员会。

这三个国家自 1970 年中期就开始设立公共消费者协会，主要提供消费

---

① 上诉委员会每次的会议都由三名政府委任成员（其中一名担任会议主席）和两名旅游行业专家组成，上诉的旅游组织经营者和消费者关系委员会代表出席会议。

者信息和测试消费产品。随后，这些国家设立了消费者投诉委员会①，与当时的消费者协会建立合作关系。如今，挪威的消费者投诉委员会的运作类似法院。当该委员会受理的案件无其他纠纷解决途径（如诉讼或仲裁）时，其作出的裁决对纠纷双方均具有法律约束力。双方当事人在裁决作出后有四周的时间向普通法院就该裁决内容提出异议，否则该裁决具有终局性。② 丹麦的消费者投诉委员会在 2010 年 1 月 1 日之前只能为纠纷双方提供建议。但是，在此日期之后，若经营者消极履行纠纷解决方案，那么该委员会作出的裁决在作出之日起 30 天后就具有可执行性。如果经营者在这30 天内宣称其不会履行裁决内容，那么消费者可向法院起诉并且诉讼费用由消费者委员会支付。③ 瑞典的消费者投诉委员会只能向纠纷双方提供纠纷解决建议，且不具有法律执行性。本部分以瑞典国家消费纠纷解决委员会的旅游投诉受理程序为例进行深入分析。

瑞典国家消费纠纷解决委员会（National Board for Consumer Disputes, ARN）由瑞典政府于 1968 年设立，并在 1981 年成为独立公共机构，但仍由政府部门提供资金来源。④ 该委员会分为 12 个部门，包括旅游部门。该委员会能够受理全国范围内多个行业的消费纠纷，且是欧盟为数不多的能够解决集体性纠纷的非诉讼纠纷解决机构。该委员会不受理以下类型的纠纷：消费者之间或经营者之间的纠纷；需要进行医学鉴定的纠纷；涉及法律服务的纠纷；涉及购买不动产的纠纷；已提交法院审理的纠纷；经营者已破产的纠纷。⑤ 旅游者向该委员会申请解决旅游纠纷的前提是已与旅游经营者协商失败。

旅游者需要在首次向旅游经营者投诉后的一年内提请该委员会解决纠

---

① 值得注意的是，挪威是例外情形，其在 1970 年中期消费者运动开始之际就设立了消费者投诉委员会。

② Hans W. Micklitz, *The Many Concepts of Social Justice in European Private Law* (Edward Elgar Publishing, 2011), p. 396.

③ See The Consumer Complaints Board of Danish Competition and Consumer Authority, https://www. en. kfst. dk/Consumer/The-Consumer-Complaints-Board, visited on 21 November 2020.

④ Christopher Hodges et al., *Civil Justice Systems：Consumer ADR in Europe* (Hart 2012), p. 239.

⑤ Christopher Hodges et al., *Civil Justice Systems：Consumer ADR in Europe* (Hart 2012), p. 241.

纷，且旅游纠纷金额不得超过 1000 瑞典克朗。[1] 请求书应以书面形式作出，可以英语撰写，只要旅游经营者不反对即可。该委员会一般只受理符合瑞典法律规定的请求事项，且旅游合同是在瑞典签署的。该委员会的运行机制类似法院。该委员会提供免费的咨询服务。审理程序以书面方式进行，但允许旅游经营者对旅游者的请求事项作出答辩意见和允许旅游者对此答辩意见发表看法。由旅游纠纷所属的行业部门通过召开会议作出纠纷解决决定。会议一般由行业部门主席和四名其他成员或者由主席和其他两名成员参与，而纠纷当事人无须出席此会议。[2] 其中，主席是律师且具有丰富的出庭经验，而其他成员分别来自消费者保护机构和经营者协会。然而，案件事实简单且法律关系明确的案件，或旅游经营者不作出任何答复的案件，由该委员会的秘书处审理。

该委员会一般依据旅游业相关立法、一般法律原则和法院判例在受理案件后六个月内作出决定。该委员会作出的纠纷解决决定不具有法律约束力，但是大部分的经营者都会遵守。例如，该委员会在其网站上公布超过80％的案件中纠纷双方都履行了其提出的纠纷解决方案。[3] 在极个别情况下，纠纷当事人可在决定作出后的两个月内请求该委员会对该决定进行审查。当事人也可在决定作出后向法院起诉。该委员会在其网站上公布其受理案件数量、处理结果和执行情况，但不公布案件中的旅游者和旅游经营者的具体信息。这些信息能够作为法院审理类似案件的"先例"，并且有助于旅游者和旅游经营者协商解决纠纷。[4]

第二节　跨境旅游纠纷申诉专员制度

一　跨境旅游纠纷申诉专员制度的内涵和优势

申诉专员一词来自瑞典语中的"Ombudsman"或"Ombudsperson"。现

---

[1] See The Introduction of National Board for Consumer Disputes, http://www.arn.se/other-langua-ges/english-what-is-arn/, visited on 21 November 2020.

[2] Christopher Hodges et al., *Civil Justice Systems: Consumer ADR in Europe* (Hart, 2012), p. 242.

[3] Hans W. Micklitz, *The Many Concepts of Social Justice in European Private Law* (Edward Elgar Publishing, 2011), p. 396.

[4] Christopher Hodges et al., *Civil Justice Systems: Consumer ADR in Europe* (Hart, 2012), p. 244.

代意义上的申诉专员概念源自瑞典，指的是某人代表他人专注于他或她与政府和公共机构的问题。① 瑞典在 1809 年建立了世界上首个申诉专员机构，并在国内外引发热烈反响。② 20 世纪 60 年代以来，申诉专员概念传播到英语国家，该词也获得相应的英文意思。按照国际申诉专员协会的解释，申诉专员指由宪法规定的、独立监督行政权力的运行并且不受任何党派政治影响的公共官员。③ 其职权为负责处理公众对政府部门或官员的不称职、不公正但不违法的行为提出的申诉。申诉专员制度最初是作为行政法上的制度而存在，除了议会申诉专员，还出现了消费者申诉专员、平等机会申诉专员、反对歧视申诉专员、新闻自由申诉专员等类型。随后，其职能逐渐扩展到私人领域，例如很多企业、学校、医院等为了妥善处理与其客户之间的纠纷而在其内部设立申诉专员机构。④ 就跨境旅游纠纷解决而言，主要是由政府部门按照相关法规批准设立的申诉专员机构。这类机构为中立的非营利性机构，能够为旅游者提供非诉讼纠纷解决服务。本部分就该类型的申诉专员制度进行探讨。

在资金来源上，旅游纠纷申诉专员机构一般由政府提供全部或部分的资金支持。这不仅有助于保证该类申诉专员机构在解决跨境旅游纠纷时保持独立性、中立性和公正性，还能确保旅游者免费或仅需支付少量费用就可享受其提供的纠纷解决服务。在管辖权问题上，旅游纠纷申诉专员机构对旅游纠纷的管辖主要分为强制性管辖和自愿性管辖。强制性管辖指根据法律法规规章的规定，旅游经营者必须将其与旅游者之间未得到妥善解决的旅游纠纷提交该申诉专员机构处理。例如，荷兰政府要求所有旅游经营者必须加入旅游业协会，并将其与旅游者之间未得到解决的旅游纠纷提交至旅游者申诉委员会解决。自愿管辖指旅游经营者未被相关法律法规规章要求加入旅游纠纷申诉专员机构，但其自愿加入该申诉专员机构，并将其与旅游者之间的旅游纠纷提交至该机构，如法国旅游业申诉专员机构。在纠纷解决方式上，申诉专员制度综合采用和解、调解和裁决的方式来解决

---

① 袁钢：《欧盟监察专员制度研究》，中国政法大学出版社，2013，第 9~10 页。

② 陈宏彩：《行政监察专员制度比较研究》，学林出版社，2009，第 1 页。

③ Gerald Caiden, *International Handbook of the Ombudsman*: *Evolution and Present Function* (Greenwood Press, 1983), p. 13. 转引自陈宏彩《行政监察专员制度比较研究》，学林出版社，2009，第 1 页。

④ 岳金禄、周作斌：《论申诉专员的分野》，《西安财经学院学报》2017 年第 6 期，第 107 页。

旅游纠纷。具体而言，在该制度内，纠纷解决程序由旅游纠纷当事人协商和解、调解员介入调解和消费者申诉专员（消费者保护官）作出最后决定三部分组成。[1] 其中，大部分的旅游纠纷都会在前两个阶段得到解决，只有少数的案件才会进入第三个阶段。在旅游纠纷解决结果的法律效力上，申诉专员作出的决定对旅游经营者具有法律约束力。然而，该纠纷解决决定只有在获得旅游者同意的情况下才对其发生法律效力。具体而言，如果旅游者在规定期限内表示接受该决定，那么该决定就生效，旅游经营者不得再就此旅游纠纷向法院起诉。若旅游者不同意申诉专员作出的决定，则该决定不对其发生法律效力，旅游者仍可选择向法院起诉。这体现了对相对弱势一方的旅游者的倾斜性保护。

总体而言，申诉专员制度在解决旅游纠纷方面具有以下三个方面的优势。其一，政府部门提供全部或部分的资金支持，不仅可以保证旅游纠纷申诉专员机构的中立性和公正性，还能确保旅游者享受免费或低廉的申诉专员纠纷解决服务。其二，申诉专员机构将旅游纠纷解决分为三个阶段，综合使用和解、调解和裁决的方式，尽可能促进纠纷当事人和解解决纠纷，还为当事人提供具有法律约束力的决定，从而确保高效、经济、终局地解决旅游纠纷。其三，法律规定申诉专员机构作出的决定对旅游经营者具有强制执行力，只要得到旅游者的同意就可以得到100%的执行，且在旅游者不同意的情况下不妨碍其向法院起诉。这种在一定条件下仅对单方当事人产生强制力的纠纷解决结果与传统的非诉讼纠纷解决程序所注重的纠纷当事人的意思自治存在较大差异。但是，这正是针对旅游服务产品交易和旅游纠纷双方信息不对称、权力地位不对等的特点，对处于相对弱势地位的旅游者进行倾斜保护，在实质正义的基础上真正解决旅游纠纷。[2]

二 典型的跨境旅游纠纷申诉专员模式及其评介

（一）法国的旅游纠纷申诉专员制度

法国在采用调解方式解决市民与公共机构之间的纠纷上具有悠久的历史传统。这在很大程度上反映了法国宪法所规定的公民与国家之间团结一

---

[1] 于颖：《远程消费者保护机制研究》，法律出版社，2013，第124页。
[2] 傅向宇：《金融消费纠纷解决新机制初探》，《人民法院报》2018年2月28日，第7版。

致的原则。① 早在 20 世纪 90 年代，申诉专员就已经在法国的一些大型企业出现。申诉专员保持独立地位，并可对消费者的申诉作出最终裁决，例如 AXA France（1993 年）、GDF SUEZ（1999 年）和 BNP Paribas（2002 年）。申诉专员的出现与大型企业的经营目标密切相关。申诉专员有利于帮助企业与其消费者维持更好、更为密切的关系，并减少诉讼所带来的高额开支以及减少对其声誉的负面影响。行业申诉专员也相继出现，例如邮政行业（1992 年）、保险行业（1993 年）和金融服务行业（1995 年）。然而，申诉专员这个词在法国并不流行，法国的调解员（médiateur）实际上与欧盟其他成员国的申诉专员发挥的职能基本相同。② 直至 2011 年法国将欧盟《调解指令》转化为国内法后，法国才引入了申诉专员概念。法国的申诉专员制度目前已广泛应用在多个行业，其中包括旅游行业，并确立了基本的程序规则。

法国旅游业申诉专员（Médiateur du Tourisme et Voyage）是法国第一个向欧盟委员会报备的符合欧盟《消费纠纷非诉讼解决指令》规定的非诉讼纠纷解决机构。该机构的目的在于促进旅游者和其会员单位之间纠纷的友好协商解决。因此，该申诉专员机构只受理旅游者和法国旅游经营者之间的纠纷。其受理的旅游纠纷范围具体包括：酒店和其他类型的住宿服务纠纷；包价旅游合同纠纷；旅行社提供的服务纠纷；文化和娱乐服务纠纷以及火车、飞机、海运、河运或其他水上旅客运输纠纷。③ 另外，旅游者应在向旅游经营者书面申诉失败后的一年内向该机构提出纠纷解决请求。

在收到旅游者的申请后，申诉专员会在三周内告知旅游者是否受理案件。该申诉专员机构拒绝受理案件的理由包括：旅游者未先联系经营者协商解决纠纷；旅游者提出的申诉事项无法律依据；其请求事项正在被或已经被其他纠纷解决机构或法院受理过；旅游者未能在规定的期限内提交请求；受理旅游者的请求将严重影响该调解机构的正常运转。④ 申诉专员依据相关国际公约和国内法规定、旅游业准则、消费者准则以及公正性原则

---

① Christopher Hodges et al., *Civil Justice Systems: Consumer ADR in Europe*（Hart 2012），p. 37.

② Christopher Hodges et al., *Civil Justice Systems: Consumer ADR in Europe*（Hart 2012），p. 37.

③ See Introduction of Médiateur du Tourisme et Voyage, https://ec. europa. eu/consumers/odr/main/? event = main. adr. show2，visited on 21 November 2020.

④ See Introduction of Médiateur du Tourisme et Voyage, https://ec. europa. eu/consumers/odr/main/? event = main. adr. show2，visited on 21 November 2020.

进行书面审理。当事人或其代理人无须亲自出席审理程序。申诉专员在受理旅游者的申请后 60 ~ 90 天作出不具有法律约束力的裁决。整个纠纷解决程序是以法语或英语进行的，且旅游者提交的材料也需要以法语或英语作成。审理程序对旅游者是免费的，而旅游经营者需要支付费用。其中，加入该机构的行业协会的会员年费为 9000 欧元至 35000 欧元。而其他类型的经营者需要支付的会员年费为 3000 欧元至 10000 欧元。[①] 对于具体的案件受理费用，上述行业协会的会员单位每个案件需要支付 100 欧元，而非会员单位每个案件支付 400 欧元。[②]

总体而言，法国旅游业申诉专员是专门解决旅游服务纠纷的非诉讼纠纷解决机构。该机构的设置和运行均符合欧盟《消费纠纷非诉讼解决指令》的要求，不仅确保了其提供的纠纷解决服务的质量，还确保其能及时、高效、低廉地解决旅游纠纷。

(二) 荷兰的旅游纠纷申诉专员制度

荷兰人民热情、友好、隐忍、秉持公正且利于协商。荷兰无论是公共部门还是私营部门在纠纷解决文化上保持惊人的一致，即尽量通过非诉讼方式解决争议，避免冲突发生。[③] 另外，荷兰法律政策的主要原则是，尽管必须确保民众接近司法正义，但是只有在用尽其他所有的救济方法后才能提起诉讼，即将诉讼作为最后的救济手段。因此，法院外的争议解决方式成为荷兰主要的纠纷解决方式。由于旅游纠纷通常涉及多个行业，需要多个行业的经营者参与纠纷的解决，所以有必要建立解决旅游者与旅游经营者、旅游履行辅助人之间纠纷的综合性非诉讼纠纷解决机制。荷兰的"伞状式"消费纠纷解决体系就为解决上述问题提供了良好的范例。

成立于 1970 年的荷兰消费者申诉委员会 (Stichting Geschillencommissie voor Consumentenzaken，SGC) 是世界上少有的由消费者保护组织、经营者组织和政府部门共同设立的跨行业的综合性非诉讼纠纷解决机构。[④] 其中，

---

① See Médiateur du Tourisme et Voyage, http://www.mtv.travel/#, visited on 21 November 2020.

② See Médiateur du Tourisme et Voyage, http://www.mtv.travel/#, visited on 21 November 2020.

③ Christopher Hodges et al., Civil Justice Systems: Consumer ADR in Europe 130 (Hart 2012).

④ 于颖、克里斯托福·霍金斯：《消费者纠纷解决的 CDR 机制》，第 4 页，http://www.fljs.org/sites/www.fljs.org/files/publications/CDR% 20Mechanism% 20for% 20Consumer% 20Dispute% 20Resolution.pdf，最后访问日期：2020 年 11 月 21 日。

政府部门为其提供进行基础设施建设的财政支持，并对其进行评估和监督。经营者组织提供资金用于解决消费纠纷并承诺 100% 执行解决结果。消费者保护组织则参与该机构政策的协商和案件的审理。值得注意的是，旅游经营者组织投入的资金总额是一个变量，旅游者申诉的数量越多那么其需要投入的资金就越多，反之则越少。① 在该机构成立之初，荷兰政府将所有的行业区分为 50 个类别，分别成立自己的行业协会，要求所有的经营者必须加入所属的行业协会。目前，该机构已设立 53 个消费者申诉委员会，包括旅游者申诉委员会。SGC 还能够受理跨境旅游纠纷，并与欧洲消费者中心网络合作帮助其他欧盟成员国的旅游者参与纠纷解决程序，例如提供免费的翻译服务。

　　SGC 的运行框架主要包括三个部分。首先，旅游者通过单一入口将旅游纠纷提交至 SGC。② SGC 适用经消费者组织与经营者协会共同协商制定的标准行业条款对被申诉的经营者进行审查。其次，由 SGC 的消费者申诉委员会运用申诉专员制度予以解决。该制度综合运用协商、调解和裁决方式。再次，SGC 将所作出的裁决发送至经营者所属的行业协会。该行业协会可利用此信息提升行业自律和完善行业合同条款。③

　　旅游者通过 SGC 的申诉专员解决旅游纠纷的具体程序如下。旅游者在进行申诉前，需要与旅游经营者联系并尽可能通过协商方式解决纠纷。SGC 在其网站上公布有关每个行业的重要信息。这些信息包括经常遇到的问题、解决方案以及 SGC 在审理类似案件时所作出的具有法律约束力的裁定。④ 这种方式有助于平衡旅游纠纷当事人之间的协商能力，促使纠纷解决方案的达成。在协商失败后，旅游者可将争议提交至 SGC。旅游者需要填写申请表，内容包括同意 SGC 的裁决对其具有法律约束力。由于 SGC 的办公已经实现全面网络化，整个纠纷解决过程可在网上进行。旅游者上传

---

① 于颖、克里斯托福·霍金斯：《消费者纠纷解决的 CDR 机制》，第 4 页，http://www.fljs.org/sites/www.fljs.org/files/publications/CDR% 20Mechanism% 20for% 20Consumer% 20Dispute% 20Resolution. pdf，最后访问日期：2020 年 11 月 21 日。

② Pablo Cortés, *The New Regulatory Framework for Consumer Dispute Resolution* (Oxford University Press, 2017), p. 38.

③ Christopher Hodges et al. , *Civil Justice Systems：Consumer ADR in Europe* (Hart, 2012), p. 129.

④ Christopher Hodges et al. , *Civil Justice Systems：Consumer ADR in Europe* (Hart, 2012), p. 141.

所有证据材料并提出可能的解决方案。然后，旅游者会收到 SGC 提供的账户和密码，以便其参与和跟踪整个纠纷处理过程。① 在旅游者的申请经审核通过后，SGC 会以电子邮件方式将旅游者的申请表和证据材料送达旅游经营者，并为后者也提供账户和密码。旅游经营者需在四周内提交答辩意见。②

与此同时，该委员会还敦促旅游经营者积极与旅游者达成和解。在实践中，很多旅游经营者就是在此阶段与旅游者达成和解协议，从而终结案件。若协商失败，则 SGC 将通过调解或作出裁决的方式解决旅游纠纷。由于大部分旅游纠纷案件事实较为简单且涉及的法律关系明确，因此 SGC 主要采用书面审理方式并作出裁决。若旅游纠纷的解决需要专家的协助，那么 SGC 将会从其专家名单中挑选旅游业专家进行实地调查和提交调查报告。其中，一些专家是具有资质的调解员，可通过调解方式解决旅游纠纷。③ 若调解失败，SGC 将依据标准行业条款以及一般法律规定作出裁决。SGC 以书面形式告知双方裁决内容。

值得注意的是，由于旅游者在向 SGC 提请解决旅游纠纷时已同意接受其具有法律约束力的裁决，因此旅游者不得再向法院起诉。但是，旅游者可通过 SGC 的内部上诉程序获得救济。然而，实践中基本未出现旅游者提起上诉的案例。旅游者可在裁决作出后 14 日内申请对裁决内容中存在的微小错误进行更正，如拼写错误。此外，任何一方当事人可在裁决作出后的 2 个月内向法院请求认定该裁定无效。申请无效的理由仅限于以下情形：SGC 的审理程序违反了程序法中的基本原则，如听审权；裁决结果不公正、不合理。④

加入 SGC 的旅游经营者一般都承诺遵守 SGC 作出的裁决，因此其一般都会主动履行裁定。但若作为败诉方的旅游经营者在 2 个月内未履行裁决，

① Christopher Hodges et al. , *Civil Justice Systems: Consumer ADR in Europe* (Hart, 2012), p. 142.

② Christopher Hodges et al. , *Civil Justice Systems: Consumer ADR in Europe* (Hart, 2012), p. 142.

③ Christopher Hodges et al. , *Civil Justice Systems: Consumer ADR in Europe* (Hart, 2012), p. 142.

④ Christopher Hodges et al. , *Civil Justice Systems: Consumer ADR in Europe* (Hart, 2012), p. 142.

那么其所在的旅游者申诉委员会将通过启用保证金制度代其先为履行裁决。① 另外，旅游者提起纠纷解决申请时需要交纳 25 欧元至 125 欧元的案件受理费。② 按照 SGC 的解释，收取案件受理费的目的不在于增加该机构的收入，而是敦促旅游者严肃对待旅游申诉。若旅游者的请求事项得到支持，则由旅游经营者负担旅游者的案件受理费用。上述费用承担规则的例外情形为，最终的裁决内容与旅游经营者在案件审理的初始阶段提出的和解协议内容相似但未被旅游者接受。③

总体而言，荷兰消费者申诉委员会的成功运行与荷兰人民推崇非诉讼方式解决争议的文化密切相关。荷兰消费者申诉委员会几乎覆盖全国范围内的所有类型的行业，因此能够确保全面地解决旅游纠纷。另外，该申诉专员制度集多种非诉讼纠纷解决方式为一体，并有专家的协助，能够确保旅游纠纷得到及时、高效、灵活的解决。该申诉专员制度对所有行业适用同一种纠纷解决模式但又根据不同行业的特点进行细微调整，有助于确保纠纷解决的效率和质量。再者，SGC 作出的裁决具有法律约束力，加之其具有较高的知名度和有行业协会的保证金的担保，其裁决的履行率很高。此外，SGC 还会选择一些重要案例发布在网站上，并设置搜索引擎方便用户查找。这不仅有助于提高旅游者的法律知识水平和增强其协商能力，还有利于敦促旅游经营者与旅游者协商解决纠纷。被公布的案例还可供其他非诉讼纠纷解决机构参考，有助于保持同一类型消费纠纷裁决结果的一致性。

（三）德国的旅游纠纷申诉专员制度

民族特性和文化对其国家的人民选择纠纷解决的方式产生重大影响。德国人民维护社会秩序并已形成严格按法律规定办事的文化，与荷兰的协商文化形成鲜明对比。在这种文化内，经营者通常遵守法律规定，很少制定和适用行业准则。④ 此外，德国媒体也经常对具有重大影响的标志性案

---

① Christopher Hodges et al.， *Civil Justice Systems*：*Consumer ADR in Europe*（Hart，2012），p. 142.

② Christopher Hodges et al.， *Civil Justice Systems*：*Consumer ADR in Europe*（Hart，2012），p. 143.

③ Christopher Hodges et al.， *Civil Justice Systems*：*Consumer ADR in Europe*（Hart，2012），p. 143.

④ Christopher Hodges et al.， *Civil Justice Systems*：*Consumer ADR in Europe*（Hart，2012），p. 76.

件进行报道，督促人们遵守法律规定。德国的纠纷解决机制具有两个重要特征：民事诉讼体系的本质和德国律师在法律建议提供上具有垄断权。这两个特征对于理解德国纠纷解决机制的现状和发展进程十分关键。①

首先，与其他欧盟成员国相比，德国人均诉讼率相对较高。德国的法院体系运行十分有效，积案少，能高效、低廉地作出判决。另外，具有可预测性和较为低廉的诉讼费用，受保险广泛覆盖的诉讼费用以及第三方资助的存在，使得德国民众诉诸法院的频率高且对诉讼程序较为熟悉。② 其次，德国律师针对诉讼程序收取的费用较低，在提供法律意见和代理出庭方面占据垄断地位，成为纠纷解决的守门人。律师们通常把案件直接提交法院审理以维持其垄断地位以及收入来源。③ 上述因素导致德国法院成为主要的纠纷解决主体，而非诉讼纠纷解决机制的发展受到限制。但是，欧盟近年来颁布了一系列促进消费纠纷非诉讼解决机制的条例和指令。德国对非诉讼纠纷解决机制的价值也逐渐重视起来。在此背景下，德国的非诉讼纠纷解决机制得到较快发展，其中最富成效的是交通运输领域的申诉专员制度。

于 2010 年 6 月成立的德国公共交通运输纠纷调解机构（以下简称SöP）是世界上为数不多的专门解决旅游者与交通运输承运人之间纠纷的非诉讼纠纷解决机构。④ 该机构由交通运输公司提供资金支持，但其咨询委员会由公共机构以及消费者组织和交通运输行业协会构成。SöP 是一个独立且中立的机构，解决其会员单位（包括铁路、汽车、航空和船舶公司）与旅游者之间的纠纷。该机构还可受理跨境旅游纠纷。SöP 的申诉专员制度对其会员单位具有强制性，但对旅游者而言是具有可选择性的。⑤

旅游者可以提交的纠纷类型主要包括：交通延误以及由其导致的错过转机或转乘其他交通工具的时间纠纷；行李损坏或丢失纠纷；运输信息提

① Christopher Hodges et al., *Civil Justice Systems：Consumer ADR in Europe*（Hart, 2012），p. 73.
② Christopher Hodges et al., *Civil Justice Systems：Consumer ADR in Europe*（Hart, 2012），p. 73.
③ Christopher Hodges et al., *Civil Justice Systems：Consumer ADR in Europe*（Hart, 2012），p. 73.
④ See Introduction of SöP, https：//ec. europa. eu/consumers/odr/main/? event = main. adr. show2, visited on 21 November 2020.
⑤ Pablo Cortés, *The New Regulatory Framework for Consumer Dispute Resolution*（Oxford University Press, 2017），p. 173.

供错误纠纷；交通运输服务质量纠纷。SöP 能受理的最高纠纷标的额为 30000 欧元，但一般介于 10 欧元至 200 欧元。[①] 除了法律规定的时效期间外，SöP 对旅游者提交申请的时效没有限制。一般只有在与交通运输公司协商失败后，旅游者才能以书面形式提请 SöP 解决纠纷。旅游者在旅游活动中通常购买多式联运运输服务，且在旅游纠纷发生后可能需要耗费大量时间来确定应承担责任的具体承运人。为方便旅游者申诉，SöP 允许旅游者无须确定具体的责任人，只提交和任一与其签订运输合同的承运人的纠纷解决请求即可。

SöP 在受理案件后，将旅游者的申诉转递至其会员单位，使其就申诉内容发表意见。SöP 的申诉专员都是具有资质的律师，主要采用调解方式促进纠纷的解决。申诉专员在纠纷事实基础上，依照法律规定或公平正义原则对案件进行评估，并提出一份包括纠纷解决方案在内的报告。SöP 旨在以双赢的方式解决交通运输纠纷。例如，如果火车在白天的运行中出现故障，旅游者决定乘坐出租车前往目的地。但是，铁路运输公司认为其没有义务为该旅游者支付出租车费用，且法律也未对此纠纷作出规定。SöP 发现相关的法律规定并没有提出较好的纠纷解决建议。在此种情况下，SöP 可建议铁路运输公司通过为旅游者提供优惠券或分担部分出租车费用来解决纠纷，并给予铁路运输公司两周的时间作出答复。[②] SöP 提出的纠纷解决方案一般不具有法律约束力，除非纠纷当事人均同意。审理程序一般耗时 3 个月，但各方当事人均有权在审理过程中要求将案件提交法院解决。另外，SöP 具有较高的纠纷解决率，其中在铁路交通运输纠纷上的成功率高达 90%。[③]

该申诉专员制度对旅游者是免费的，但其会员单位需要支付费用。每一个会员单位除了需要交纳上千欧元的年费，还需要交纳平均 150 欧元至 800 欧元的案件审理费。[④] 另外，纠纷当事人需各自承担其他费用，例如邮

---

① Christopher Hodges et al. , *Civil Justice Systems: Consumer ADR in Europe* (Hart, 2012), p. 97.

② Christopher Hodges et al. , *Civil Justice Systems: Consumer ADR in Europe* (Hart, 2012), pp. 97 – 98.

③ Christopher Hodges et al. , *Civil Justice Systems: Consumer ADR in Europe* (Hart, 2012), p. 98.

④ Christopher Hodges et al. , *Civil Justice Systems: Consumer ADR in Europe* (Hart, 2012), p. 98.

寄费、复印费、律师费。目前，该机构可以用德语、英语和法语处理纠纷。自 2013 年 11 月起，SöP 能够受理针对航空公司提起的申诉后，SöP 受理案件的数量在不断增长。2014 年，该机构受理案件 8070 件，而 2013 年约为 5000 件。[①]

　　总体而言，在诉讼颇受欢迎的德国，SöP 是为数不多的能够得到快速和成功发展的非诉讼纠纷解决机构。SöP 也是少有的专门解决多类型旅客交通运输纠纷的非诉讼纠纷解决机构。该机构不仅能够解决单种的旅客交通运输纠纷，还能解决多式联运交通运输纠纷。该机构不仅能够解决涉及单个旅游者的纠纷，还能解决涉及多个旅游者的群体性纠纷。该机构所提供的纠纷解决服务以调解为主，意在为旅游纠纷当事人提供双赢的纠纷解决方案，从而提高旅游者对交通运输公司的满意度和忠诚度。

---

① Pablo Cortés, *The New Regulatory Framework for Consumer Dispute Resolution* (Oxford University Press, 2017), p. 176.

第七章　中国跨境旅游纠纷非诉讼解决机制的现状与完善建议

　　自2012年起，中国已连续多年成为世界第一大旅游客源国和第四大旅游目的地国。[①] 截止到2016年11月，中国已与127个国家缔结各类互免签证协定。[②] 目前，中国已进入"大众旅游"时代。旅游业已成为国民经济的战略性支柱产业和与人民群众息息相关的幸福产业。然而，随着大众化、规模化旅游业的发展，与旅游相关的纠纷日益增多。例如，中国消费者协会于2016年受理的旅游投诉高达4500件。[③] 在这些旅游纠纷中，跨境旅游活动涉及的环节多、链条长、责任主体多、国家多，加大了旅游经营者与旅游者之间纠纷解决的难度。作为世界上重要的跨境旅游者输出国和输入国，中国应完善本国的跨境旅游纠纷非诉讼解决机制，以更好地维护入境旅游者的合法权益和促进跨境旅游产业的健康发展。同时，中国还应与其他国家或地区，尤其与"一带一路"沿线国家建立有效的跨境旅游纠纷非诉讼解决合作机制，切实维护中国出境旅游者的合法权益。

第一节　中国跨境旅游纠纷非诉讼解决机制的现状与特点

　　中国已形成以《旅游法》为龙头，以专门旅游行政法规为重点，以地方旅游立法为基础，以相关法律为配套的立法模式。[④] 具体而言，有关跨境旅游纠纷解决的法律主要包括《旅游法》《消费者权益保护法》《民法典》

---

① 国家旅游局：《中国已成为世界第一大出境旅游客源国》，https://china. huanqiu. com/article/9CaKrnJZo9A，最后访问日期：2021年7月7日。

② 张洋：《中国与127国互免签证》，《人民日报海外版》2017年2月7日，第1版。

③ 郑彬：《保障游客权益，景区有了巡回法庭》，《经济日报》2017年4月29日，第4版。

④ 蒋冬梅：《旅游法若干理论问题探析》，《广东社会科学》2015年第6期，第239页。

《民事诉讼法》。司法解释主要包括最高人民法院的《关于审理旅游纠纷案件适用法律若干问题的规定》（2020 年修订）。行政法规方面主要包括《旅行社条例》（2017 年）和《中国公民出国旅游管理办法》（2017 年）。部门规章方面主要包括《旅行社条例实施细则》（2016 年）和《旅游投诉处理办法》（2010 年）。规范性文件主要包括《旅行社服务质量赔偿标准》（2011 年）。有关旅游合同示范文本和国家行业标准的主要包括《团队出境旅游合同（示范文本）》（2014 年）、《大陆居民赴台湾地区旅游合同（示范文本）》（2014 年）和《旅游经营者处理投诉规范》（2017 年）。

在讨论跨境旅游纠纷非诉讼解决机制之前，有必要就中国现有的旅游诉讼现状进行介绍和分析。由于涉外诉讼需要遵守《民事诉讼法》关于涉外民事诉讼程序的特别规定，旅游者面临审理时间长、程序复杂、成本高等问题。这难以满足旅游者及时、高效、经济地解决跨境旅游纠纷的需求。另外，诉讼程序具有对抗性，也不利于修复旅游者和旅游经营者之间的关系和提高旅游者的忠诚度。这也可以解释为何《消费者权益保护法》第 39 条和《旅游法》第 92 条虽然把诉讼列为旅游纠纷的解决方式，但将其列在其他纠纷解决方式之后。实践中，旅游者在跨境旅游纠纷发生后也通常在与旅游经营者协商失败，或经人民调解委员会、消费者协会和旅游投诉受理机构调解失败，或与旅游经营者无法达成有效仲裁协议后，才会选择诉讼。

由于中国非诉讼纠纷解决机制处于初步建设阶段，各种纠纷解决方式之间协同差，难以有效应对数量猛增的小额跨境旅游纠纷和满足旅游者的需求。诉讼在解决跨境旅游纠纷方面仍具有一定的优势。这已在第二章详细阐述，在此不予赘述。此外，随着司法权威和民众权利意识的不断提高，中国民众对司法权和诉讼产生过度依赖，偏好诉讼。[1] 为及时高效地解决跨境旅游纠纷，最高人民法院、文化和旅游部联合于 2016 年 3 月 1 日发布《关于进一步发挥审判职能作用促进旅游业健康发展的通知》。这是作为政府机关的文化和旅游部和属于司法机关的最高人民法院首次进行跨部门、跨领域的合作，具有重大意义。[2] 该通知提出进一步发挥人民法院

---

[1] 范愉：《繁简分流：优化司法资源配置的新路径》，《人民法院报》2016 年 9 月 14 日，第 2 版。

[2] 王洋：《旅游巡回法庭：司法为民 司法便民》，《中国旅游报》2016 年 3 月 2 日，第 2 版。

和旅游主管部门的职能作用，维护旅游者和旅游经营者的合法权益。其中，人民法院要有针对性地加强旅游景区等旅游者相对集中区域的派出法庭建设和巡回审判工作。为此，各地法院纷纷以景区为依托创建旅游法庭、巡回法庭、车载法庭，采用调解和审判相结合的方式解决跨境旅游纠纷。截止到 2016 年 8 月，中国已经有 5 市 44 县成立了旅游巡回法庭。[①] 旅游巡回法庭是巡回法庭中根据审理对象不同而设置的特殊法庭，主要针对旅游活动异地性、流动性的特点，是为快速解决纠纷而设立的流动性法庭。[②] 总体而言，法院在解决跨境旅游纠纷方面仍发挥重要作用，且诉讼调解已成为法院解决跨境旅游纠纷的主要方式。

例如，海南省三亚市城郊法院旅游审判庭从 2002 年开始在周末和节假日到旅游景点，采用调解和审判相结合的方式解决旅游纠纷，成为全国首个"景区移动法庭"。2010 年 7 月，该旅游巡回法庭成为具有独立机构编制的旅游审判法庭，并于 2012 年 3 月正式挂牌成立。该旅游审判法庭对旅游纠纷一律采用简易程序，并形成了独特的"三定"、"四就"、"一重"和"两免"[③] 的审判工作机制。该旅游审判法庭最快半小时审结案件，最慢也从未超过一周。[④] 据统计，从 2002 年至 2016 年 6 月，该旅游审判法庭共受理旅游咨询、调处非诉纠纷和审理诉讼案件 11425 件。其中，调处非诉纠纷和诉讼案件 2613 件，审限内结案率和调解成功率均达到 100%。[⑤]

再如，黄山市黄山区法院旅游巡回法庭于 2015 年受理旅游纠纷 300 余件，全部调解结案。其中，90% 为当场结案。[⑥] 2014 年 7 月，50 余名韩国游客来到黄山游览，因部分游客行李遗失，与旅行社发生纠纷。该旅游巡回法庭协调联系懂韩语的人员共同参与调解。最终，韩国游客同意巡回法庭提出的由接团旅行社提供生活必须物品和统一适当补偿的调解方案，且

---

① 余瀛波：《5 市 44 县已成立旅游巡回法庭》，http://www.legaldaily.com.cn/index/content/2016-08/25/content_6777595.htm？node=20908，最后访问日期：2020 年 11 月 21 日。

② 郑彬：《保障游客权益，景区有了巡回法庭》，《经济日报》2017 年 4 月 29 日，第 4 版。

③ "三定"即定期、定点、定人。"四就"即就地立案、就地审理、就地调解、就地执行。"一重"就是注重调解。"两免"就是对小额旅游纠纷案件免收诉讼费和申请执行费。

④ 葛晓阳：《多地法院设立旅游巡回法庭　部门联动"朋友圈"解纷又快又好》，《法制日报》2016 年 8 月 11 日，第 3 版。

⑤ 严献文：《旅游巡回小法庭 做出和谐大文章》，《人民法院报》2016 年 7 月 21 日，第 4 版。

⑥ 葛晓阳：《多地法院设立旅游巡回法庭　部门联动"朋友圈"解纷又快又好》，《法制日报》2016 年 8 月 11 日，第 3 版。

旅游纠纷双方当即履行。①

中国纠纷解决机制的协同（也即多元化纠纷解决机制）理念产生于20世纪和21世纪之交，是人民法院司法改革的重要内容，并在党的十八届四中全会中被正式确认为国家的发展目标。具体而言，党的十八届四中全会通过的《中共中央关于全面推进依法治国若干重大问题的决定》提出，要健全社会矛盾预防化解机制，完善调解、仲裁、行政裁决、行政复议、诉讼等有机衔接、互相协调的多元化纠纷解决机制。2018年，中央深改组第十七次会议审议通过了《关于完善矛盾纠纷多元化解机制的意见》，为全面深化多元化纠纷解决机制改革进一步指明了方向。中国将纠纷解决机制的协同作为国家发展战略，正是符合了社会需求和国际趋势。②

另外，《消费者权益保护法》第39条和《旅游法》第92条以法律形式明确非诉讼纠纷解决方式在解决跨境旅游纠纷方面的重要地位。旅游者与旅游经营者发生跨境旅游纠纷后，可与经营者协商解决，或向有关调解组织申请调解，或向有关行政部门投诉，或提请仲裁机构仲裁。此外，随着中国进入大众旅游时代，跨境旅游热度持续不减，跨境旅游纠纷迅猛增长，给司法审判工作带来巨大压力。这也为跨境旅游纠纷非诉讼解决方式的广泛适用创造了现实需求。

值得注意的是，2016年2月，文化和旅游部正式启动全域旅游示范区创建工作，鼓励有条件的创建单位率先推广设立综合性旅游管理机构和旅游警察、旅游法庭、旅游工商分局等"1＋3"模式。这种模式使得旅游纠纷的解决从单一行政调解向"调解＋仲裁＋行政执法＋司法诉讼"综合解决转变。③ 此外，文化和旅游部还鼓励经营旅游的电子商务各方主体建立电子商务在线纠纷解决机制。④ 这些举措均促进了多层级、相衔接的跨境旅游纠纷非诉讼解决机制的构建。

---

① 葛晓阳：《多地法院设立旅游巡回法庭　部门联动"朋友圈"解纷又快又好》，《法制日报》2016年8月11日，第3版。

② 范愉：《多元化纠纷解决机制的国际化发展趋势》，《人民法院报》2016年7月6日，第2版。

③ 沈仲亮、李志刚：《"1＋3"旅游管理体制改革如火如荼》，《中国旅游报》2016年9月12日，第1版。

④ 余瀛波：《国家旅游局拟出台在线旅游监管办法》，《法制日报》2017年2月23日，第6版。

一　中国跨境旅游纠纷非诉讼解决机制的现状

（一）中国跨境旅游纠纷协商的现状

旅游纠纷发生后，旅游者和旅游经营者一般都会第一时间积极地解决纠纷，力求将双方的损失降至最低。根据《消费者权益保护法》和《旅游法》第 92 条规定，当事人可通过协商达成协议来确认各自应承担的法律责任，并确定赔偿金额。

协商只涉及跨境旅游纠纷当事人，有助于旅游者实现快速、及时、经济地解决跨境旅游纠纷的目的。因此，当旅游者与旅游经营者、履行辅助人或其他主体发生跨境旅游纠纷时，协商通常是旅游者最愿意也最先采用的非诉讼纠纷解决方式。另外，其他非诉讼纠纷解决方式的开展也往往以旅游者与旅游经营者的协商失败为起点，所以协商在跨境旅游纠纷解决中起着重要作用。据调查，中国约 50% 的旅游者会选择与旅游经营者协商解决纠纷。[①] 若旅游合同对旅游经营者违约赔偿责任作出明确的约定，则旅游者与旅游经营者的协商成功率较高。然而，若旅游合同中对具体的旅游赔偿责任未作规定，则旅游者与旅游经营者通过协商方式解决旅游纠纷存在诸多困难。例如，旅游者甲参加某旅行社组织的出境旅游，但在实际旅游过程中发现部分旅游合同中规定的景点并没有参观，希望旅行社承担违约责任和赔偿其损失。然而，由于旅游合同中未对遗漏旅游景点的赔偿作出约定，甲与旅行社协商前需要考虑一系列因素，如旅游合同的总金额、遗漏景点的数量、应赔偿的金额以及旅行社是否构成根本违约等，并结合旅游相关法律规定提出具体、合理的诉求。然而，像甲这样的旅游者多数并不具备旅游法专业知识，难以提出具体、合理、合法的诉求，导致协商的失败。另外，旅游者在与旅游经营者协商旅游纠纷时常遭遇后者消极处理或拒绝旅游者的协商请求的困境。这不仅不利于旅游纠纷的解决，还耗费旅游者的时间和精力，打击旅游者通过协商方式解决纠纷的积极性和信心。

为引导旅游者合法合理维权和增强其在协商中的谈判能力，我国于

---

① 沈文敏：《国内首个〈旅游法满意度报告〉发布——四成旅游者认可旅游法正面影响》，http://society. people. com. cn/n/2014/1022/c1008 - 25888757. html，最后访问日期：2020 年 11 月 21 日。

2011 年根据《旅行社条例》及相关的法律法规制定了《旅行社服务质量赔偿标准》，在旅游者和旅行社未对旅行社服务质量赔偿作出合同约定时提供赔偿标准。该标准几乎涵盖了最频发的旅游纠纷赔偿，例如因旅行社原因不能成行且旅行社未能在合理期限内通知旅游者的赔偿标准、旅行社未经旅游者同意擅自转团或拼团的赔偿标准、因旅行社原因造成旅游者未能乘坐预定的公共交通工具的赔偿标准以及导游或领队未按照国家或行业标准提供服务并影响旅游服务质量的赔偿标准。

另外，对于旅游经营者消极应对旅游者投诉的难题，[①] 实践经验表明，制定旅游经营者处理旅游纠纷的国家级标准规范，完善旅游经营者的内部纠纷处理程序，能够提高旅游者与旅游经营者协商解决纠纷的成功率。例如，宁波市旅游局和质量技术监督局联合制定了《旅游企业投诉处理规范》（2015 年）。该处理规范对投诉处理的组织要求、处理原则、投诉内容和方式、投诉处理流程等进行了具体的规定。另外，该处理规范与旅游企业的评级相挂钩，敦促旅游企业积极受理旅游者的投诉。2017 年，文化和旅游部依据该处理规范制定了《旅游经营者处理投诉规范》（以下简称《投诉规范》）。这一国家旅游行业标准于 2017 年 10 月 1 日开始实施。《投诉规范》适用于旅行社、景区以及为旅游者提供交通、住宿、餐饮、购物、娱乐等服务的经营者。

《投诉规范》规定了旅游经营者处理投诉的基本要求，投诉处理机构设置、人员配置和制度建设要求，投诉受理的范围和方式以及投诉处理要求。具体而言，首先，投诉处理机构设置和人员配置。旅游经营者宜设立投诉处理机构。不具备设立专门投诉处理机构条件的旅游经营者，应指定专人负责投诉处理工作。旅游经营者应有满足投诉处理工作需要的必要场所、设施、设备以及相关工作文件和技术资料。有条件的旅游经营者宜设立投诉处理工作的专项资金。投诉处理工作人员应具有一定的工作经验，掌握国家有关法律、法规和标准以及投诉处理的规章制度，熟悉所提供的旅游服务产品方面的知识。他们还应具有良好的职业道德、沟通协调能力以及突发事件防范应急处置能力。

其次，旅游经营者受理投诉的范围和方式。旅游经营者的投诉受理范围主要限于三类跨境旅游纠纷。其一，因违反合同约定或因不可抗力、意

① 于颖：《远程消费者保护机制研究》，法律出版社，2013，第 115 页。

外事件致使旅游合同不能履行或者不能完全履行而产生的跨境旅游纠纷。其二，因旅游经营者的责任致使旅游者人身、财产受到损害而产生的跨境旅游纠纷。其三，旅游经营者可受理的其他跨境旅游纠纷。旅游经营者应受理旅游者直接提出的投诉，也应受理相关机构或部门转办的旅游者的投诉。旅游者的投诉方式灵活，包括来电、来访、来函及其他方式。

最后，旅游投诉处理应遵守的原则和程序规则。旅游经营者应建立合理高效的投诉处理流程，尽可能与旅游者达成和解。旅游经营者应向旅游者及时、准确、完整地传递以下信息：投诉受理范围和方式；旅游者应提供的材料；处理投诉的过程；投诉处理过程各阶段时限；旅游者反映意见以及获得反馈信息的途径；旅游者可选择的其他纠纷解决方式。旅游经营者应建立投诉受理记录。旅游经营者应在 12 小时内作出受理决定，特殊情况下不应超过 24 小时。投诉受理后，旅游经营者应立即通知旅游者，或告知转递投诉的相关机构或部门。旅游经营者应对投诉内容进行调查，根据调查核实的情况作出不同的处理决定。具体而言，对双方无争议、事实基本清楚、仅造成轻微损失的投诉，宜在 1 小时内形成协商处理意见，最长不宜超过 24 小时。对于比较复杂的或对主要事实存在争议的投诉，宜在投诉受理之日起 10 个工作日内形成协商处理意见。若达成一致处理意见，旅游经营者应形成书面投诉处理决定。若不能达成一致处理意见，旅游经营者应形成投诉处理终止纪录，建议旅游者申请调解或提起仲裁或诉讼。

（二）中国跨境旅游纠纷调解的现状

尽管非诉讼纠纷解决自 20 世纪 70 年代始于美国，但受儒家文化传统的影响，以调解为主的非诉讼纠纷解决机制在中国一直有较深厚的历史基础。[①] 相比其他调解方式，人民调解具有较为完善的法律依据。[②] 1982 年，人民调解制度载入《中华人民共和国宪法》。人民调解制度与民事诉讼的关系也于同年在《民事诉讼法》中得到确立。1989 年，国务院颁布的《人民调解委员会组织条例》以单行法规的形式对人民调解作出了规定。2002 年 9 月，司法部颁布的《人民调解工作若干规定》进一步规定了人民

[①] 张晋藩主编《中国古代民事诉讼制度史》，巴蜀书社，1999，第 11 页，转引自王生长《仲裁与调解相结合的理论与实务》，法律出版社，2001，第 102 页。
[②] 彭芙蓉、冯学智：《反思与重构：人民调解制度研究》，中国政法大学出版社，2013，第 2 页。

调解工作的任务、遵循的原则以及人民调解委员会和人民调解员的职责等内容。最高人民法院于 2009 年 7 月 24 日颁布了《关于建立健全诉讼与非诉讼相衔接的矛盾纠纷解决机制的若干意见》。该意见规定要促进调解与其他非诉讼纠纷解决方式之间的衔接，并进一步发挥调解在解决纠纷中的重要作用。[①] 2011 年 1 月 1 日施行的《中华人民共和国人民调解法》（以下简称《人民调解法》）以专门法的形式对人民调解制度进行了规定。除此之外，《旅游法》第 93 条规定，消费者协会、旅游投诉受理机构和有关调解组织均可以对旅游纠纷进行调解。本书中，跨境旅游纠纷调解是指在中立第三人的主持下，通过劝解、疏导等手段，使旅游者与旅游纠纷相对人自愿进行协商，达成调解协议以解决纠纷的方式。为了最大限度地维护旅游者的合法权益和提高跨境旅游纠纷解决的效率，很多旅游业发达省份已经建立多元的旅游纠纷调解制度，实现旅游纠纷行政调解、人民调解和司法调解的相互衔接。本部分主要介绍旅游纠纷人民调解委员会的调解。

鉴于人民调解委员会在解决消费纠纷中所发挥的重要作用以及旅游纠纷数量的迅猛增长，各省份尤其是旅游城市开始设立专门的旅游纠纷人民调解委员会，并取得显著成效。本部分介绍旅游纠纷人民调解委员会的组织建设、工作机制和调解程序。

1. 旅游纠纷人民调解委员会的机构设置、人员配备和经费保障

首先，在机构设置方面，旅游纠纷人民调解委员会是司法局或旅游质量监督管理所（以下简称"旅游质监所"）依据《人民调解法》设立的。例如，三亚市旅游纠纷人民调解委员会由三亚市司法局设立，而上海市旅游纠纷人民调解委员会由上海市旅游质监所设立。旅游纠纷人民调解委员会是专门从事旅游纠纷调解工作的人民调解组织。其不隶属于任何行政机构，是独立于跨境旅游纠纷双方的第三方调解机构。但在业务工作上，旅游纠纷人民调解委员会接受其所在省份的旅游发展委员会或旅游局或司法局的指导。旅游纠纷人民调解委员会在主要的旅游景区和旅游行业协会内设立旅游纠纷调解站，直接受理和调解各类旅游纠纷，如三亚市旅游纠纷人民调解委员会。其次，在机构人员配备上，旅游纠纷人民调解委员会一般设有主任、副主任和专职调解员。旅游纠纷人民调解委员会的调解员需要掌握法律知识，懂得旅游行业规则，具有较高的调解技能以及热心调解

---

① 王琦主编《非诉讼纠纷解决机制原理与实务》，法律出版社，2014，第 36 页。

事业，为专业、高效、公正地解决旅游纠纷提供人才保障。调解员可包括旅游行政部门人员、旅游行业协会人员、律师、公证员、基层法律服务工作者、退休司法行政人员、警察、法官、检察官等。[①] 调解员不仅需要妥善解决旅游纠纷，还要向旅游者和旅游经营者宣传相关法律法规。[②] 在跨境旅游纠纷调解中，一些旅游纠纷人民调解委员会还配备了多语种调解员，以协助解决纠纷。最后，在经费来源方面，旅游纠纷人民调解委员会所需经费一般由政府提供。例如，三亚市财政局拨付给旅游纠纷人民调解委员会 60 万元，为其各项工作的开展提供了充足的财政保障。[③] 因此，旅游纠纷人民调解委员会向旅游者和旅游经营者提供免费的调解服务。

2. 旅游纠纷人民调解委员会的工作机制

旅游纠纷人民调解委员会按照《人民调解法》和《旅游法》的规定坚持制度化管理原则。例如，三亚市旅游纠纷人民调解委员会明确了该委员会和调解员的工作职责，还确立了档案管理制度和疑难纠纷案件讨论制度等。另外，三亚市旅游纠纷人民调解委员会与三亚市旅游质量监督局和旅游巡回法庭合作，形成人民调解、行政调解和司法调解为一体的大调解格局。具体而言，属于旅游服务质量纠纷的投诉一般由旅游质量监督管理所先行调解解决。旅游质量监督管理所无法解决或超出其受理范围的案件，在征得旅游纠纷当事人同意后，可转由三亚市旅游纠纷人民调解委员会调解解决。若该旅游纠纷人民调解委员会无法调解解决旅游纠纷，可拨打旅游法庭 24 小时开通的联系电话，将旅游纠纷信息予以反馈。在接到上述信息后，旅游法庭法官将派出巡回审判车及时赶到现场。旅游巡回法庭法官一般由资深法官和法庭庭长担任，采用"就地受理、就地审理、调解优先、调判结合、审执一条龙"的原则，为旅游纠纷当事人提供快捷、公正、高效的司法服务。

3. 旅游纠纷人民调解委员会的调解范围和程序

首先，受理案件的范围。《旅游法》对人民调解委员会受理案件的范围没有明确规定，所以旅游纠纷人民调解委员会可在其职权范围内确定具

---

① 参见贵港市司法局和贵港市旅游发展委员会制定的《关于开展旅游纠纷人民调解工作的实施方案》（贵司通〔2016〕57 号）。

② 丁宁：《上海成立旅游纠纷人民调解委员会》，《中国旅游报》2017 年 10 月 11 日，第 1 版。

③ 郑婧、赵江薇：《旅游纠纷调解 调出美丽三亚和谐底色》，《人民调解》2015 年第 2 期，第 16 页。

体的案件受理范围。例如，三亚市旅游纠纷人民调解委员会受理案件的范围包括四类：履行旅游合同产生的纠纷；旅游者在旅游活动中发生的人身伤害纠纷；旅游者在旅游活动中发生的涉及金钱、财产损失的纠纷；其他可适用于人民调解的旅游纠纷。上海市旅游纠纷人民调解委员会主要受理法律适用要求较高的各类旅游投诉、各类非传统类型的旅游投诉及重大、疑难、复杂、群体性投诉和需要司法确认的案件。有关旅游服务质量的纠纷则由上海市旅游质监所受理。① 总体而言，旅游纠纷人民调解委员会受理的案件范围涵盖旅游者与旅游经营者及履行辅助人之间的违约或侵权纠纷。

其次，调解程序应遵守的原则。对于旅游纠纷人民调解委员会应当遵守的调解原则，《人民调解法》作出了具体的规定：在当事人自愿、平等的基础上进行调解；不违背法律、法规和国家政策；尊重当事人的权利，不得因调解而阻止当事人依法通过仲裁、行政、司法等途径维护自己的权利。实践中，旅游纠纷人民调解委员会对上述原则作出了更为具体的规定。例如，《霍邱县旅游纠纷人民调解委员会工作方案》（2014 年）② 规定，霍邱县旅游纠纷人民调解委员会应当遵守五项原则。一是坚持人民调解优先原则，即在受理旅游纠纷投诉时应当积极引导当事人通过人民调解解决纠纷。二是自愿原则，即旅游纠纷人民调解委员会应当在双方当事人自愿的前提下，组织进行调解。三是公平、公正、公开原则，人民调解员应当坚持公平、公正、公开原则，依法、合理地对旅游纠纷进行调解。四是制度化管理原则，规范统计报表、调解档案、信息通报等各项制度。五是不收取费用原则。

最后，调解程序的开展和调解协议的履行。按照温州市司法局和旅游局制定的《关于推行旅游纠纷人民调解工作机制的实施意见》的规定，调解程序的启动包括三种情形。一是旅游者申请人民调解委员会调解。二是在旅游行政管理部门受理旅游纠纷后，旅游纠纷当事人愿意接受人民调解的，由旅游行政管理部门委托人民调解委员会调解。三是在旅游纠纷当事人向人民法院提起诉讼且人民法院已经受理后，纠纷当事人愿意接受人民调解的，由人民法院委托人民调解委员会调解。旅游纠纷人民调解委员会

---

① 丁宁：《上海成立旅游纠纷人民调解委员会》，《中国旅游报》2017 年 10 月 11 日，第 1 版。
② 参见霍邱县旅游局和霍邱县司法局制定的《关于印发〈霍邱县旅游纠纷人民调解委员会工作方案〉的通知》（霍旅〔2014〕21 号）。

应审查证据材料，对双方当事人主体适格且申请事项属于其调解范围的案件，应于同日受理，并指派调解员。人民调解委员会在受理纠纷后，应及时安排调解，至少提前 1 个工作日告知旅游纠纷当事人调解时间以及地点。旅游纠纷人民调解委员会应该在一个月内调解结案。因特殊情况未能在规定期限调解的，经旅游纠纷双方当事人同意，可以延长调解期限，但最多不得超过一个月。另外，旅游纠纷人民调解委员会不断创新调解方式。例如，苏州市旅游纠纷人民调解委员会在立案后通过微信、QQ、电话开展调解，化解旅游纠纷 524 件，占受理的旅游纠纷总数的 86%。① 调解成功，旅游纠纷人民调解委员会应当及时制作人民调解协议书，由双方当事人签字。若调解失败，旅游纠纷人民调解委员会应告知旅游者通过仲裁或诉讼方式解决。实践中，旅游纠纷人民调解委员会调解的成功率相当高。例如，三亚市旅游纠纷人民调解委员会在成立后的两年多时间内，共受理旅游纠纷 173 件，调解成功 154 件，成功率达 89% 以上。②

根据 2002 年《最高人民法院关于审理涉及人民调解协议的民事案件的若干规定》第 1 条和第 2 条的规定，经人民调解委员会调解达成的且含有民事权利义务内容的调解协议，经双方当事人签字或者盖章后，具有民事合同性质。旅游者可向人民法院起诉，请求旅游经营者履行调解协议。此外，个别旅游纠纷人民调解委员会与其他相关机构合作，促进调解协议的履行。例如，宁波市旅游纠纷人民调解委员会与宁波市旅游纠纷理赔中心采取联合办公的方式，为旅游者提供理赔服务。经旅游纠纷人民调解委员会调解成功且属于保险责任的案件，旅游者可以向理赔中心申请赔偿，并在材料提交齐全之日起 10 个工作日内结案。③

（三）中国跨境旅游纠纷行政投诉的现状

当我国旅游者认为自己的合法权益受到侵害时，可向旅游投诉处理机构和消费者协会提出权利诉求，要求旅游投诉处理机构和消费者协会对自

---

① 苏州市司法局：《苏州市"微信调解"化解旅游纠纷 500 余起》，http://www.sfj.suzhou. gov.cn/szsfj/infodetail/？infoid＝7ee8d6c9－1926－4055－b69a－4108613f49c1&categoryNum＝ 004001，最后访问日期：2020 年 11 月 21 日。

② 郑婧、赵江薇：《旅游纠纷调解 调出美丽三亚和谐底色》，《人民调解》2015 年第 2 期，第 17 页。

③ 沈仲亮、杨勇权：《市场综合监管的"宁波探索"》，《中国旅游报》2016 年 6 月 27 日，第 1 版。

己和旅游经营者之间的纠纷作出处理。

1. 向旅游投诉处理机构进行投诉

根据《旅游法》第 92 条和《旅游投诉处理办法》第 2 条的规定，旅游投诉由旅游投诉受理机构受理，包括旅游行政管理部门、旅游质量监督管理机构或旅游执法机构。实践中，各省份旅游投诉处理机构的设置方式不尽相同，名称也不相同，如旅游质量监督管理所、旅游执法大队。这些机构在设立初期基本上是旅游主管部门下设的事业单位。近年来，随着行政体制改革和事业单位改革的逐步推进，旅游投诉处理机构在主体地位、经费管理和人员管理上发生了很大的变化，但处理旅游投诉的职能并未发生变化。旅游者在旅游过程中因旅游服务质量问题导致其合法权益受损，可立即向当地的旅游投诉受理机构投诉。若旅游者已经返回旅游出发地，可向旅游经营者所在地的旅游投诉受理机构投诉。[①]《旅游投诉处理办法》对旅游投诉的案件受理范围、管辖权的确定、受理程序等作出了具体规定，已在本书第六章中作出详细分析，在此不予赘述。

总体而言，通过旅游投诉处理机构处理旅游纠纷的优势主要包括三个方面。首先，便利性。旅游投诉一般应当采取书面形式，但投诉事项比较简单的，旅游者可以口头投诉。旅游者可通过拨打旅游投诉热线进行投诉，还可通过全国旅游监管服务平台进行投诉。其次，快捷性。旅游投诉的处理周期较短。《旅游投诉处理办法》规定旅游投诉受理机构受理旅游者的投诉后应立案办理，并在 5 个工作日内向被投诉方送达投诉资料，且在受理投诉之日起 60 日内处理完毕。实践中，旅游投诉处理的效率非常高，有的地方平均投诉处理时间不超过 5 日。[②] 最后，有效性。旅游行政管理部门是旅游经营者的行业主管部门，其设立旅游投诉处理机构对旅游纠纷进行处理，客观上具有一定的威慑性，促使旅游经营者更为积极、主动地解决旅游纠纷。另外，当出现旅行社违反旅游合同规定，侵害旅游者合法权益或因旅行社解散、破产造成旅游者预交旅费损失的情况时，旅游主管部门有权划拨质量保证金来赔偿旅游者的损失。此外，在处理旅游纠纷的过程中，如发现旅游经营者的违法经营行为，旅游主管部门还可同时处罚违法经营行为，从而规范旅游市场环境。

---

① 杨富斌主编《旅游法教程》（第二版），中国旅游出版社，2018，第 230～231 页。

② 陈沫：《有旅游纠纷打 12301 平均解决旅游投诉时间不超 5 天！》，http://www.myzaker.com/article/597194061bc8e0007200031a/，最后访问日期：2020 年 11 月 27 日。

　　值得注意的是，按照《旅游投诉处理办法》第 16 条和第 24 条的规定，旅游投诉受理机构处理旅游者的投诉主要采用行政调解方式。在跨境旅游纠纷行政调解过程中，旅游投诉受理机构采用"一个中心、三个基本点、五个步骤"的"135"调解方法。"一个中心"即调解过程中的所有工作都必须围绕和服务于双方当事人自愿达成一致意见、签订调解协议，最终实现相互理解和谅解。"三个基本点"：一是找准争议焦点，在调解过程中紧抓焦点问题，有针对性地开展调解工作；二是找准利益平衡点，积极寻找旅游纠纷当事人之间的利益平衡点，引导纠纷当事人作出一定让步；三是找准情与法的结合点，善于捕捉法律规定与道德规范的结合点，达到于法有据、于理有情。"五个步骤"：一是就焦点问题涉及的有关法律、法规，向旅游纠纷当事人进行阐述和解释；二是就焦点问题涉及的赔偿事项，告知旅游纠纷当事人相关国家或行业规定或标准；三是分别与旅游纠纷当事人进行交流和沟通，以期通过各退一步，实现共进一步的目的；四是与旅游纠纷双方当事人就案件的证据、事实、法律适用发表意见，保持中立性；五是根据案件的事实、证据和依据，拟定调解方案，促成当事人双方达成一致，并签订调解协议。① 若跨境旅游纠纷双方达成和解协议，则由旅游投诉受理机构制作《旅游投诉调解书》。

　　为确保行政调解的专业性、公正性和高效性，很多旅游投诉受理机构还聘请律师作为调解员，以中立第三人的身份提供旅游纠纷解决意见。例如，2015 年上海市旅游质监所建立了"旅游律师志愿团"公益服务制度，邀请 20 名在职律师作为兼职调解员。② 加之，旅游投诉受理机构自身的权威性，所以调解成功率较高。例如，2012 年上海市旅游质监所共收到旅游纠纷案件共 745 件，处理有效投诉 472 件，成功率高达 87%。③ 2020 年第三季度，北京市旅行社服务质量监督管理所共受理各类旅游投诉 896 件，其中调解案件 385 件且调解结案率高达 88.3%。④

---

① 骆志宗：《处理旅游纠纷的四个"坚持"》，《中国旅游报》2012 年 3 月 26 日，第 11 版。
② 季张颖：《"律师调解＋旅游纠纷调处"产生化学反应》，《上海法治报》2017 年 11 月 1 日，第 A03 版。
③ 丁宁、汝乃尔：《上海旅游巡回法庭诞生记》，《中国旅游报》2014 年 1 月 10 日，第 1 版。
④ 北京市旅行社服务质量监督管理所：《2020 年第三季度北京地区旅游服务质量投诉工作情况》，http://whlyj. beijing. gov. cn/zwgk/tzgg/202010/t20201014_2111180. html，最后访问日期：2020 年 11 月 28 日。

2. 向消费者协会进行投诉

根据《旅游法》第 92 条第 2 款和《消费者权益保护法》第 39 条第 2 款的规定，旅游者可请求消费者协会处理旅游纠纷。实践中，消费者协会在旅游纠纷解决和保护旅游者合法权益上取得显著成果，成为旅游者投诉的重要渠道。2019 年，全国消费者协会共受理旅游纠纷 7772 件。[①] 消费者协会按照《消费者协会受理消费者投诉工作导则（修订）》（2015 年），主要采用调解方式处理旅游者的投诉。

首先，消费者协会调解程序的开启。旅游者既可以直接上门或写信投诉，也可以拨打消费者协会的投诉电话或者通过拨打 12345 电话转接至消费者协会，还可以通过网上进行投诉。旅游者应递交旅游纠纷当事人的相关信息、纠纷发生的具体情况、证据材料、请求事项以及与旅游经营者协商的情况。[②] 消费者协会受理旅游投诉的依据包括：国家有关法律、行政法规和部门规章；有关地方性法规；有关国家标准、行业标准、地方标准和企业标准；消费者协会受理投诉规范性文件和其他有关规范性文件；旅游者与旅游经营者签订的书面合同或协议以及双方认可的口头协议；旅游经营者对外公开的有关承诺；民商事活动惯例；其他有关依据。[③] 消费者协会受理旅游投诉实行以地域管辖为主、就近受理的原则。[④]

其次，消费者协会调解程序的开展和结束。消费者协会应当在收到投诉材料之日起 10 个工作日内决定是否受理。有特殊情况需要延长审查期限的，应及时告知旅游者，延长期不得超过 10 个工作日。符合受理投诉规定的，消费者协会予以受理，并告知旅游者。消费者协会将进行调查，或依照自愿、合法的原则对旅游纠纷当事人进行调解，促成和解协议的达成。[⑤] 需要由其他消费者协会或有关部门处理的，消费者协会可直接将案件转给其他消费者协会或有关部门处理并告知旅游者，或告知旅游者自行向其他消费者协会或有关部门投诉。不符合受理投诉规定的，消费者协会应书面告知旅游者及理由，将投诉材料退回旅游者。[⑥] 十人或十人以上的群体旅

---

① 参见中国消费者协会《2019 年受理投诉统计表》，https://baijiahao.baidu.com/s? id = 165 5947122591663350&wfr = spider&for = pc，最后访问日期：2020 年 11 月 21 日。
② 《消费者协会受理消费者投诉工作导则（修订）》第 14 条。
③ 《消费者协会受理消费者投诉工作导则（修订）》第 4 条。
④ 《消费者协会受理消费者投诉工作导则（修订）》第 11 条。
⑤ 《消费者协会受理消费者投诉工作导则（修订）》第 7 条。
⑥ 《消费者协会受理消费者投诉工作导则（修订）》第 19 条。

游者投诉，可由旅游者推选两名至三名代表进行投诉。代表人的投诉行为对其所代表的旅游者发生效力。但是，代表人在决定变更、放弃投诉要求或进行和解时，应当经被代表的旅游者特别授权。①

（四）中国跨境旅游纠纷仲裁的现状

仲裁机构一般为处理民商事纠纷的非诉讼纠纷解决机构。仲裁员或仲裁庭根据跨境旅游纠纷当事人的仲裁协议，对当事人之间的旅游纠纷作出裁决。按照《中华人民共和国仲裁法》（以下简称《仲裁法》）第 3 条的规定，旅游纠纷属于消费纠纷，具有可仲裁性。这也在《旅游法》第 92 条第 3 款和《消费者保护法》第 39 条第 4 款中得到明确规定。因此，旅游者可将跨境旅游纠纷提交至仲裁机构，通过仲裁方式解决。提交仲裁的前提是有效仲裁协议的存在。因此，旅游者和旅游经营者需要在旅游合同中制定仲裁条款或在旅游纠纷发生后达成提交仲裁的协议，并同时明确具体的仲裁机构、仲裁地点以及应适用的法律等内容。值得注意的是，并不是所有的跨境旅游纠纷均可提交仲裁。按照《仲裁法》第 2 条的规定，仲裁机构只能受理旅游者与旅游经营者、履行辅助人之间发生的旅游合同纠纷和其他财产性权益纠纷。

当前，为旅游纠纷当事人提供仲裁服务的机构主要为商事仲裁机构。例如，为了更加方便旅游者通过仲裁解决旅游纠纷，安徽省淮南仲裁委员会专门规定，仲裁庭对旅游纠纷金额小的案件应在一天内予以解决，而对案情复杂的旅游纠纷案件应在 4 个月内予以解决。例如，旅游者丁某在旅游公司提供的"海南五日游"活动中，由于客车突然刹车，丁某身体多处受伤。在与旅游经营者就赔偿问题协商失败后，丁某依据旅游合同向安徽省淮南仲裁委员会提交了仲裁申请。虽然该纠纷涉及的法律关系较为复杂，但仲裁员准确把握旅游纠纷的焦点，依据旅游行业相关法律规定及行业惯例，使该纠纷得以顺利解决。② 值得注意的是，随着旅游业的迅猛发展，中国已经出现了专门的旅游纠纷仲裁机构。例如，2016 年 8 月 1 日，由烟台市旅游发展委员会和烟台仲裁委员会联合成立的"烟台仲裁委员会旅游

---

① 《消费者协会受理消费者投诉工作导则（修订）》第 20 条。
② 苏国义：《淮南首例仲裁旅游纠纷结案》，http://www.hnbynews.com/content.asp? id = 369 44，最后访问日期：2020 年 11 月 21 日。

纠纷仲裁中心"正式挂牌。这是对创新旅游市场综合监管的"1＋3＋N"模式①的贯彻落实。

首先，旅游纠纷仲裁中心的机构设置。新成立的烟台仲裁委员会旅游纠纷仲裁中心作为烟台仲裁委员会的派出机构，专门负责旅游案件的审理工作。其办公地点设在烟台市旅游质量监督管理所。旅游质量监督管理所所长担任旅游纠纷仲裁中心主任，而烟台仲裁委员会审理二科科长担任旅游纠纷仲裁中心副主任。2017年4月和6月，莱州市和龙口市分别成立县级旅游纠纷仲裁中心，标志着烟台市已初步建立市县两级旅游纠纷仲裁机构。②

其次，旅游纠纷仲裁中心的运行。旅游者可通过电话、信函、来访、网络、短信、微博和微信方式向该仲裁中心提请仲裁。该仲裁中心受理旅游纠纷以有效的仲裁协议为基础。例如，旅游者可在与旅行社签订的旅游合同中包含"因履行本合同发生的争议，双方协商解决，协商不成的，提交烟台旅游纠纷仲裁中心"条款。如合同中未签订这样的条款，旅游纠纷双方可签署仲裁协议同意通过该仲裁中心进行仲裁。仲裁中心受理案件的类型包括旅游者与旅行社的旅游合同纠纷、旅游者与景区或星级酒店的服务质量纠纷、旅游企业之间的旅游团款纠纷等。该仲裁中心当天就可立案，先进行调解后进行仲裁。截至2018年1月，该仲裁中心已解决旅游纠纷45件。③ 旅游纠纷仲裁中心还在烟台市旅游热点区域和主要景区点设立旅游纠纷"巡回仲裁庭"。旅游者在景区遇到旅游纠纷可以直接到巡回仲裁庭进行仲裁，从而确保旅游纠纷能够被及时、高效地解决。④

（五）中国参与的跨境旅游纠纷非诉讼解决合作机制

中国已连续多年在出境旅游总人次上位居世界第一。然而，在跨境旅游活动火热的同时，中国旅游者在境外合法权益受到侵害的数量和频率也随之攀升，例如被强迫购物、增加自费项目、不经同意更改旅游行程等。与此同时，中国凭借优良的旅游资源和安全的国内环境也跻身主要的新兴旅游目的地国。但是，由于中国的旅游市场环境还存在一定的问题，例如

---

① 旅游发展委员＋旅游警察、旅游工商、旅游巡回法庭＋多个旅游市场监管机制。
② 任叶、王丹：《烟台"旅游＋仲裁"叠加效应显现》，《中国旅游报》2018年1月5日，第33版。
③ 任叶、王丹：《烟台"旅游＋仲裁"叠加效应显现》，《中国旅游报》2018年1月5日，第33版。
④ 郭超等：《游烟台遇纠纷，景区就能仲裁》，《烟台日报》2016年8月2日，第3版。

旅游质量水平不高和旅游服务配套设施不齐全，入境的其他国家和地区的旅游者也时常面临合法权益受到侵害的问题。在跨境旅游活动中，由于旅游时间短、行程紧，跨境旅游者在发生旅游纠纷后若无法与旅游目的地的旅游经营者及时协商解决纠纷，通常希望返回国内继续寻求救济。然而，跨境旅游纠纷通常涉及两个以上国家或地区，仅凭一国之力难以得到有效解决。此外，无论是国内旅游还是跨境旅游，旅游者在发生纠纷后都会存在这样的担忧：能否在旅游纠纷发生地受到与其惯常居所地同等的法律保护。因此，构建有效的跨境旅游纠纷合作机制，确保旅游者无论是在旅游纠纷发生地还是在其惯常居所地均可获得平等有效的救济具有重要的现实意义。

《消费者协会受理消费者投诉工作导则（修订）》（2015 年）第 11 条第 3 款①就对跨境消费纠纷解决中大陆地区的消费者协会与香港特别行政区、澳门特别行政区、台湾地区和其他国家或地区的消费者保护机构进行合作进行了规定。目前，消费者协会与其他国家或地区的消费者保护机构在跨境旅游纠纷非诉讼解决合作上也取得显著成效。

1. 深港澳珠消费者保护机构间的跨境旅游纠纷非诉讼解决合作

相比其他旅游纠纷受理机构，中国消费者协会在与境外旅游纠纷相对人联系和协商，并协助旅游者挽回损失方面发挥重大作用。目前，中国消费者协会以及各省份的消费者协会已经和港澳台地区的消费者保护机构建立了不同程度的跨境旅游纠纷非诉讼解决合作机制。例如，深圳市消费者委员会充分发挥其毗邻香港特别行政区和澳门特别行政区的地理优势，于 2003 年与香港、澳门、珠海等地消费者保护机构共同签署了"深、港、澳、珠"消费维权框架合作协议，实现了四地旅游者投诉互通，取得良好的成效。具体而言，如果深圳市的旅游者在香港特别行政区或澳门特别行政区发生旅游纠纷，可以在返回深圳后直接向深圳市消费者委员会投诉。深圳市消费者委员会将旅游者的赔偿请求以及相关证明材料传递至被投诉的旅游经营者所在地的消费者保护机构进行调解处理，并在收到处理结果后及时反馈给旅游者。如果深圳市的旅游者直接向跨境旅游纠纷发生地的

---

① 第 11 条第 3 款：对内地消费者在香港、澳门特别行政区、台湾地区和国外消费引发的投诉，一般应转给与上述地区或国家消费者组织有受理投诉工作协议的消费者协会受理，也可告知消费者直接向与上述地区或国家消费者组织有受理投诉工作协议的消费者协会投诉。

消费者保护机构投诉，在其返回深圳后仍可以通过深圳市消费者委员会了解投诉处理情况和接收退回的物品和现金。该旅游纠纷非诉讼解决合作机制在解决互涉跨境旅游纠纷方面已发挥重大作用。例如，深圳市消费者委员会与香港特别行政区的消费者委员会在合作的两年内处理旅游投诉 200 多件，为旅游者挽回的经济损失高达 50 万元。①

2. 中国与其他国家消费者保护机构间的跨境旅游纠纷非诉讼解决合作

除了与香港特别行政区、澳门特别行政区和台湾地区的消费者保护机构建立跨境旅游纠纷非诉讼解决合作关系外，消费者协会还与其他国家（尤其是邻国）的消费者保护机构建立了跨境旅游纠纷非诉讼解决合作关系。目前，国家工商总局已与 35 个国家和地区的 45 个国外机构和 3 个国际组织签署合作协议 54 个，其中含消费者保护领域合作协议近 30 项。② 欧洲国家是中国旅游者主要的旅游目的地。近年来，由于欧洲国家经济形势不容乐观和来自中东、北非地区的难民大量涌入，中国旅游者在欧洲国家旅游过程中合法权益遭受损害的频率大为增加。为妥善解决跨境旅游纠纷和保护中国旅游者的合法权益，中国国家工商行政管理总局于 2014 年 6 月与欧盟委员会卫生与消费者保护总司共同签署了《中华人民共和国国家工商行政管理总局和欧盟委员会卫生与消费者保护总司联合声明》，就跨境旅游纠纷解决方面建立制度性合作关系达成共识。

另外，随着"一带一路"倡议的深入实施，中国与"一带一路"沿线国家间的跨境旅游活动在规模和人数上都实现质的飞跃。然而，伴随着跨境旅游活动的发展，旅游纠纷也将随之增加。为及时高效地解决跨境旅游纠纷和保护跨境旅游者的合法权益，边疆地区的工商部门和消费者协会也积极与邻国的消费者保护机构签订相关合作协议。例如，新疆阿勒泰地区目前正在推动打造"四国六方"跨境旅游——指以新疆阿勒泰地区阿尔泰山为界，分别与哈萨克斯坦东哈萨克州，俄罗斯阿尔泰边疆区、阿尔泰共

---

① 李南玲：《深港澳三地旅游消费纠纷维权合作机制彰显成效》，http://news. xinhuanet. com/newscenter/2006 – 07/11/content_4818360. htm，最后访问日期：2020 年 11 月 21 日。

② 国家工商总局国际合作司司长刘燕于 2016 年在内蒙古自治区呼伦贝尔市召开的部分省市跨境消费维权工作座谈会上作出上述表示。

和国，蒙古国巴彦乌列盖省、科布多省接壤环线旅游。[①] 与此同时，新疆阿勒泰地区消费者协会于 2014 年与哈萨克斯坦国东哈州消费者保护机构签订了《中华人民共和国新疆阿勒泰地区和哈萨克斯坦共和国东哈州保护消费者权益合作协议》，就消费维权工作合作内容、工作制度、法律适用等事宜进行了规定。[②] 新疆阿勒泰地区工商局和消费者协会于 2015 年与蒙古国科布多省签订《保护消费者权益合作协议》，就消费维权合作内容、合作的具体机构、双方责任和义务、消费纠纷处理方式以及双方沟通机制等内容作出规定。[③] 新疆阿勒泰地区工商局和消费者协会于 2016 年分别与俄罗斯的阿尔泰边疆区、阿尔泰共和国两地的消费者保护机构签订《保护消费者合法权益合作协议》，就跨境消费维权工作协议内容、相关制度、双方责任和义务等内容作出规定。[④]

二　中国跨境旅游纠纷非诉讼解决机制的特点

中国的跨境旅游纠纷非诉讼解决机制立足于中国的纠纷解决文化、立法和政策，具有中国特色，主要包括以下几个方面。

（一）注重便利性和旅游者利益的保护

由于旅游者的主要活动都在旅游景区开展，所以跨境旅游纠纷也多发生在旅游景区。为了方便、及时、高效地解决旅游纠纷，中国的旅游纠纷解决机构大多就近设立在旅游景区或在景区附近，这成为中国旅游纠纷机制的一大特色。例如，海南省海口市、福建省龙岩市新罗区以及厦门市鼓浪屿景区的旅游纠纷人民调解委员会都设立在景区附近。另外，旅游巡回法庭在周末和重大节假日直接在景区设立旅游巡回点。例如，黄山市巡回法庭在全市 28 家 4A 级以上景区的综治服务站内挂牌设立巡回法庭站点。该巡回法庭还在"黄金周"等重要时间节点全天派驻值班法官，设立节假

---

① 于江艳：《新疆阿勒泰地区看好"四国六方"跨境游前景》，https://kknews.cc/other/gx-avze.html，最后访问日期：2020 年 11 月 21 日。

② 曹健玲等：《中国新疆阿勒泰地区消协与哈萨克斯坦国东哈州消协签订消费维权合作协议》，http://www.cca.org.cn/xxgz/detail/15402.html，最后访问日期：2020 年 11 月 21 日。

③ 苏丹：《阿勒泰地区消费者协会赴蒙古国科布多省 签订跨境消费维权合作协议》，http://www.xjxfwq.com/worknews/2566.jhtml，最后访问日期：2020 年 11 月 21 日。

④ 苏丹、阳海霞：《阿勒泰与俄罗斯两地区签订跨境消费维权合作协议》，https://kknews.cc/finance/aj889x.html，最后访问日期：2020 年 11 月 21 日。

日调解室，最大限度地节约旅游者时间，当场化解旅游纠纷。①

考虑到旅游纠纷涉及的主体较多，中国的旅游纠纷解决机构，尤其是旅游纠纷人民调解委员会通常由多个旅游行业部门组成。例如，海口市旅游纠纷人民调解委员会的成员单位几乎涵盖了旅游活动的各个环节，包括海口市的旅行社协会、酒店协会、景区协会、旅游商品协会。广泛的参与主体以及参与主体之间的密切配合更方便旅游者进行投诉，并确保跨境旅游纠纷的全面解决和纠纷解决效率的提高。另外，为了方便旅游者通过仲裁方式解决旅游纠纷，很多仲裁机构与消费者协会或旅游投诉受理机构合作，在这些组织机构内部设立旅游纠纷仲裁中心。当消费者协会或旅游投诉受理机构调解失败后，旅游者可以直接向仲裁中心请求仲裁。人民法院也与旅游纠纷人民调解委员会、消费者协会或旅游投诉受理机构合作，及时对经这些机构调解达成的调解协议进行司法确认。人民法院也可在受理旅游纠纷后委托这些机构先进行调解。

此外，中国的旅游纠纷解决机构还主动介入旅游纠纷的解决，积极为旅游者提供权利救济。例如，这些以景区为依托的旅游纠纷人民调解委员会或巡回法庭除了接受旅游者的投诉外，还主动在景区发现旅游纠纷并通过调解方式协助当事人解决旅游纠纷。考虑到旅游者在解决旅游纠纷上的时间和精力有限，消费者协会还可代理旅游者参与仲裁程序，而旅游者只需提交相关证明材料和签署授权委托书。另外，为了方便旅游纠纷当事人解决旅游纠纷，旅游纠纷人民调解委员会还积极创新调解方式，利用 QQ、微信等即时通信工具开展调解。再者，为了协助旅游者解决调解协议或仲裁裁决执行难的问题，部分地区还推行先行赔付机制，先代旅游经营者偿付，再向旅游经营者追偿。此外，为更好保护旅游者的合法权益和预防跨境旅游纠纷的发生，例如海南省三亚市正探索建立大诚信体系，涵盖企业信用记录制度、旅游市场信用体系、旅游市场联合惩戒机制、失信行为处罚及市场限入禁止机制等。②

由此可见，中国的旅游纠纷解决机制注重便利性和旅游者合法权益的保护，尽可能确保旅游者能够通过调解、仲裁或诉讼方式及时、高效、经济地解决旅游纠纷。此外，中国旅游纠纷解决机制开始注重诚信文化的培育。

---

① 葛晓阳：《多地法院设立旅游巡回法庭　部门联动"朋友圈"解纷又快又好》，《法制日报》2016 年 8 月 11 日，第 3 版。

② 袁宇、徐慧玲：《黄金周，三亚请您放心游!》，《海南日报》2017 年 9 月 25 日，第 A11 版。

（二）呈现多元性并以调解为主导

跨境旅游纠纷具有法律关系相对简单、涉及金额小且频发、解决时间上急迫以及旅游者处于相对弱势地位等特点。跨境旅游者因行程紧凑、停留时间短，不愿耗费过多的时间和精力解决旅游纠纷。当及时、高效、经济的非诉讼纠纷解决机制易于获得时，即使中国的旅游者对法院存在依赖，也更愿意通过非诉讼纠纷解决方式解决旅游纠纷。《旅游法》和《消费者保护法》规定旅游者可通过协商、调解、仲裁和诉讼方式解决旅游纠纷，将诉讼作为最后一种救济方式。由此可见，中国的立法也倾向于鼓励旅游者通过非诉讼纠纷解决方式解决跨境旅游纠纷。在实践中，旅游者在旅游纠纷发生后也会首先通过直接与旅游纠纷服务提供者协商解决旅游纠纷，并且成功率较高。为了确保旅游者能够有效与旅游经营者协商解决旅游纠纷，文化和旅游部已经制定了《旅游经营者处理投诉规范》，要求旅游经营者完善内部纠纷处理机制，并认真对待旅游者的投诉。

在调解方面，各旅游城市纷纷设立了旅游纠纷人民调解委员会，制定了较为完善的调解程序规则，为旅游者提供免费的旅游纠纷调解服务。另外，消费者协会在收到旅游者的投诉后，按照《消费者协会受理消费者投诉工作导则（修订）》的规定，主要采用调解方式促成旅游者与旅游经营者达成调解协议。旅游投诉受理机构受理旅游者的投诉后以行政调解为主。同样，旅游巡回法庭也注重采用调解方式解决旅游纠纷，只有在调解失败的情况下才进入审判程序。由此可以看出，旅游纠纷调解在中国的旅游纠纷解决方式中占据主要地位并发挥重要作用。

此外，虽然旅游纠纷仲裁服务主要由商事仲裁机构提供。但是，考虑到旅游纠纷的特点，为更好地解决旅游纠纷和保护旅游者的合法权益，仲裁机构与消费者协会或旅游质量监督管理所合作，设立专门的旅游纠纷仲裁中心。所以，旅游者在协商或调解失败后将不再面临不得不向法院起诉的困境，而是可以直接向仲裁中心申请仲裁，从而终局性地解决旅游纠纷。因此，中国的跨境旅游纠纷非诉讼解决机制已呈现多元性，并以调解为主。

（三）实现一定程度上的相衔接

旅游纠纷非诉讼解决方式在解决跨境旅游纠纷方面各具独特优势。然而，旅游活动涉及吃、住、行、游、购、娱等多个方面，旅游纠纷种类多样。没有哪一种非诉讼纠纷解决方式能够有效应对复杂多样的跨境旅游纠纷，也没有哪一种非诉讼纠纷解决方式能够完美解决某一类型的跨境旅游纠纷。另外，《旅游法》和《消费者保护法》规定旅游者可通过协商、调解和仲裁解决跨境旅游纠纷，但并没有要求旅游者只能采用其中的一种纠纷解决方式。实践中，要确保跨境旅游纠纷得到及时、高效、灵活、经济的解决通常需要两种或两种以上非诉讼纠纷解决方式相互衔接。跨境旅游纠纷非诉讼解决机制的协同意味着旅游纠纷解决机构能够提供两种或两种以上的纠纷解决方式，或者不同旅游纠纷解决机构之间相互合作。

对于第一种情形，目前主要由中国仲裁机构和旅游质量监督管理所单独提供两种或两种以上的非诉讼纠纷解决服务。仲裁机构在收到旅游者和旅游经营者的有效仲裁协议后，先采用调解方式促使当事人直接达成和解。若调解失败，则直接转为仲裁程序，通过作出仲裁裁决来解决旅游纠纷。旅游质量监督管理所作为受理旅游投诉的行政机构，按照《旅游投诉处理办法》的规定，以调解方式促使旅游纠纷得到解决。若调解失败，但是旅游纠纷属于以下情形的，旅游质量监督管理所可直接作出划拨旅行社质量保证金赔偿的决定：旅行社因解散、破产或者其他原因造成旅游者预交旅游费用损失的；因旅行社中止履行旅游合同义务造成旅游者滞留，而实际发生了交通、食宿或返程等必要及合理费用的。因此，旅游质量监督管理所可提供先行政调解后行政裁决的非诉讼纠纷解决服务。

对于第二种情形，中国的旅游者一般都会选择首先与旅游经营者协商。只有在协商失败后才会考虑通过旅游纠纷解决机构进行解决。文化和旅游部制定的《旅游经营者处理投诉规范》要求旅游经营者完善内部纠纷处理机制，积极受理旅游者直接提出的投诉和受理相关机构或部门转办的投诉。实践中，消费者协会或旅游质量监督管理所在收到旅游者的投诉后，也会了解旅游者与旅游经营者的协商情况。若旅游者未先与旅游经营者协商，则上述旅游纠纷解决机构会将旅游者的投诉情况转递至旅游经营者，督促后者提出和解方案。由此可见，中国现有的纠纷解决基本都是由旅游协商与其他非诉讼纠纷解决方式相衔接。另外，旅游纠纷人民调解委员会、消费者协会、旅游质量监督管理所还和仲裁机构合作，将调解和仲裁方式相衔接来解决旅游纠纷。再者，人民法院还积极与旅游纠纷人民调解委员会、消费者协会、旅游质量监督管理所合作，对经上述机构调解达成的调解协议及时进行司法确认，为非诉讼纠纷解决方式的有效运行提供司法保障。例如，海南省三亚市已经构建了以旅游警察、旅游巡回法庭、旅游纠纷人民调解委员会和各行政执法部门"四位一体"的旅游市场监管体系，确保及早化解旅游纠纷。与此同时，旅游诉讼案件数量呈断崖式下降，2013 年为 159 起、2014 年为 130 起，2015 年下降到 9 起，2016 年为 2起，2017 年到 9 月为止 1 起。[1]

（四）　建立特定地域范围内的合作机制

多数情况下，跨境旅游纠纷是发生在旅游者惯常居所地所在国之外的其他地区或国家。旅游者的旅游行程都比较紧凑，难以保证有足够的时间在旅游纠纷发生地解决旅游纠纷，或者即使旅游纠纷得到解决，有时也难以保证有时间等待纠纷解决结果得到完全履行。基于此，中国的跨境旅游纠纷解决机制已经在建立统一全国旅游投诉平台、与其他国家或地区建立消费纠纷解决合作机制方面取得显著成效。具体而言，文化和旅游部已于2016 年 9 月正式运行"12301 全国旅游投诉举报平台"，通过该网络平台将全国的旅游投诉受理机构连接起来。旅游者只需要登录该网络平台就可以将在大陆范围内发生的旅游纠纷提交至有管辖权的旅游投诉受理机构解决。另外，目前，12301 平台热线已经与国内部分省份的 12315、12345 和12308 中国公民领事保护热线实现信息共享。以出境游为例，2017 年国庆节期间，中国旅游者出境游比例大增，12301 平台处理的出境游咨询量由2016 年的 12.83% 增加到今年的 21.06%。有的旅游者在境外遇到问题，既涉及领事保护，又涉及旅游投诉，此时，12308 和 12301 的信息通报和合作处置机制就起到了作用。[2]

此外，中国的消费者协会已在不同程度上与香港特别行政区、澳门特别行政区和台湾地区的消费者保护机构建立了区域性合作机制。根据该区域性合作机制，在旅游纠纷发生后，旅游者既可以在旅游纠纷发生地也可以在惯常居所地向消费者协会申请解决旅游纠纷。由消费者保护机构协助旅游者传递相关证据材料，与纠纷相对人协商或者从中调解以解决纠纷，并敦促赔偿义务的履行。再者，中国已与 35 个国家和地区签订了消费者保护领域合作协议，为跨境旅游纠纷解决的合作奠定了基础。因此，中国在跨境旅游纠纷非诉讼解决合作上已经形成一定的地域规模。

---

① 胡拥军：《铁腕治旅 三亚旅游一路向好》，《三亚日报》2017 年 9 月 26 日，第 1 版。

② 赵昂：《当旅游投诉遇上智慧平台》，《工人日报》2017 年 11 月 5 日，第 3 版。

第二节　中国跨境旅游纠纷非诉讼解决机制的不足

中国已进入"大众旅游时代"。近年来，随着出境旅游服务产品价格的持续走低和出境政策的不断优化，中国公民出境旅游在人数和规模上都达到空前水平，多年蝉联世界第一位。但是，中国旅游者在境外旅游活动中与旅游服务提供者发生纠纷且其合法权益受到侵害的数量也以几何倍数增长，尤其是与零负团费相关的旅游纠纷。受旅游行程安排、签证时效、语言不通和法律规定存在差异等因素的影响，中国旅游者在难以在旅游纠纷发生地获得有效权利救济后，希望借助本国与该国家的旅游纠纷解决合作机制予以解决。与此同时，中国丰富多样的旅游资源、安全的旅游目的地形象、全域旅游的建设和"一带一路"倡议的稳步实施等多重利好因素叠加，中国的入境旅游市场走出低谷，中国成为主要的新兴旅游目的地国。然而，中国旅游市场粗放式发展也使入境旅游纠纷数量大幅增长。入境旅游者希望通过中国的旅游纠纷解决机制或回国后通过其本国与中国的旅游纠纷解决合作机制解决旅游纠纷。总体而言，中国现有的旅游纠纷非诉讼解决机制以及与其他国家或地区的旅游纠纷非诉讼解决合作仍存在以下不足。

一　跨境旅游纠纷非诉讼解决机制的协同较差

在中国的法治化进程中，司法权威性和能动性得到确立，民众的法律意识不断提高，能够积极运用法律手段维护自身的合法权益。但与此同时，在跨境旅游纠纷解决方面出现了一些社会问题。例如，民众对司法权和诉讼过度依赖导致协商文化和能力的弱化；民间社会机制和社会自治自律机制低下，制度化和职业化偏好导致旅游纠纷解决成本、风险和难度增加，旅游纠纷解决向法院过度集中。① 《旅游法》和《消费者保护法》为旅游者提供了协商、调解、仲裁和诉讼四种纠纷解决方式。相比其他非诉讼纠纷解决方式，诉讼在跨境旅游纠纷解决方面起到十分重要的作用，甚至在某些地区成为主要的纠纷解决方式。例如，各地掀起在旅游风景区定

---

① 范愉：《繁简分流：优化司法资源配置的新路径》，《人民法院报》2016 年 9 月 14 日，第 2 版。

时定点设立旅游巡回法庭的热潮。

　　然而，当过多的小额旅游纠纷集中在法院时，势必会使法院的审判压力过重，出现"案多人少"的困境。尽管法院案件大力推行繁简分流，但仍然是在法院系统内解决旅游纠纷。投入大量的司法资源去解决案件事实相对明确、法律关系相对简单的旅游纠纷不仅不利于司法资源的优化配置，还会不断增加社会在诉讼程序上付出的整体成本。欧洲国家通过类似的司法改革经验表明：仅仅通过法院内部创新审判方式、提高审判效率难以有效应对解决小额频发的旅游纠纷；充分发挥民间社会机制和社会自治机制在解决旅游纠纷上的作用，才能确保更多的旅游者获得司法正义。因此，在当前欧美旅游发达国家，非诉讼纠纷解决方式在解决小额跨境旅游纠纷方面已经取代诉讼成为最为主要的纠纷解决方式。

　　中国旅游诉讼功能的强化，使非诉讼纠纷解决方式的功能相对弱化，在解决旅游纠纷方面发挥的作用也受到限制。随着旅游法治体系的日益完善和中国全域旅游的建设，中国旅游业从粗放型向精细化发展，以诉讼为主的纠纷解决机制逐渐不合时宜。中国的非诉讼纠纷解决机制的功能应得到强化，充分发挥其在解决法律关系简单的旅游纠纷案件上的作用。这样不仅能够为法院分流案源和减轻法院的审判压力，还能有助于法院集中解决疑难杂案，使旅游者获得司法正义。

　　中国旅游纠纷非诉讼解决机制主要包括旅游协商、调解和仲裁。这三种纠纷解决方式凭借自身的特点及优势在解决旅游纠纷方面发挥了重要作用，但也存在一定的问题，尤其是衔接性较差。旅游者在旅游纠纷发生后一般都会先与旅游经营者联系，通过直接协商方式解决旅游纠纷。有效的协商能够及时、高效、经济地解决旅游纠纷，并对修复旅游者和旅游经营者之间的关系和培养旅游者的忠诚度起到重要作用。

　　然而，实践中，很多中国的旅游经营者把重点放在扩大旅游市场份额上，而对旅游者的投诉注重不足，很少或甚至不配置处理旅游投诉的专门人员或部门。在收到旅游者的投诉后，很多旅游经营者不予及时回复，甚至不予回复。《旅游法》和《消费者保护法》中均没有对旅游经营者负有及时处理旅游者投诉的义务的规定。缺乏法律和相关制度保障的旅游纠纷协商效率将是低下的，甚至是无效的。文化和旅游部于2017年10月才颁布了《旅游经营者处理投诉规范》这一国家行业标准。另外，直到2013年，中国才颁布首部专门的旅游立法——《旅游法》。中国旅游者对相关旅游法律知识了解程度低，无法正确判断其对旅游服务的不满是否属于真正的旅游纠纷，因此可能作出无法律依据的投诉。因此，协商并没有起到为其他非诉讼纠纷解决方式分流旅游纠纷的重要作用。

调解方式在旅游纠纷非诉讼解决机制中使用最为频繁。旅游纠纷人民调解委员会专门提供免费的旅游纠纷调解服务，有利于及时、高效、经济地解决旅游纠纷。旅游纠纷人民调解委员会的调解员既有旅游行政部门和司法行政部门的人员，还有行业协会代表、律师、公证员、基层法律服务工作者和退休法官等。虽然这些人员具有与解决旅游纠纷相关的法律知识和实践经验，但这些人员并未被要求获得有关担任调解员的资质认证或经过专业的培训。这些人员在调解程序中的行为是否符合法律规范难以保证。加之，调解程序具有保密性，程序的不透明增加了对调解机构监管的难度，即使出现违法现象也难以得到及时纠正。另外，虽然中国的旅游纠纷调解机构种类多样，但是旅游行业协会并没有在旅游纠纷调解上发挥其行业优势，甚至很少参与旅游纠纷调解。旅游行业协会在旅游纠纷解决上的缺位是中国旅游纠纷调解制度的一大缺憾。此外，对于具有民事合同性质的调解协议，法律仅针对人民调解协议作出了特别程序规定，其他具有民事合同性质的调解协议则需要普通诉讼程序的确认，程序相对复杂、期限相对较长。① 因此，在跨境旅游纠纷调解中，调解员资质认证的缺失、旅游行业协会的缺位和调解协议司法确认的困难导致调解在解决跨境旅游纠纷中的作用受限。这也导致调解与协商之间的衔接性差，不能为协商失败后的旅游者及时提供救济。此外，跨境旅游纠纷调解机构一般都仅提供调解服务，而不提供仲裁服务，这也导致调解与仲裁的衔接性差。

仲裁在旅游纠纷解决中发挥的作用十分有限。《旅游法》和《消费者保护法》均将仲裁作为旅游纠纷解决的方式之一。近年来，已有仲裁机构与消费者协会或旅游质量监督管理所合作，设立了专门解决旅游纠纷的仲裁中心。但是，这些仲裁中心数量十分有限，在解决旅游纠纷方面尚未起到重要作用。目前，中国的旅游纠纷仲裁主要由专业的商事仲裁机构进行，但是这些仲裁机构主要针对标的额大、案情复杂的商事纠纷，并不十分适合小额、法律关系相对简单的旅游纠纷。另外，仲裁程序已经高度制

---

① 刘艳辉：《创新机制 增强旅游投诉调解效力（下）》，《中国旅游报》2013 年 12 月 2 日，第 11 版。

度化，类似诉讼程序，且仲裁费用也比较高昂，与旅游者所请求的赔偿金额不成比例。仲裁机构多在直辖市和省、自治区人民政府所在的市设立，不按行政区划设立，因此也不利于旅游者就近获得救济。加之，旅游纠纷仲裁要以仲裁协议的有效存在为前提，而旅游者与旅游经营者因对仲裁程序不熟悉，在签订合同时很少选择仲裁，且在纠纷发生后也较难达成仲裁协议。这些因素导致旅游者通过仲裁方式解决旅游纠纷的案件并不多。正是由于专门解决旅游纠纷的仲裁机构数量过少，仲裁未能在跨境旅游纠纷非诉讼解决机制中发挥核心作用。这也直接影响仲裁与协商和调解的衔接，导致中国跨境旅游纠纷非诉讼解决机制整体上衔接性差。

二 跨境旅游纠纷非诉讼解决合作处于初级阶段

目前，中国的旅游纠纷非诉讼解决机构数量众多，各具特色，尤其是消费者协会。消费者协会已与香港特别行政区、澳门特别行政区和台湾地区以及其他国家的消费者保护机构建立了合作关系，在促进跨境旅游纠纷的解决以及保护旅游者的合法权益方面发挥重要作用。例如，深圳市消费者委员会与香港特别行政区、澳门特别行政区的消费者委员会在解决互涉跨境旅游纠纷上取得显著成效。但是，中国大部分旅游纠纷非诉讼解决机构都是自主决定是否与其他国家或地区的非诉讼纠纷解决机构合作以及与哪些非诉讼纠纷解决机构合作。

这样的旅游纠纷非诉讼解决合作现状导致了多种问题。例如，有些旅游纠纷非诉讼解决机构加入多个非诉讼纠纷解决合作机制，而有的旅游纠纷非诉讼解决机构未加入任何非诉讼纠纷解决合作机制。有些旅游纠纷非诉讼解决网络机制在地域上覆盖范围广且发挥作用大，而有些旅游纠纷非诉讼解决合作机制只包含很少的非诉讼纠纷解决机构，导致其纠纷解决作用受到较大限制。不同的非诉讼纠纷解决合作机制之间在成员机构以及覆盖范围上还存在一定的重复性。因此，旅游纠纷非诉讼解决机构之间的跨区域或跨国合作存在较大的随意性，缺乏全局性的统筹规划。这种跨境旅游纠纷合作体系会导致旅游者受到不同等的保护。例如，有些省份的消费者协会凭借其地理位置优势，与其邻近的地区或国家的消费者保护机构签署合作协议，建立起覆盖相关地域范围的旅游纠纷解决合作体系。这种合作机制有助于该范围内的旅游者无论是在旅游纠纷发生地还是在其惯常居所地获得同等的保护。然而，其他省份的旅游者因其惯常居所地的消费者协会未与这些地区或国家签署合作协议，那么，在这些地区或国家与当地的旅游经营者发生旅游纠纷后，旅游者往往只能在旅游纠纷发生地寻求救济。这种合作方式导致属于不同省份的中国旅游者，在同一国家或地区发生旅游纠纷时其合法权益却受到不同等的保护。

另外，国家工商总局已与30多个国家和地区签署近30项消费者保护领域合作协议。然而，这些合作协议为框架性的协议，并未就涉及两国的跨境旅游纠纷的解决作出具体的规定。例如，国家工商总局与韩国公平交易委员会签署的消费者权益保护领域合作谅解备忘录的内容包括：双方应交换消费者相关法律法规和政策信息、网上消费者权益保护相关观点和做法；交换关于跨境交易中的消费者权益保护的意见和信息；交换开展消费者和经营者教育的相关信息；探讨开展人员互访和培训的可能性。因此，这些现有的消费者保护合作协议在解决具体的旅游纠纷方面发挥的作用较为有限。

总而言之，中国的消费者协会已经与周边地区或国家建立了一定地域范围内的旅游者保护合作机制。但是，这种合作机制存在较大的随意性，缺乏全局性，在覆盖范围上存在一定的不合理性，不利于旅游者受到同等的保护。另外，中国工商总局与其他国家和地区有关机构签署了近30项消费者保护合作协议，但是均属于备忘录，且内容过于宽泛，在跨境旅游纠纷解决方面发挥的作用有限。

三 跨境旅游纠纷非诉讼解决机制的法律规制仍需完善

跨境旅游纠纷非诉讼解决机制的有效运行既离不开程序法律规制，也离不开相关的实体法律法规。完善的程序法有助于确保跨境旅游纠纷非诉讼解决机构的程序公正。完善的实体法有助于确保跨境旅游纠纷非诉讼解决机构落实旅游者的合法权益。但目前，跨境旅游纠纷非诉讼解决机制相关的程序法和所依据的实体法规定均有待完善。

（一）跨境旅游纠纷非诉讼解决机制相关的程序法仍待完善

目前，中国的旅游纠纷非诉讼解决机制已在解决跨境旅游纠纷方面发挥重要作用。旅游纠纷非诉讼解决机制运行的基础在于纠纷当事人的自愿。旅游纠纷当事人的自愿是建立在对非诉讼纠纷解决机制的信任基础上的，即相信非诉讼纠纷解决机构符合正当程序原则，能够以事实为根据，公平公正、不偏不倚地解决旅游纠纷。另外，非诉讼纠纷解决机制的广泛适用正是建立在对正式的诉讼程序的弊端的反思的基础上。非诉讼纠纷解决机制的程序虽然不可能套用正规机制的正当程序——否则就可能丧失自身的价值，但也应该有一个最低限度的正当性，从而提升其处理纠纷的有效性。① 因此，跨境旅游纠纷非诉讼解决机制的程序正义至关重要，不仅事关旅游纠纷的公平公正解决和对旅游者的合法权益的保护，还事关该机制自身的存亡。目前，中国的仲裁程序已经高度制度化，《仲裁法》第 4 章对仲裁程序已作出较为具体的法律规定，并且大部分仲裁机构均制定了仲裁规则，所以仲裁在中国旅游纠纷非诉讼解决机制中的程序规则最为完善。然而，部分仲裁机构与消费者协会或旅游质量监督管理局合作成立小额消费仲裁中心后，却鲜见颁布适用于小额消费仲裁的完善的程序规则。很多仲裁中心直接将商事仲裁规则适用于消费仲裁程序，只是缩短了审理时间。由于消费仲裁与商事仲裁之间存在较大的差异，将商事纠纷的仲裁规则适用于旅游纠纷解决显然不合适，也不利于对旅游者合法权益的保护。

除了仲裁方式外，关于其他旅游纠纷非诉讼解决方式的法律规定方面，只有《人民调解法》第 3 条对人民调解委员会应当遵守的原则进行了规定，包括自愿性、平等性、合法性和自由性原则。但是，该原则较抽象且没有作出进一步的阐释，不便于旅游纠纷非诉讼解决机构遵照执行。此外，该原则只是针对人民调解委员会调解程序的规定，其他调解主体可参考借鉴但并不对其具有法律约束力。尤为值得注意的是，只有《人民调解法》在第 23 条规定当事人在人民调解活动中有权要求调解不公开进行。而调解不公开与调解程序具有保密性所要求的有关调解的信息不应在随后的司法或其他纠纷解决程序中被公开存在较大不同。缺乏对非诉讼纠纷解决程序保密性的明确法律规定将增加纠纷当事人在随后的诉讼或类似程序中承担的法律风险，降低纠纷当事人采用非诉讼纠纷解决方式解决旅游纠纷的意愿。

另外，《人民调解法》未就调解员的信息披露义务作出规定，难以确保调解员的独立性和公正性。调解的职业化和专业化是实现旅游纠纷非诉讼解决机构程序正义的重要保障。旅游纠纷能否得到及时、高效的解决取决于非诉讼纠纷解决机构人员的职业素质。该职业素质要求调解员保持中立性、公正性、专业性并具有较高的职业操守、专业知识和实践经验等。

---

① 范愉：《专家共议多元化纠纷解决机制》，《民主与法制时报》2011 年 5 月 30 日，第 B03 版。

许多国家都十分重视调解的职业化建设和调解员的专业化培养，建立了规范的调解员资质认证和培训制度。① 然而，中国调解员资质认证制度尚未建立。只有《人民调解法》第 14 条对人民调解员的选拔作了规定，要求具有良好人格，还要对调解工作热衷，同时要具有一定文化水平、国家政策意识和法律知识。另外，虽然《人民调解法》在第 15 条②中列举出调解员在违反四种情形后需要受到处罚，对调解员的行为起到了一定的指引作用，但是对于规范调解员的行为仍然不够。此外，尽管《人民调解法》第 21 条规定人民调解员调解民间纠纷应及时、就地进行，但是对具体的时限未作规定。这不利于调解效率的提高，还可能造成久调不决的问题，增加旅游者解决跨境旅游纠纷的时间和金钱成本。

（二）跨境旅游纠纷非诉讼解决机制所依据的实体法不完善

相比法院的审判活动，中国的旅游纠纷非诉讼解决机构在解决跨境旅游纠纷时不必严格以法律法规为依据，可以通过其他规则来进行，例如行业惯例、公平正义原则。实践中，大部分的旅游纠纷案件事情较为清楚且法律关系较为简单，因此非诉讼纠纷解决机构只需要依据相关的法律法规，针对旅游纠纷提出调解方案或作出仲裁裁决或作出行政决定即可。另外，这些基于法律法规作出的纠纷解决结果更易得到旅游纠纷当事人的履行。只有在与旅游纠纷相关的法律法规内容不明确或缺失的情况下，旅游纠纷非诉讼解决机构才会采用其他规则来解决纠纷。使用行业惯例和公平正义原则有助于旅游纠纷非诉讼解决机构行使自由裁量权作出更有利于保护旅游者的纠纷解决结果。但是，当前旅游纠纷非诉讼解决机构审理程序未有完善的法律规定，这种自由裁量权行使的结果会导致同类的旅游纠纷得到不同甚至相冲突的纠纷解决结果。这显然不利于旅游者合法权益的保护。

另外，中国于 2013 年才通过首部《旅游法》。虽然中国已形成了以《旅游法》为核心的法律体系，但是对于某些新兴的旅游问题法律未予以规定，尤其是关于通过网络缔结的新形式包价旅游合同（定制旅游）和关

---

① 龙飞：《新加坡 ADR 制度的发展及启示》，《人民法院报》2013 年 8 月 16 日，第 8 版。

② 第 15 条：人民调解员在调解工作中有下列行为之一的，由其所在的人民调解委员会给予批评教育、责令改正，情节严重的，由推选或者聘任单位予以罢免或者解聘：（一）偏袒一方当事人的；（二）侮辱当事人的；（三）索取、收受财物或者牟取其他不正当利益的；（四）泄露当事人的个人隐私、商业秘密的。

联旅游安排合同。随着中国旅游电子商务的迅猛发展，与这两种旅游合同相关的跨境旅游纠纷正在不断增加。立法规定的缺失将使购买此类旅游服务产品的旅游者难以受到现有法律的保护，也不利于旅游纠纷非诉讼解决机构解决相关的跨境旅游纠纷。

此外，无论是传统的包价旅游合同还是定制旅游合同或是关联旅游安排合同均涉及多个旅游经营者。对这些经营者主体进行明确区分对于明晰各方承担的法律责任至关重要。《旅游法》中并未将旅游组织者和旅游经销商相区分，统一称为旅游经营者。虽然作出此类划分有助于简化法律关系，但是会导致经营者之间的法律责任的模糊化。而模糊化的规定容易导致旅游经营者在旅游纠纷发生后相互推诿责任，不利于旅游纠纷的解决和旅游者合法权益的保护。相比而言，欧盟已率先革新其关于包价旅游合同的规定，于 2015 年通过了《关于包价旅游和关联旅游安排指令》。新的指令扩大了包价旅游合同的范围，扩展至旅游经营者根据旅游者的意愿组合而成的旅游合同和旅游者借助网络组合的定制旅游合同。该指令还对关联旅游安排产品涉及的法律关系和旅游者享有的法律权利作出规定。另外，该指令对旅游组织者、旅游经销商和旅游经营者的定义和相互关系进行了明确的规定，并就这三者在信息提供义务、合同履行义务和破产保护等方面的法律责任承担问题作出具体规定。

再者，旅游合同并非以给付财产为主要内容的一般合同。对于旅游者而言，旅游合同的主给付义务是旅行社所提供的作为精神享受的旅游服务，订立旅游合同的根本目的是获得精神的愉悦和享受。而旅行社违约不仅不会为其带来精神享受，反而引发其精神上的不快、沮丧、痛苦，造成其精神利益减损或丧失。旅游合同是一种典型的追求精神享受的"服务合同"，对精神利益的追求更明显和突出，更应该得到重视和全面保护。① 中国实行民事责任二元救济模式，仅在侵权责任中适用精神损害赔偿，在违约责任中则不支持精神损害赔偿。违约责任仅仅填补期待利益或信赖等财产性损失，对精神损害则不予救济。但通过侵权之诉维权的难度和成本较高，这就造成实践中很多旅游者在提起违约之诉时，放弃主张精神损害赔偿，使其权利得不到充分救济。旅游合同精神损害赔偿制度的立法缺失问

---

① 杨振宏：《旅游法上惩罚性赔偿的正当性分析——兼论旅游精神损害赔偿的可替代性》，《北方法学》2014 年第 1 期，第 25~26 页。

题在司法实践中屡屡成为困扰当事人和旅游纠纷受理机关的难题。① 然而，欧盟在其《关于包价旅游和关联旅游安排指令》中明确规定，旅游者可要求旅游经营者赔偿其所遭受的任何损失，包括精神损害，例如因相关旅游服务未得到适当履行而无法享受旅游带来的快乐。因此，相关法律法规的完善对旅游纠纷非诉讼解决机构及时高效解决纠纷具有至关重要的作用。中国需要进一步完善相关实体法律规定，为旅游纠纷非诉讼解决机构提供足够的法律依据，促使旅游纠纷非诉讼解决机构充分发挥其作用。

第三节　中国跨境旅游纠纷非诉讼解决机制的完善建议

随着跨境旅游产业的快速发展，中国的跨境旅游纠纷非诉讼解决机制不仅通过《旅游法》和《消费者保护法》以法律的形式予以明确，还在实践中得到广泛的适用。目前，中国的跨境旅游纠纷非诉讼解决机制依托景区便于旅游者投诉且侧重对旅游者利益的保护，呈现多元性并以调解为主，纠纷解决机制之间开始相衔接，并与其他国家或地区的消费者保护机构在一定地域范围内建立了跨境旅游纠纷解决合作机制。然而，中国的跨境旅游纠纷非诉讼解决机制仍存在很多不足之处。具体而言，跨境旅游纠纷非诉讼解决体系尚不成熟，大部分案件仍然向法院集中。非诉讼纠纷解决方式在分流案件方面的功能尚未得到充分发挥，且各种非诉讼纠纷解决方式间衔接性差；与其他国家或地区的消费者保护机构建立一定的合作关系，但是缺乏全局规划且缺乏有效的条约或协议保障；旅游纠纷非诉讼解决机构的人员尤其是调解员的资质认证制度尚未建立，纠纷解决人员的行为准则和应遵守的程序规则尚未得到系统规定；旅游纠纷非诉讼解决所依据的实体法，尤其是《旅游法》对新形式的定制旅游合同、关联旅游安排合同以及旅游合同违约精神损害赔偿问题尚未作出规定，不利于非诉讼纠纷解决程序的开展。针对中国跨境旅游纠纷非诉讼解决机制存在的问题，本部分提出以下完善建议。

---

① 谢登科：《论旅游合同纠纷中的精神损害赔偿——基于实证主义的阐释》，载杨富斌、苏号朋、孟凡哲主编《旅游法论丛》（第4辑），中国法制出版社，2015，第49页。

一　构建相衔接的跨境旅游纠纷非诉讼解决机制

（一）完善旅游经营者的内部纠纷解决机制和提高旅游者的法律意识

协商能够使旅游者和旅游经营者就他们之间发生的跨境旅游纠纷进行直接的对话和协商。这不仅能够及时、高效、灵活、零成本地解决旅游纠纷，还有助于维系纠纷双方的合作关系。协商方式在旅游纠纷解决方面发挥的重要作用也在立法和实践中得到肯定。例如，《消费纠纷非诉讼解决指令》在第 5 条中明确要求经认证的非诉讼纠纷解决机构拒绝受理欧盟境内的旅游纠纷的理由就包括旅游者未先联系旅游经营者协商解决纠纷。此外，在上文中讨论的非诉讼纠纷解决机构在受理旅游纠纷时也都将旅游者与旅游经营者的协商失败作为前提条件。有效的协商依赖于旅游经营者完善的内部纠纷处理机制和旅游者对相关法律权利义务的知悉。文化和旅游部已经制定了完善旅游经营者内部纠纷处理机制的国家行业标准——《旅游经营者处理投诉规范》。为促使旅游经营者自愿遵守该规范，可借鉴其他国家或地区的经验设计相应的配套机制。具体而言，首先，可参照我国台湾地区"消费者保护法"第 43 条和《立陶宛共和国消费者保护法》第 24 条的规定，在《旅游法》和《消费者保护法》中明确旅游经营者对旅游者的投诉负有受理义务，并设定作出回复的时限。其次，参照英国 AB-TA 旅业业协会的做法，中国的旅游行业协会可在入会条件中增加旅游经营者承诺认真、及时、高效地处理旅游者的投诉，并对不遵守该承诺的旅游经营者采取处罚措施。

为了提高旅游者的法律权利意识和协商能力，文化和旅游部已经将全国旅游企业的咨询电话和旅游投诉的电话全部统一为 12301，其作用类似于欧盟的 ECC，方便旅游者咨询和投诉。旅游质量监督管理所和消费者协会在为旅游者提供法律信息咨询方面也发挥重大作用。另外，可参照德国的"法兰克福表格"，旅游行政管理机构可将最为频繁发生的旅游纠纷类型、旅游者所享有的法律权利和可获得的赔偿金额制作成表格，在每年的重大节假日前发布在具有影响力的报纸或网络上供旅游者参考。

（二）确保调解程序公正公平并发挥旅游行业协会在纠纷解决中的作用

调解已成为中国旅游纠纷非诉讼解决机制中使用最为频繁和发挥作用最大的纠纷解决方式。其中，旅游纠纷人民调解委员会承担主要的旅游纠纷调解工作。虽然《人民调解法》对调解员的职业素质、应遵守的原则和调解程序作出了规定，但是规定得过于简单，且对调解员资质的认证和回避等重要问题未作规定。因此，旅游纠纷人民调解委员会可参照欧盟《调解员之行为准则》细化调解员的行为准则，确保程序正义。对于中国的旅游行业协会在调解中的缺位问题，建议在旅游纠纷人民调解委员会中吸收旅游行业协会人员参与调解。同时，为平衡旅游者和旅游经营者之间的利益，可借鉴荷兰的消费者委员会的设立模式，由旅游行政管理部门、消费者协会和旅游行业协会的人员组成人民调解委员会。同时，旅游行业协会可要求其会员参与旅游纠纷人民调解委员会的调解程序，并且承诺在调解协议达成且经纠纷当事人签字后主动履行。旅游纠纷人民调解委员会将调解协议的副本发送至旅游行业协会，并且在其会员未按时履行义务时，由该行业协会先代为向旅游者履行。

（三）设立旅游纠纷仲裁机构并完善关于仲裁协议法律效力的规定

仲裁方式因其高度专业性和终局性优势在旅游纠纷解决中起到重要作用。但是，目前中国的旅游纠纷仲裁机构基本为商事仲裁机构，程序高度制度化，对抗性强，成本较高，并且要求仲裁协议的有效存在，限制了其在旅游纠纷解决中的作用。针对此问题，有商事仲裁机构制定了专门针对小额消费纠纷的仲裁规则，以避免通过商事仲裁程序来解决旅游纠纷而带来高成本、低效率的问题。例如，美国仲裁协会制定了《消费者仲裁规则》，并且还针对当事人是在消费纠纷发生前还是在消费纠纷发生后签订的仲裁协议制定了两套仲裁规则。另外，很多国家和地区在商事仲裁机构外设置专门的旅游纠纷仲裁机构，为旅游者提供高效、灵活、低成本的仲裁程序。例如，由比利时消费者保护组织和旅游行业协会共同设立的旅游纠纷委员会专门提供针对旅游纠纷的仲裁服务；澳门特别行政区的消费者委员会下设的消费争议仲裁中心专门处理包括旅游纠纷在内的小额消费纠纷。目前，中国的法律框架健全，拥有充足的仲裁人才，且政府近些年积极推动和鼓励仲裁制度的发展。考虑到已具备的良好客观条件和基础，有必要将目前主要限于商事纠纷的仲裁方式，扩展至消费纠纷领域。因此，可鼓励在邻近重要的旅游景区或景点的商事仲裁机构制定适用于小额旅游纠纷的仲裁规则。

另外，在官方机构或民间机构下设仲裁机构是常见的形式。例如，中国国际经济贸易仲裁委员会曾设在中国国际贸易促进委员会下。中国现行劳动仲裁、人事仲裁都是设立在行政机关下的专门仲裁机构。因此,本书建议可在旅游行政机关的指导下建立专门的旅游纠纷仲裁机构,以确保提供专业和高效的仲裁服务。同时,旅游行政机关还可通过仲裁机构指导和监督旅游企业的行为,并保障旅游者的合法权益。[①] 关于旅游纠纷仲裁机构的设置。对于机构的名称,可参照现有的旅游纠纷仲裁中心称为"××旅游纠纷仲裁中心"。对于机构的设置场所,为便于就近审理旅游纠纷案件和旅游行政管理机构的监督,可参照烟台仲裁委员会旅游纠纷仲裁中心的做法,将其办公地点设在旅游管理机构内,但设有独立的场所。关于经费来源,由政府出资支持仲裁中心的成立和运行。在推行一定年限后,可尝试在不影响该仲裁中心独立性和公平性原则的基础上引入旅游经营者的资金支持,以减轻政府财政压力。关于仲裁委员会的组成和仲裁员的选任,应按照《仲裁法》规定选任,并确保仲裁委员会由旅游行政管理部门以及消费者组织和经营者协会的人员组成。鉴于中国个别地区在设立旅游纠纷仲裁中心方面的有益尝试,笔者建议可以推动旅游行政管理机构与仲裁机构的合作,在前者的指导下设立旅游纠纷仲裁中心。值得注意的是,该旅游纠纷仲裁机构是在旅游行政机关的指导下设立,体现了旅游行政机关的行政监督权,并可监督旅游经营者履行仲裁裁决。但是,其性质仍是民事仲裁的性质。基于此,旅游仲裁应同一般商事仲裁一样,必须符合《仲裁法》的要求,即以当事人同意提交仲裁为基础,且一裁终局。

关于旅游纠纷仲裁机构的运行。该专门旅游纠纷仲裁机构可制定符合旅游纠纷特点和解决要求的仲裁规则。仲裁规则应该充分体现效率原则和保护旅游者利益的原则。[②] 具体而言,主要有如下方面。

(1)鼓励采用简易程序

由独任仲裁员组成仲裁庭进行仲裁,即由双方当事人共同选定或者共同委托仲裁委员会主任指定一名仲裁员成立仲裁庭对纠纷案件进行审理。仲裁庭可以根据案件的实际情况,按照其认为适当的方式进行仲裁,既可以决定只依据当事人提交的书面材料和证据进行书面审理,也可以决定开庭审理。程序中规定的各种期限应相对较短。

---

① 侯作前等:《旅游立法的理论与实践》,法律出版社,2014,第 77~78 页。
② 侯作前等:《旅游立法的理论与实践》,法律出版社,2014,第 78 页。

（2）调解与仲裁方式相结合，并适时采用网上仲裁

在提交仲裁前，旅游纠纷当事人同意旅游纠纷仲裁机构调解的，可先行调解。调解方式将促使旅游者和旅游经营者在评估各自的主张和证据材料的基础上，决定是否通过更具成本效益和维持良好关系的协商程序来解决纠纷。旅游纠纷当事人经调解达成一致意见的，应签订调解协议，对各方当事人具有法律约束力。即使调解失败也有助于后续仲裁程序的推进。另外，考虑到旅游纠纷的异地性和旅游者行程时间短的情况，可采用网上仲裁程序。目前，中国国际贸易仲裁委员会和中国广州仲裁委员会都已提供网络仲裁平台，利用互联网等网络技术资源提供网上仲裁服务。中国广州仲裁委员会还制定了专门解决小额网络消费纠纷的《中国广州仲裁委员会小额网购纠纷网络仲裁专门规则》。

（3）对旅游者免费

仲裁中心成立的目的之一在于促使旅游者获得司法正义。因此，该仲裁中心对旅游者提供免费服务，包括调解前的法律咨询服务、调解服务以及随后的仲裁服务。

（4）旅游经营者参与计划

可以借鉴美国仲裁协会和澳门特别行政区消费者委员会的做法，鼓励旅游经营者签署事前同意提交该仲裁中心解决纠纷的仲裁协议并制作相应标志。允许声明加入该仲裁中心的旅游经营者展示该标志，增强旅游者对旅游经营者的信心。

（5）坚持公正、独立和透明的原则

为确保该仲裁中心的公正性和独立性，无论是调解员还是仲裁员在纠纷解决过程中应披露任何实际或潜在的利益冲突。仲裁中心还应就案件的进展提供全面、准确的信息。另外，鼓励旅游行业协会积极参与旅游纠纷的解决，可通过购买仲裁服务来解决涉及其会员单位的旅游纠纷，但需要确保仲裁程序的公正性和独立性。

值得注意的是，对旅游经营者与旅游者在旅游纠纷发生前签署的仲裁协议或条款的法律效力，中国现有的法律中没有作出规定。为了防止旅游者不了解仲裁协议的实质而被剥夺向法院起诉的权利，可参照欧盟《消费纠纷非诉讼解决指令》第 10 条和第 98/257 号建议案第 6 条的规定。具体而言，可在《仲裁法》或《消费者保护法》或《旅游法》中增加如下规定：消费者和经营者在争议发生前达成的将争议提交非诉讼纠纷解决机构

的协议若剥夺了消费者向法院提起诉讼的权利，则该协议对消费者不具有法律约束力，除非消费者知悉仲裁协议的法律约束力后明确表示同意签署仲裁协议。

（四）实现非诉讼纠纷解决方式的相衔接并培育多元纠纷解决文化

根据上文介绍的其他国家或地区在解决旅游纠纷方面的经验可知，只有实现非诉讼纠纷解决方式之间的相互配合和衔接，才能真正确保跨境旅游纠纷得到及时、高效和经济的解决。根据前文分析，中国的协商、调解和仲裁方式在跨境旅游纠纷解决上均存在一定的问题，但最主要的问题在于衔接性差。上文针对如何分别完善这三种非诉讼纠纷解决方式已作出详细阐述。在协商、调解和仲裁得到完善的基础上，结合第三章的论述，本书建议构建"以协商和调解为先且以仲裁为中心"的多层级、相衔接的跨境旅游纠纷解决机制。具体而言，先敦促跨境旅游纠纷当事人协商或调解解决纠纷，在和解失败的情况下再通过仲裁终局性地解决旅游纠纷。此外，考虑到中国法院，尤其是旅游巡回法庭在跨境旅游纠纷解决上发挥的重大作用，可充分发挥法院对非诉讼纠纷解决机制的司法保障作用，形成诉讼与非诉讼程序相协调的多元化纠纷解决机制。①

值得注意的是，无论是英国还是荷兰，其非诉讼纠纷解决机制能够得到快速、成功的发展，均得益于其本国对多元纠纷解决机制的文化认同。因此，对于一个多元化的纠纷解决机制，文化认同是不可少的。② 近些年，中国民众对诉讼的过度依赖和坚持诉讼至上的传统法律意识形态影响了非诉讼纠纷解决机制的发展。因此，在尊重中国民众崇尚司法权威的传统文化的同时，应加强培养新型多元纠纷解决文化。只有当社会主体真正形成了理性协商、自律、宽容、和谐、责任、诚信的纠纷解决文化，才能迎来多元化纠纷解决机制发展的新时代。③

二　深化跨境旅游纠纷非诉讼解决的合作

中国在与其他国家或地区的跨境旅游纠纷解决合作上已取得一定成

---

① 范愉：《诉讼社会与无讼社会的辨析和启示——纠纷解决机制中的国家与社会》，《法学家》2013 年第 1 期，第 7 页。

② 范愉：《专家共议多元化纠纷解决机制》，《民主与法制时报》2011 年 5 月 30 日，第 B03 版。

③ 范愉：《当代世界多元化纠纷解决机制的发展与启示》，《中国应用法学》2017 年第 3 期，第 63 ~ 64 页。

效。其中，消费者协会在此方面起到重要作用。消费者协会与香港特别行政区、澳门特别行政区和台湾地区的消费者保护机构所建立的合作属于民间合作，尚未有法律机制予以保障和巩固。另外，虽然国家工商总局已与30多个国家和地区签署近30项消费者保护领域的合作协议，但是这些合作协议也均是以谅解备忘录的形式签署，并无法律约束力。此外，这些备忘录的内容主要涉及交换消费者相关法律法规和政策信息，以及关于消费者权益保护的观点和做法，并未就涉及两国消费者的消费纠纷如何合作解决作出具体的规定。因此，目前中国与其他国家或地区之间在跨境旅游纠纷非诉讼解决合作方面仍处于初级阶段，合作关系较为松散，且没有以法律形式予以确立。

在上述背景下，对于跨境旅游纠纷非诉讼解决合作机制的构建，本书认为主要可以分为三个层面：中国大陆与香港特别行政区、澳门特别行政区和台湾地区的跨境旅游纠纷非诉讼解决合作；中国与主要旅游客源国和旅游目的地国（主要是东南亚、南亚、中亚、东北亚和中东欧国家）之间的跨境旅游纠纷非诉讼解决合作；中国参与有关跨境旅游纠纷解决的国际条约的起草和制定，实现与其他国家的跨境旅游纠纷非诉讼解决合作。

首先，建立区域性跨境旅游纠纷非诉讼解决合作机制。由于香港特别行政区、澳门特别行政区和台湾地区同属于中国，且中国大陆与这三个地区的旅游活动往来无论是在规模还是在人数上都是居于首位，因此建立包含大陆与港澳台的跨境旅游纠纷非诉讼解决合作机制难度最小。另外，中国大陆已有多个省份的消费者协会与这三个地区，特别是与香港特别行政区和澳门特别行政区的消费者保护机构建立了较长时间的解决跨境旅游纠纷的友好合作机制。且大陆与港澳台均有建立跨境旅游纠纷解决合作机制的意愿。例如，2016年5月12日在于北京召开的第二届海峡两岸暨港澳推动消费者权益保护论坛中就共同搭建海峡两岸暨香港、澳门跨境消费纠纷解决协作机制已形成共识。这种合作机制在解决跨境旅游纠纷的实践中也取得显著成效。目前，中国大陆借助网络平台建立了统一的旅游投诉平台。该旅游投诉网络平台将全国的旅游投诉受理机构相连接。旅游者只需要登录该网络平台就可以将在大陆范围内发生的旅游纠纷提交至有管辖权的旅游投诉受理机构。同时，文化和旅游部将全国旅游企业的咨询电话和旅游投诉电话全部统一为12301。中国大陆已形成集法律咨询与旅游投诉功能为一体的非诉讼纠纷解决机制。因此，在内地现有的旅游纠纷非诉讼解决网络体系的基础上，可先与香港特别行政区、澳门特别行政区的消费者保护机构、旅游行业协会建立合作关系，协助互涉旅游纠纷的解决。在时机成熟的情况下，可将合作机制扩展至台湾地区的消费者保护机构和旅游行业协会。

其次，建立国际性跨境旅游纠纷非诉讼解决合作机制。在跨境旅游纠纷的发生频率和数量上，显然主要的旅游目的地国和客源国之间占据最大的份额。另外，国家工商总局已与 30 多个国家和地区签署近 30 项消费者保护领域的合作协议，而这些国家也覆盖了部分旅游目的地国和客源国。因此，可以在中国已形成的统一旅游网络投诉平台的基础上，与已经签署合作协议的国家的消费者保护机构或其他有权机构建立合作关系，借助网络形成类似欧盟 ECC 的合作网络。在此网络机制内，中国的旅游投诉机构与外国的有权机构可提供包括法律咨询、传递投诉申请和证据材料、协助协商以及寻找适当的法院或非诉讼纠纷解决机构在内的服务。

中国当前正推动区域旅游一体化，构建务实高效、互惠互利的区域旅游合作体。具体而言，中国正围绕丝绸之路经济带和 21 世纪海上丝绸之路建设、东盟－湄公河流域开发合作、大湄公河次区域经济合作、中亚区域经济合作、图们江地区开发合作以及孟中印缅经济走廊、中巴经济走廊等次区域合作机制框架，推动中国同东南亚、南亚、中亚、东北亚、中东欧的区域旅游合作。[①] 这为中国与上述国家和地区建立跨境旅游纠纷非诉讼解决合作提供了良好契机。因此，可借助现有的合作框架协议，对跨境旅游纠纷非诉讼解决合作作出具体的规定，甚至推动双边或多边国际条约或协定的签署。而对此类条约或协定内容的制定，可参照海牙国际私法会议制定的《国际旅游者保护合作与司法救助公约草案》。本书建议，可将国际条约或协定的名称制定为《跨境旅游消费者保护司法合作协定》。在具体内容方面，主要包括四大部分。总则部分就跨国旅游者、旅游经营者、旅游组织者、经销商、旅游服务和非诉讼纠纷解决程序进行界定。第一章就缔约国利用适当的线上和线下方式告知旅游者关于其本国的可用于解决旅游纠纷的诉讼和非诉讼方式以及具体机构的联系方式，并注意所使用的语言，以及制定用于投诉的多语言表格。第二章就中央机关和有权机关的职能分别作出具体规定。第三章规定缔约国国民和惯常居住地人员在诉讼

---

① 参见《国务院关于促进旅游业改革发展的若干意见》（国发〔2014〕31 号）。

和非诉讼纠纷解决程序中均有获得司法救助的权利、同等司法保护的权
利、免除担保费用，且在解决结果上获得的保护不低于旅游者居住国或惯
常居住国所提供的保护。

三 建立"一带一路"跨境消费纠纷解决机构

当前，中国作为旅游大国的地位已得到确立且国际影响力也大幅提
升。中国成功举办多个旅游部长级会议和旅游年活动，并已发起成立了世
界旅游联盟。[①] 这显示了中国主动作为、致力于改善世界旅游治理体系的
担当和能力。另外，中国已成为世界上最大的旅游客源国和世界第四大旅
游目的地国。根据上文分析，中国的旅游纠纷解决机制已经较为发达，且
经验较为成熟。因此，中国应积极参与全球旅游治理体系改革和建设，为
世界各国特别是发展中国家不断贡献中国智慧和中国方案，全面提升中国
旅游综合竞争力和国际影响力，推动构建人类命运共同体。[②] 在国际旅游
竞争中不进则退，中国应切实增强国际话语权和规则制定权，彰显中国旅
游国际竞争力。当前，中国正努力推动与"一带一路"沿线国家（东南
亚、南亚、中亚、东北亚和中东欧）间的区域旅游合作。但是，这些国家
在社会组织形态、政治经济运行状态、法律体系构建方式、技术标准与商
业规则、宗教文化和民族特征等方面各有不同。其中，一些国家政治环境
不稳定、经济体系和基础较为单薄、市场诚信意识相对欠缺，由此产生了
不容忽视的法律纠纷风险。[③] 在前述关于制定双边或多边国际条约的目标
无法在短期内达成的情况下，可由中国主导创设面向"一带一路"沿线国
家的"一带一路"跨境消费纠纷解决机构。就目前而言，建立可解决跨境
旅游纠纷的"一带一路"跨境消费纠纷解决机构是十分必要和重要的，也
是可行的。

在机构设置方面，可由我国消费者协会主导并联合"一带一路"沿线
国家的消费者保护机构建立"一带一路"跨境消费纠纷解决机构。2018 年

---

① 李金早：《以习近平新时代中国特色社会主义思想为指导 奋力迈向我国优质旅游发展新时代》，2018 年 1 月 8 日。
② 李金早：《以习近平新时代中国特色社会主义思想为指导 奋力迈向我国优质旅游发展新时代》，2018 年 1 月 8 日。
③ 初北平：《"一带一路"多元争端解决中心构建的当下与未来》，《中国法学》2017 年第 6 期，第 72~73 页。

1月23日，中央全面深化改革领导小组第二次会议审议通过了《关于建立"一带一路"争端解决机制和机构的意见》（以下简称《意见》），强调要推动建立"一带一路"争端解决机制和机构。目前，"一带一路"争端解决机制和机构的建立已取得阶段性成功。例如，2020年10月15日，中国国际贸易促进委员会和全球20多个国家和地区共同在北京设立了国际商事争端预防与解决组织，秉持"共商、共建、共享"的理念，为国际商事主体提供国际商事争端预防和解决服务。① 本书认为，该机构主要针对"一带一路"商贸和投资争端，并不适合小额、频发、涉及人数众多的跨境旅游纠纷。尽管跨境旅游纠纷属于民商事法律纠纷，且由该机构受理跨境旅游纠纷不存在根本性的法律障碍，但显然与该机构解决高额的国际商事或投资争端的目标不太相符。因此，建立"一带一路"跨境消费纠纷解决机构是最佳选择。由该机构解决包括跨境旅游纠纷在内的涉及两个以上国家的、小额、频发、当事人众多的跨境消费纠纷。跨境旅游业是民间外交官，将为深化双边和多边合作奠定坚实的民意基础，是实现"一带一路"倡议中"民心相通"的重要路径。建立有效的"一带一路"跨境消费纠纷解决机构将极大地促进沿线国家的经济合作。

在机构的纠纷解决功能方面，"一带一路"跨境消费纠纷解决机构将为跨境旅游纠纷的解决提供多元的纠纷解决机制。另外，基于"一带一路"建设对争端解决机制的客观需求，由中国主导创设一个多元争端解决中心与单一争议解决方式相比更具有现实意义。② 这也在《意见》中得到肯定，即依托中国现有司法、仲裁和调解机构，吸收、整合国内外法律服务资源，建立诉讼、调解、仲裁有效衔接的多元化纠纷解决机制。目前而言，"一带一路"跨境消费纠纷解决机构的纠纷解决机制应是"以协商和调解为优先、仲裁为中心、司法为保障"的三位一体、优势互补的多元化纠纷解决机制。③

---

① 中国国际贸易促进委员会：《国际商事争端预防与解决组织正式成立》，http://www.ccpit.org/contents/channel_4131/2020/1021/1300612/content_1300612.htm，最后访问日期：2020年11月29日。

② 初北平：《"一带一路"多元争端解决中心构建的当下与未来》，《中国法学》2017年第6期，第72~73页。

③ 初北平：《"一带一路"多元争端解决中心构建的当下与未来》，《中国法学》2017年第6期，第72~73页。

四 完善跨境旅游纠纷非诉讼解决机制相关的法律法规

(一) 健全跨境旅游纠纷非诉讼解决机制相关的程序法

程序公正是旅游纠纷非诉讼解决机制存在的基础，也是旅游纠纷非诉讼解决机制充分发挥作用的重要保障。在没有法律规定的情况下，旅游纠纷非诉讼解决机构的程序正义难以得到保障，且纠纷当事人的合法权益也难以得到有效保护。

在调解方面，除了《人民调解法》对人民调解员的选拔和调解程序作出原则性的规定外，其他法律均未对除人民调解外的其他调解程序中人员的选任和调解程序规则作出规定。另外，《人民调解法》对调解程序中的保密性、调解员的信息披露义务和调解期限问题未作出明确规定。相比而言，欧盟已经建立起较为完善的法律制度，例如1998年出台的适用于法院外专门负责消费争议处理机构的第98/257号建议案，2001年出台的参与消费争议合意解决的法院外机构的第2001/310号建议案，2004年通过的《调解员之行为准则》以及2013年通过的《消费纠纷非诉讼解决指令》。虽然不同国家或地区在对旅游纠纷非诉讼解决机制的界定上存在不同，并且在非诉讼纠纷解决机构的设置、非诉讼纠纷解决程序以及纠纷解决的依据上也存在差异，但是对旅游纠纷非诉讼解决程序正义的追求是一致的，可以相互借鉴。

对于调解程序中的保密性规定，有必要在《人民调解法》中增加"调解程序的保密性"规定。具体的条文设计，可参照《欧洲调解员之行为准则》中关于保密性的规定，"对因调解程序而引发的或与该调解相关的一切信息，包括即将发生的或者已经发生的调解中的事实，调解员应当保密，除非法律或者公共政策强行规定必须将这些信息公开；一方当事人要求调解员不予公开的任何信息，不经允许，调解员不得向另一方当事人公开，除非有法律要求必须公开"。

对于调解程序中调解员的披露义务，也可参照《欧洲调解员之行为准则》的规定，"调解员在公开可能或看起来可能影响自己独立性或可能与本案有利益冲突的全部情况之前，禁止开始调解，以及继续进行已经开始的调解。公开信息的义务贯穿整个调解程序始终。应当公开信息的情形包括：和当事人一方有任何私人的或者商务的关系；和调解结果有任何的财务上或者其他利益上的，直接或者间接的关系；调解员本人，或者该调解员所属的机构中的一个成员，曾经为一方当事人以非调解员的身份提供过服务。当上述情况出现时，调解员只有在可以确信自己能够完全独立并且中立地进行调解以保证程序公正，并且当事人明确表示同意该调解员进行调解的情况下，才可以开始或者继续调解"。

另外，关于调解程序的审理期限问题，虽然《人民调解法》第 21 条规定人民调解员调解民间纠纷应及时、就地进行，但是对具体的时限未作规定。然而，审理时限对于提高调解效率具有十分重要的作用，例如欧盟《消费纠纷非诉讼解决指令》第 8 条就非诉讼纠纷解决机构的审理时限作出不得超过 90 天的规定。因此，建议按照实践中调解程序的平均时长设置合理的审理时限，例如人民调解委员会在收到消费者的完整投诉资料后的30 天内作出纠纷解决决定。

在仲裁方面，中国的商事仲裁机构在审理小额消费纠纷时，通常直接适用商事仲裁规则，除了将审理期限缩短和简化程序，鲜有制定专门适用于小额消费纠纷的仲裁规则。然而，国外无论是商事仲裁机构还是在旅游行业协会或消费者委员会下设的专门解决小额消费纠纷的仲裁中心，均制定了专门适用于消费纠纷的仲裁规则。因此，受理旅游纠纷的仲裁机构应自行或参照 ABTA 或 BBB 的仲裁程序规则制定小额消费纠纷仲裁规则，以便能够及时、高效、经济、公正地解决旅游纠纷。另外，中国的仲裁机构在制定消费纠纷仲裁规则时，应注意消费争议发生前签订仲裁协议和消费争议发生后签订仲裁协议的法律效力问题。仲裁机构可以像 BBB 那样分别制定不同的仲裁规则，也可以增加一条特别规定，即仲裁员根据在消费纠纷发生前签订的仲裁协议所作出的裁定，只有在消费者一方同意接受该裁决内容时才对其发生法律效力。

（二）健全跨境旅游纠纷非诉讼解决机制所依据的实体法

中国已形成以《旅游法》为核心的法律体系，但是对某些新兴起的旅游形式尚未予以规定，尤其是定制旅游和关联旅游安排。另外，《旅游法》并未对旅游经营者作出明确界定。然而，定制旅游涉及多个旅游经营者，如何区分这些经营者主体对于明确其承担的法律责任至关重要。此外，《旅游法》也未对旅游纠纷中经常涉及的旅游合同违约的精神损害赔偿问题进行规定。欧盟第 2015/2302 号指令在此方面作出明确规定，在旅游立法上处于世界领先水平。因此，建议在《旅游法》中细化或以司法解释形式细化关于旅游经营者的界定，对包价旅游的定义作出扩大界定，并对关联旅游安排也作出规定。

具体而言，可将旅游经营者界定为从事与其职业、经营活动、技能或专业相关的自然人，而无论其是作为组织者、经销商或者提供关联旅游服务产品的经营者或者旅游经营者。在组合的包价旅游服务产品中，如果一个以上的经营者符合包价旅游合同所规定的标准，那么这些经营者均属于旅游组织者，除非其明确告知旅游者其中某一个经营者为旅游组织者。此外，旅游经销商是除旅游组织者以外销售旅游组织者组合的包价旅游服务产品的经营者。

关于包价旅游合同的界定，可参照第 2015/2302 号指令第 3 条第 2 款的规定。具体而言，旅游服务产品主要包括四大项：①旅客交通运输服务；②住宿服务（不属于交通运输的组成部分且不以居住为目的）；③出租汽车或其他机动车辆服务；④不属于上述三项旅游服务组成部分的其他类型的旅游服务。包价旅游服务产品是基于同一旅行或度假目的将两种以上不同旅游服务组合起来，只要这种组合满足下列两种条件之一即可。其一，在签订包含所有所需旅游服务产品的单一合同之前，同一旅游经营者在旅游者的要求下或根据旅游者的选择将这些旅游服务产品进行组合。其二，无论旅游者是否与单个的旅游经营者分别签订合同，只要这些服务产品满足以下两种情形之一：①是在同一销售点购买并在旅游者支付钱款前都已选择好，以总价款的方式提供、销售或收取钱款，以"包价旅游合同"或类似名称进行广告宣传或销售，且旅游经营者对旅游者所选择的不同旅游服务产品进行组合后缔结的旅游合同；②通过相互关联的在线预订系统向不同的旅游经营者购买旅游服务产品，在旅游者与第一个旅游经营者签订合同后，旅游者的姓名、支付信息以及电子邮箱从该经营者处被转递至其他旅游经营者，且旅游者必须在 24 小时内与后一个旅游经营者签订合同（即定制旅游合同）。值得注意的是，将旅游服务产品前三项中规定的不超过一种的旅游服务产品与第四项中的一种或一种以上的旅游服务产品组合，若满足以下两种情形之一就不属于包价旅游服务产品。其一，第四项中的一种或一种以上的旅游服务产品不构成被组合的旅游服务产品价款的大部分，且在广告宣传或其他销售途径中也未被视为主要的组成部分。其二，第四项中的一种或一种以上的旅游服务产品是在前三项规定的旅游服务产品开始履行后才被选择和购买的。

关于"关联旅游安排"的界定，同样可参照第 2015/2302 号指令第 3

条第 2 款的规定。"关联旅游安排"指的是旅游者基于同一旅游或度假目的购买两种或两种以上的旅游服务，但并不属于包价旅游合同而是旅游者与各个旅游经营者签订单独的合同，如果旅游经营者促使：①旅游者在同一次访问或联系其销售点时，选择不同的旅游服务并分别支付；或者②旅游者在从某经营者处确认购买第一种旅游服务后，在 24 小时内又特意从其他经营者处购买一种以上的旅游服务。另外，购买旅游服务中的前三项中的至少一种旅游服务和购买第四项中的一种或一种以上的旅游服务，若满足以下条件则不构成关联旅游安排：第四项中的旅游服务并不构成组合后的旅游服务产品价值的重要部分并且也没有在广告中得到如此宣传，也未成为旅游服务产品或度假产品的主要内容。另外，在对"关联旅游安排"作出界定后，应在《旅游法》或以司法解释的方式规定购买"关联旅游安排"产品的旅游者所享有的权利，例如合同信息权利和获得破产保护的权利。

对于旅游合同违约精神损害赔偿问题，中国对违约精神损害赔偿持谨慎态度，并未在《旅游法》和《合同法》（已失效）中明确支持旅游违约精神损害赔偿。《民法典》在违约精神损害赔偿上取得一定的突破，但第996 条仅适用于侵害受损害方人格权并造成严重精神损害后果的违约行为。在司法实践中，中国的法院普遍不允许旅游者依据合同违约提起精神损害赔偿请求。仅有极个别法院允许在旅游合同纠纷解决中适用精神损害赔偿，如郭某实、张某军与辽宁某国际旅行社有限公司旅游合同纠纷案①和焦某龙与鲁山县某旅行社旅游合同纠纷案②。值得注意的是，《旅游法》未明确排斥在旅游合同纠纷中适用精神损害赔偿。具体而言，《旅游法》第70 条第 1 款中的"损失"均未限定为财产损失。为保持现有立法的协调性与稳定性，可通过对现有法律规定予以扩张性解释来填补中国旅游合同精神损害赔偿的空白。具体而言，可将《旅游法》中的"损失"扩大解释为包括精神损失。但是，在承认旅游违约精神损害赔偿的同时，须明确其构成要件和适用规则，以防止无限制地承认旅游违约精神损害赔偿从而不利于旅游业健康、持续发展。③

---

① 辽宁省沈阳市中级人民法院（2014）沈中民一终字第 416 号民事判决书。
② 河南省平顶山市中级人民法院（2014）平民终字第 127 号民事判决书。
③ 谢登科：《论旅游合同纠纷中的精神损害赔偿——基于实证主义的阐释》，载杨富斌、苏号鹏、孟凡哲主编《旅游法论丛》（第 4 辑），中国法制出版社，2015，第 58 页。

本书建议将旅游违约精神损害赔偿责任的法律要件设定为：有违约行为；存在严重的精神损害；两者存在因果关系。同时，设立旅游合同精神损害赔偿范围的限制规则：①可预见性规则，要求旅行社仅在订立合同时预见或应当预见其违约行为将导致旅游者严重精神损害时才承担赔偿责任；②最低限度规则，要求将轻微精神损害排除在精神损害赔偿范围之外，仅对严重精神损害予以赔偿。在司法解释中明确规定，在以下情形，造成旅游者损失的，旅游者可以向旅行社主张精神损害赔偿：①因旅行社或旅游履行辅助人的原因，导致游客人身伤害的；②因旅行社办理出入境证件存在瑕疵导致旅游者入境或者被羁押、扣留、遣返的；③因旅行社或旅游履行辅助人的原因，导致旅游者具有人格象征意义的特定纪念品永久性灭失或毁损的；④旅行社违约行为导致合同目的难以实现的。[1]

---

[1] 谢登科：《论旅游合同纠纷中的精神损害赔偿——基于实证主义的阐释》，载杨富斌、苏号鹏、孟凡哲主编《旅游法论丛》（第4辑），中国法制出版社，2015，第58~60页。

结　论

新冠肺炎疫情在全球呈现不均衡性，有的国家进行了有效控制，而有的国家疫情仍在蔓延，绝大部分国家对跨境旅游持极为谨慎的态度。我国短期内也暂停开放跨境旅游。然而，从长期来看，新冠肺炎疫情的影响不会改变全球跨境旅游向好的势头。中国已跃居世界第一大旅游者输出国，在全球旅游消费总额中排名第一。然而，中国作为主要的旅游资源大国，入境旅游发展相较于出境旅游迟缓。但是，随着中国提高对跨境旅游业的重视和"一带一路"倡议的稳步推进，中国已逐渐走出入境旅游低谷，成为主要的旅游者输入国。然而，伴随着跨境旅游产业的蓬勃发展，跨境旅游纠纷频频发生，例如强迫购物、减少或遗漏旅游景点、变更行程、饮食和住宿服务质量不符合合同约定、航班延误或取消影响旅游行程等。然而，处于相对弱势地位的跨境旅游者的权益难以得到及时、有效的救济。这不仅不利于旅游休闲娱乐目的的实现，也不利于跨境旅游业的健康发展。

国家对旅游者的保护通过制定相关法律法规并由有权机关确保法律法规的执行来实现，主要包括两个层面。其一是规范跨境旅游市场中旅游经营者的行为，其二是及时有效地解决跨境旅游纠纷，即对旅游者进行有效救济。然而，第一个层面对旅游经营者的约束是被动的，其作用发挥的大小主要看其自觉程度。第二个层面对旅游经营者的利益产生最为直接的影响，即要求其对旅游者进行赔偿以敦促其修正自己的行为。同时，第二个层面有助于帮助旅游者尽可能恢复到权利受损前的状态，还有助于有权机关对旅游市场中的问题进行了解，从而更好地规范旅游市场。因此，如何妥善解决跨境旅游纠纷，切实维护旅游者的合法权益成为日益关注的焦点。

在当前旅游电子商务迅猛发展的背景下，跨境旅游形式复杂多样。在基于不同旅游形式产生的跨境旅游纠纷中，旅游者享受的法律保护程度也存在差异。如何正确区分不同的旅游形式是首要问题。但无论旅游形式为何，跨境旅游纠纷具有以下特点：涉及主体众多、涉及国家或地区多、法律关系相对简单、发生频率高、纠纷金额较小、解决时间上急迫以及旅游者处于相对弱势地位。跨境旅游纠纷发生后，旅游者均期望以最短的时间、最少的精力、最灵活的程序、最低的成本获得最适宜的解决结果。

跨境旅游产业的发展经历了古代跨境旅游、近代跨境旅游和现代跨境旅游三个阶段。随着旅游主体由权贵阶层扩展至普通大众，旅游相关立法从无到有和从简单到系统，跨境旅游纠纷解决方式也从以诉讼为主向以非诉讼纠纷解决方式为主发展。另外，西方国家的经验表明，以简易化作为司法改革的路径固然非常重要，但也存在明显的局限性。因此，优化司法资源不能仅仅依靠简化诉讼程序和提高效率，更重要的是，应从源头上加强对纠纷的预防和多元化处理，减少对司法诉讼的过度依赖和纠纷向法院的过度集中。跨境旅游纠纷解决方式的发展与世界各国的司法改革密切相关，即均从简化诉讼程序开始，最终汇入非诉讼纠纷解决的时代潮流。在跨境旅游纠纷解决方面，非诉讼纠纷解决机制克服了诉讼中的缺陷，凭借其专业性、灵活性、高效性、经济性和保密性的优势，逐渐成为主要的跨境旅游纠纷解决机制。为确保各种非诉讼纠纷解决方式，尤其是协商、调解和仲裁方式在解决跨境旅游纠纷方面扬长避短，加强它们之间的协同是十分必要和关键的。只有构建多层级、相衔接的非诉讼纠纷解决机制，才可真正确保跨境旅游纠纷得到及时、高效、灵活、经济的解决。其中，"以协商和调解为先且以仲裁为中心"的非诉讼纠纷解决机制为最佳模式。这种相衔接的机制有利于解决主体多且法律关系简单的跨境旅游纠纷，可有效解决小额频发的跨境旅游纠纷，倾向于保护跨境旅游者的合法权益，以及能有效解决涉及多个国家或地区的跨境旅游纠纷。

协商是跨境旅游纠纷发生后旅游者与旅游经营者往往最先采用的纠纷解决方式。协商也通常是其他纠纷解决方式启动的前提条件。跨境旅游纠纷的协商尊重当事人的意思自治，有助于及时维护旅游者的合法权益，还有助于和平解决旅游纠纷，修复旅游者与经营者之间的关系，增强旅游者的忠诚度，并且极大地降低维权成本以及有效地节约社会资源。跨境旅游纠纷协商的有效运行依赖旅游经营者完善的内部纠纷处理机制和旅游者对相关法律知识的知悉。但是，中国旅游经营者对旅游者投诉的不重视和旅游者法律意识的淡薄，使协商的成功率并不高，且容易引发旅游者的不理性行为。为此，本书建议督促旅游经营者遵守国家旅游行业标准——《旅游经营者处理投诉规范》；在《旅游法》和《消费者保护法》中明确旅游经营

者对旅游者的投诉负有受理义务，并设定回复时限；中国旅游行业协会在
入会条件中增加旅游经营者承诺认真、及时、高效地处理旅游者的投诉的
规定，并对不遵守该承诺的旅游经营者采取处罚措施；充分发挥旅游投诉
受理机构和消费者协会在提供法律建议、咨询和提高旅游者法律权利意识
方面的作用。

调解是协商的延伸，通过引入中立第三人、利用其法律知识和实践经
验来促成跨境旅游纠纷的解决。跨境旅游纠纷调解具有自愿性，有助于舒
缓旅游纠纷当事人间的紧张关系；具有开放性和灵活性，能够降低旅游者
维权的难度；具有灵活性、高效性和经济性，能够较好应对小额频发的跨
境旅游纠纷，节约司法资源；具有保密性，有助于旅游纠纷当事人坦诚沟
通，降低法律风险；具有在其他国家得到执行的可能性，有利于跨境旅游
者的合法权益切实得到保障和落实。英国旅行社协会、比利时旅游纠纷委
员会和我国台湾地区消费争议调解委员会的调解模式值得借鉴。调解在中
国的非诉讼旅游纠纷解决中发挥的作用最大，包括人民调解委员会、消费
者协会和旅游投诉受理机构的调解。然而，旅游行业协会在调解中存在严
重缺位。此外，现行法律中只有《人民调解法》对人民调解员和人民调解
程序作出规定，其对调解程序中的保密性、调解员的信息披露义务和调解
期限问题未作出明确规定。针对上述问题，本书建议发挥旅游行业协会的
旅游纠纷调解作用；扩大《人民调解法》的适用范围或参照《人民调解
法》制定适用于所有类型调解员和调解程序的法律法规；在《人民调解
法》中增加关于调解程序的保密性和调解员的披露义务的条文，并在第 21
条中设定调解程序的具体审理期限。

仲裁是在跨境旅游纠纷当事人合意基础上，把已经发生或将来可能发
生的旅游纠纷，委托法院之外的中立第三方裁决解决的方法或制度。仲裁
是一种准司法性质的纠纷解决方式，在解决跨境旅游纠纷方面具有专业
性、灵活性、保密性和终局性优势，且仲裁裁决可在国外得到执行。仲裁
在跨境旅游纠纷非诉讼解决机制中处于中心地位。各国对于旅游纠纷具有
仲裁性已达成一致意见，但对于旅游纠纷发生前签订的仲裁协议的法律效
力存在分歧。例如，大部分欧盟成员国否认旅游纠纷发生前签订的仲裁协
议的法律效力，而美国则肯定此种仲裁协议的法律效力。但是，这种分歧
也开始出现不断缩小的趋势，以平衡对旅游者和旅游经营者的保护。另
外，旅游经营者事先同意提交仲裁的机制为解决有效仲裁协议缺乏的问题

提供了良好解决路径。境外的旅行社协会、非营利机构和政府机构制定专门适用于解决小额频发的跨境旅游纠纷的仲裁规则，使仲裁在解决跨境旅游纠纷方面发挥重要作用。中国的商事仲裁机构虽然为旅游纠纷当事人提供仲裁服务，但是因程序高度制度化、缺乏有效仲裁协议和鲜有制定适用于消费纠纷的仲裁规则等而在解决跨境旅游纠纷中发挥的作用十分有限。因此，本书建议邻近景区的商事仲裁机构制定适用于小额旅游纠纷的仲裁规则；加强仲裁机构与旅游质量监督管理局或消费者协会或旅游行业协会的合作，设立小额旅游纠纷仲裁中心；鼓励旅游经营者签署事前同意提交仲裁的协议；在《仲裁法》或《消费者保护法》或《旅游法》中规定，在旅游纠纷发生前签订的仲裁协议对旅游者不具有法律约束力，除非旅游者知悉仲裁程序的法律约束力后明确表示同意。

投诉指旅游者以书面或口头形式请求旅游投诉受理机构对相关旅游纠纷进行处理并获得赔偿的一种非诉讼纠纷解决方式。旅游者的投诉多由旅游行政管理部门受理，或由其转交消费者委员会或旅游行业协会受理，并主要通过调解方式解决跨境旅游纠纷。旅游行政管理部门在解决跨境旅游纠纷上具有权威性、合法性和专业性，不仅有助于保护旅游者的合法权益，还有助于及时纠正和预防旅游市场中的不当行为。中国目前已建立以网络为依托的全国旅游投诉受理平台，将旅游者的投诉直接交由有管辖权的旅游投诉受理机构进行处理。该网络平台集法律咨询和纠纷解决功能为一体。在西方国家盛行的旅游纠纷申诉专员制度集协商、调解和裁决方式为一体，对处于弱势地位的旅游者给予倾斜性保护。

在促进跨境旅游纠纷非诉讼解决合作方面，本书建议借助全国旅游投诉受理平台与香港特别行政区、澳门特别行政区和台湾地区的消费者保护机构或旅游行业协会建立合作关系，协助互涉旅游纠纷的解决。此外，本书还建议依托中国与其他国家和地区所签署的近30项消费者保护领域合作协议以及中国与东南亚、南亚、中亚、东北亚、中东欧的区域合作机制框架，与上述国家和地区的消费者保护机构或其他有权机构建立合作关系，构建跨境旅游纠纷非诉讼解决合作机制。另外，本书建议在现有的消费者保护合作框架协议内，对跨境旅游纠纷非诉讼解决合作作出具体的规定，推动双方或多边国际条约或协定的签署。中国还应积极参与海牙国际私法会议和世界旅游组织关于旅游者保护条约的起草和完善工作，促进全球性跨境旅游纠纷非诉讼解决合作机制的构建，切实保护中国旅游者的合法权益。再者，中国已经具备改善世界旅游治理体系的担当和能力。因此，中国应切实增强国际话语权和规则制定权，彰显中国旅游国际竞争力，推动构建人类命运共同体。本书建议依托"一带一路"倡议建立"一带一路"跨境消费纠纷解决机构，解决包括跨境旅游纠纷在内的小额、频发、当事人人数众多的跨境消费纠纷。该机构依托中国现有司法、仲裁和调解机构，吸收、整合国内外法律服务资源，建立"以协商和调解为优先、以仲裁为中心、以司法为保障"的三位一体、有效衔接的多元化纠纷解决机制。

此外，跨境旅游纠纷非诉讼解决机制的有效运转需要完善的实体法予以支持。中国已形成以《旅游法》为核心的法律体系，但对于某些新兴的旅游形式未予以规定，尤其是定制旅游和关联旅游安排。这不利于跨境旅游纠纷非诉讼解决机构有效解决与上述旅游服务产品相关的旅游纠纷，还使购买此类旅游服务产品的旅游者难以受到法律保护。此外，对于旅游合同违约精神损害赔偿问题，中国的旅游相关立法一直持谨慎态度，而欧盟已在新的旅游指令中明确支持违约精神损害赔偿。针对上述问题，本书建议修订《旅游法》或以司法解释的方式对包价旅游作出扩大界定，并对关联旅游安排作出规定，以及对旅游经营者作出明确界定以厘清其所应承担的法律责任；对《旅游法》第70条第1款中的"损失"进行扩张性解释以对违约精神损害赔偿作出规定，并须明确其构成要件和适用规则，以防止其被滥用。

本书的主要贡献在于从消费纠纷角度探讨跨境旅游纠纷的解决；介绍和分析了国际社会关于跨境旅游纠纷解决机制最新的立法、法院判例以及典型范例；主张构建"以协商和调解为先且以仲裁为中心"的多层级、相衔接的跨境旅游纠纷非诉讼解决机制；构建区域性和全球性跨境旅游纠纷非诉讼解决合作机制；设立可解决跨境旅游纠纷的"一带一路"跨境消费纠纷解决机构，建立"以协商和调解为优先、以仲裁为中心、以司法为保障"的三位一体、有效衔接的多元化纠纷解决机制。

参考文献

（一）中文著作类

〔英〕艾伦·雷德芬、马丁·亨特等：《国际商事仲裁法律与实践》（第四版），林一飞、宋连斌译，北京大学出版社，2005。

〔德〕奥特马·尧厄尼希：《民事诉讼法》，周翠译，法律出版社，2003。

陈宏彩：《行政监察专员制度比较研究》，学林出版社，2009。

陈卫佐译注《德国民法典》，法律出版社，2004。

陈慰星：《民事纠纷的多元化解决机制研究》，知识产权出版社，2008。

范愉等：《多元化纠纷解决机制与和谐社会的构建》，经济科学出版社，2011。

范愉：《非诉讼程序（ADR）教程》（第三版），中国人民大学出版社，2016。

范愉、李浩：《纠纷解决——理论、制度与技能》，清华大学出版社，2010。

范愉主编《多元化纠纷解决机制》，厦门大学出版社，2005。

韩阳等：《旅游合同研究》，知识产权出版社，2007。

韩玉灵主编《旅游法教程》（第四版），高等教育出版社，2018。

韩玉灵、申海恩主编《中国旅游法评论》（第1辑），旅游教育出版社，2014。

何其生主编《国际私法入门笔记》，法律出版社，2019。

侯作前等：《旅游立法的理论与实践》，法律出版社，2014。

胡斌等：《旅游行政执法与投诉处理典型案例评析》，西泠印社出版社，2016。

黄恢月：《旅行社服务纠纷案例详解》，中国旅游出版社，2016。

黄进主编《国际商事争议解决机制研究》，武汉大学出版社，2010。

贾治华、伍锋主编《旅游学概论》，中国地质大学出版社，2011。

姜明安：《行政法与行政诉讼法》，北京大学出版社、高等教育出版社，2011。

李凤琴：《国际合同法律适用发展趋势研究——以意思自治原则为中心》，安徽师范大学出版社，2013。

李肇荣等主编《旅游学概论》，清华大学出版社，2006。

梁学成：《旅游服务供需关系的合作契约设计研究》，中国经济出版社，2012。

刘敢生：《WTO 与旅游服务贸易的法律问题》，广东旅游出版社，2000。

刘劲柳：《中外旅游纠纷百案评析》，中国旅游出版社，2008。

刘文会：《当前纠纷解决理论法哲学基础的反思与超越——在权利与功利之间》，中国政法大学出版社，2013。

罗明义、毛剑梅：《旅游服务贸易——理论·政策·实务》，云南大学出版社，2007。

〔美〕迈克尔·贝勒斯：《程序正义：向个人的分配》，邓海平译，高等教育出版社，2005。

孟凡哲、王惠静：《旅游法前沿问题研究》，中国法制出版社，2011。

彭芙蓉、冯学智：《反思与重构：人民调解制度研究》，中国政法大学出版社，2013。

〔日〕棚濑孝雄：《纠纷的解决与审判制度》，王亚新译，中国政法大学出版社，1994。

齐树洁：《民事司法改革研究》，厦门大学出版社，2006。

乔向杰：《旅游电子商务》，旅游教育出版社，2020。

全国人民代表大会常务委员会法制工作委员会民法室：《〈中华人民共和国合同法〉及其重要草稿介绍》，法律出版社，2000。

苏号鹏、孟凡哲主编《旅游法论丛》（第 4 辑），中国法制出版社，2015。

孙小荣：《中国旅游的变革力量》，新华出版社，2017。

唐志国主编《旅游概论》，中国旅游出版社，2020。

王家福：《中国民法学·民法债权》，法律出版社，1991。

王健：《中国旅游业发展中的法律问题》，广东旅游出版社，1999。

王琦等：《旅游纠纷解决机制研究》，法律出版社，2015。

王琦主编《非诉讼纠纷解决机制原理与实务》，法律出版社，2014。

闻银铃等：《涉外旅游法律问题研究》，上海财经大学出版社，2014。

夏雨：《跨国旅游服务纠纷解决机制研究》，中国社会科学出版社，2012。

肖建国、黄忠顺：《消费纠纷解决——理论与实务》，清华大学出版社，2012。

徐昕：《论私力救济》，中国政法大学出版社，2005。

杨富斌、侯作前主编《旅游法论丛》（第 3 辑），中国法制出版社，2013。

杨富斌主编《旅游法教程》（第二版），中国旅游出版社，2018。

杨富斌、苏号鹏主编《中华人民共和国旅游法释义》，中国法制出版社，
　　2013。

于颖：《远程消费者保护机制研究》，法律出版社，2013。

袁钢：《欧盟监察专员制度研究》，中国政法大学出版社，2013。

张运来：《互联网＋旅游》，人民邮电出版社，2020。

郑文科：《旅游合同研究》，首都经济贸易大学出版社，2014。

邹国勇：《外国国际私法立法选译》，武汉大学出版社，2017。

（二） 中文期刊

安晨曦：《论我国旅游投诉解决机制及其完善——以非诉讼纠纷解决方式
　　为视角》，《安徽农业大学学报》（社会科学版）2012年第4期。

安晨曦、王琦：《旅游纠纷非诉讼解决机制研究——以海南国际旅游岛为
　　例》，《旅游世界·旅游发展研究》2014年第2期。

毕玉谦、吐热尼萨·萨丁：《示范性诉讼：旅游消费者群体性纠纷救济的
　　制度更新》，《南京师大学报》（社会科学版）2019年第5期。

陈洪杰、齐树洁：《欧盟关于民商事调解的2008/52/EC指令述评》，《法学
　　评论》2009年第2期。

初北平：《"一带一路"多元争端解决中心构建的当下与未来》，《中国法
　　学》2017年第6期。

邓和军：《论我国旅游投诉机制的完善》，《齐齐哈尔大学学报》（哲学社
　　会科学版）2012年第5期。

范愉：《当代世界多元化纠纷解决机制的发展与启示》，《中国应用法学》
　　2017年第3期。

范愉：《诉讼社会与无讼社会的辨析和启示——纠纷解决机制中的国家与
　　社会》，《法学家》2013年第1期。

范愉：《委托调解比较研究——兼论先行调解》，《清华法学》2013年第
　　3期。

范愉：《行政调解问题刍议》，《广东社会科学》2008年第6期。

韩阳：《旅游纠纷中群体诉讼的交易成本分析》，《法学杂志》2007年第
　　6期。

何晶晶、耿振善：《打造国际商事法庭 司法保障"一带一路"建设——专
　　访最高人民法院民事审判第四庭副庭长高晓力》，《人民法治》2018
　　年第2期。

何其生：《大国司法理念与中国国际民事诉讼制度的发展》，《中国社会科
　　学》2017 年第 5 期。

蒋冬梅：《旅游法若干理论问题探析》，《广东社会科学》2015 年第 6 期。

李浩：《调解的比较优势与法院调解制度的改革》，《南京师大学报》（社
　　会科学版）2002 年第 4 期。

李颉：《论规制消费仲裁的必要性及规制路径》，《北京仲裁》2018 年第
　　4 期。

连俊雅：《中国旅游业非诉纠纷解决机制的完善》，《江西社会科学》2017
　　年第 1 期。

刘凯湘、吴才毓：《论旅行社转团的法律关系与责任承担——基于一个典
　　型案例的解释》，《法学杂志》2014 年第 4 期。

齐树洁、丁启明：《完善我国行政裁决制度的思考》，《河南财经政法大学
　　学报》2015 年第 6 期。

乔雄兵、连俊雅：《试论紧急情况下国际旅游消费者的法律保护》，《旅游学
　　刊》2015 年第 1 期。

时振平：《国际商事仲裁中的实体法律适用研究——以对比分析中外仲裁
　　法、仲裁规则、仲裁裁决为基础》，《北京仲裁》2016 年第 4 期。

孙思琪、胡正良：《邮轮旅游纠纷管辖：错位与复归》，《湖北社会科学》
　　2019 年第 5 期。

唐茂林：《论人民调解解决旅游纠纷的优势与制度创新》，《广西民族大学
　　学报》（哲学社会科学版）2013 年第 6 期。

田平安、刘春梅：《试论协同型民事诉讼模式的建立》，《现代法学》2003
　　年第 1 期，第 83 页。

王崇敏、齐虎：《试论旅游纠纷仲裁解决机制》，《海南大学学报》（人文
　　社会科学版）2010 年第 3 期。

王珺等：《欧洲议会和欧盟理事会 2008 年 5 月 21 日第 2008/52/EC 号关于
　　民商事调解某些方面的指令》，《北京仲裁》2009 年第 1 期。

王天星、孟凡哲：《奥运旅游与小额诉讼程序的设立》，《北京政法职业学
　　院学报》2006 年第 2 期。

王欣：《建立和完善海南国际旅游仲裁机制》，《今日海南》2010 第 3 期。

向在胜：《日本国际私法现代化的最新进展——从〈法例〉到〈法律适用
　　通则法〉》，《时代法学》2009 年第 1 期。

杨振宏：《旅游法上惩罚性赔偿的正当性分析——兼论旅游精神损害赔偿的可替代性》，《北方法学》2014 年第 1 期。

姚敏：《中国消费仲裁的问题与进路——基于美国消费仲裁的启示》，《河北法学》2019 年第 3 期，第 149 页。

叶勇：《设立旅游消费纠纷专门仲裁机构有关问题探讨》，《消费导刊》2008 年第 1 期。

岳金禄、周作斌：《论申诉专员的分野》，《西安财经学院学报》2017 年第 6 期。

赵林余：《我国旅游纠纷案件的特征》，《法学》1993 年第 2 期。

郑婧、赵江薇：《旅游纠纷调解 调出美丽三亚和谐底色》，《人民调解》2015 年第 2 期。

周平俊：《荷兰金融消费者纠纷解决机制研究》，《金融法苑》2011 年第 1 期。

周晓晨：《论旅游服务提供者在包价旅游合同中的法律地位及责任》，《旅游学刊》2013 年第 7 期。

邹国勇：《欧盟合同冲突法的新发展——〈罗马条例Ⅰ〉述评》，《广西社会科学》2012 年第 7 期，第 66 页。

（三）报刊类

丁宁、汝乃尔：《上海旅游巡回法庭诞生记》，《中国旅游报》2014 年 1 月 10 日，第 1 版。

丁宁：《上海成立旅游纠纷人民调解委员会》，《中国旅游报》2017 年 10 月 11 日，第 1 版。

范文文：《向第三人履行合同相关规定对旅游纠纷处理的影响》，《中国旅游报》2020 年 11 月 26 日，第 7 版。

范愉：《多元化纠纷解决机制的国际化发展趋势》，《人民法院报》2016 年 7 月 6 日，第 2 版。

范愉：《繁简分流：优化司法资源配置的新路径》，《人民法院报》2016 年 9 月 14 日，第 2 版。

范愉：《专家共议多元化纠纷解决机制》，《民主与法制时报》2011 年 5 月 30 日，第 B03 版。

傅向宇：《金融消费纠纷解决新机制初探》，《人民法院报》2018 年 2 月 28 日，第 7 版。

葛晓阳:《多地法院设立旅游巡回法庭 部门联动"朋友圈"解纷又快又好》,《法制日报》2016年8月11日,第3版。

谷玉琴、周莹盈:《旅游辅助服务者的界定标准》,《法制日报》2013年3月20日,第12版。

郭超等:《游烟台遇纠纷,景区就能仲裁》,《烟台日报》2016年8月2日,第3版。

胡拥军:《铁腕治旅 三亚旅游一路向好》,《三亚日报》2017年9月26日,第1版。

黄恢月:《对旅游俱乐部等旅游新主体的认识与监管(下)》,《中国旅游报》2016年1月27日,第C02版。

季张颖:《"律师调解+旅游纠纷调处"产生化学反应》,《上海法治报》2017年11月1日,第A03版。

解冰等:《港澳游和泰国游仍是投诉热点》,《深圳商报》2015年5月2日,第A1版。

李广:《公共交通导致旅游纠纷,旅行社怎样解决?》,《中国旅游报》2016年2月5日,第A3版。

李志刚:《加大力度 提升水平 拓展平台——全国旅游质监执法与监管工作培训班综述》,《中国旅游报》2017年9月11日,第3版。

刘倩:《桂林首个旅游巡回法庭挂牌成立》,《桂林日报》2016年6月16日,第1版。

刘艳辉:《创新机制 增强旅游投诉调解效力(上)》,《中国旅游报》2013年11月25日,第11版。

刘艳辉:《创新机制 增强旅游投诉调解效力(下)》,《中国旅游报》2013年12月2日,第11版。

龙飞:《新加坡ADR制度的发展及启示》,《人民法院报》2013年8月16日,第8版。

骆志宗:《处理旅游纠纷的四个"坚持"》,《中国旅游报》2012年3月26日,第11版。

毛晓飞:《商事和解协议有望得到跨国执行——访联合国贸法会秘书长An-naJoubin-Bret女士》,《法制日报》2018年5月21日,第06版。

曲倩影:《我市大力加强旅游企业诚信建设》,《南昌日报》2018年1月18日,第7版。

任叶、王丹:《烟台"旅游+仲裁"叠加效应显现》,《中国旅游报》2018年1月5日,第33版。

沈仲亮、李志刚:《"1+3"旅游管理体制改革如火如荼》,《中国旅游报》2016年9月12日,第1版。

沈仲亮、杨勇权:《市场综合监管的"宁波探索"》,《中国旅游报》2016年6月27日,第1版。

王洋:《旅游巡回法庭:司法为民 司法便民》,《中国旅游报》2016年3月2日,第2版。

严献文:《旅游巡回小法庭 做出和谐大文章》,《人民法院报》2016年7月21日,第4版。

杨富东、朱丹:《依法维权更加通畅有力》,《云南日报》2016年3月18日,第6版。

袁芳:《新旅游投诉办法约束力待加强》,《北京商报》2010年7月2日,第4版。

袁宇、徐慧玲:《黄金周,三亚请您放心游!》,《海南日报》2017年9月25日,第A11版。

张洋:《中国与127国互免签证》,《人民日报海外版》2017年2月7日,第1版。

赵昂:《当旅游投诉遇上智慧平台》,《工人日报》2017年11月5日,第3版。

郑彬:《保障游客权益,景区有了巡回法庭》,《经济日报》2017年4月29日,第4版。

周人果:《游客所遇的"坑",线上线下皆有》,《南方日报》2018年3月14日,第B04版。

(一) 外文著作

A. K. Bhatia, *The Business of Tourism*: *Concepts and Strategies* (Sterling Publishers, 2006).

Alexander J. Bělohlávek, *B2C Arbitration*: *Consumer Protection in Arbitration* (JurisNet, 2012).

Anne Graham, AndreasPapatheodorou & Peter Forsyth, *Aviation and Tourism Implications for Leisure Travel* (Ashgate, 2008).

Christopher Hodges et al., *Civil Justice Systems*: *Consumer ADR in Europe*

（Hart, 2012）.

Claudia Lima Marques & Dan Wei, *Consumer Law and Socioeconomic Development: National and International Dimensions* (Springer, 2017).

C. Michael Hall et al. , *Nordic Tourism: Issues and Cases* (Channel View Publications, 2009).

Devenney, J. & Kenny, M. , *The Transformation of European Private Law: Harmonisation, Consolidation, Codification or Chaos?* (Cambridge University Press, 2013).

G. Atkins et al. , *Global Reflections on International Law, Commerce and Dispute Resolution: Liber Amicorum in Honor of Robert Briner* (ICC Publishing, 2005).

G. Howells & S. Weatherill, *Consumer Protection Law* (Ashgate Publishing, 2005).

Iris Benöhr, *EU Consumer Law and Human Rights* (Oxford University Press, 2013).

John Jenkins & JohnPigram, *Encyclopedia of Leisure and Outdoor Recreation* (Routledge, 2004).

Josep M. BechSerrat, *Selling Tourism Services at a Distance: An Analysis of the EU Consumer Acquis* (Springer, 2012).

KaiPurnhagen & Peter Rott, *Varieties of European Economic Law and Regualtion: Liber Amicorum for Hans Micklitz* (Springer, 2014).

Karen Morris et al. , *Hotel, Restaurant, and Travel Law* (Cengage Learning, 2007).

Matthew Chapman et al. , *Saggerson on Travel Law and Litigation* (Wildy, Simmonds & Hill, 2017).

Michael Stürner et al. , *The Role of Consumer ADR in the Administration of Justice: New Trends in Access to Justice under EU Directive* 2013/11 (Sellier European Law Publishers, 2015).

PabloCortés, *Online Dispute Resolution for Consumers in the EU* (Routledge, 2010).

PabloCortés, *The New Regulatory Framework for Consumer Dispute Resolution* (Oxford University Press, 2017).

Robert M. Jarvis et al. , *Travel Law: Cases and Materials* (Carolina Academic Press, 1998).

ZahdYaqub & Becket Bedford, *European Travel Law* (Wiley, 1997).

(二) 外文期刊

AnnaMasutti, "A Class Action Against an Italian Tour Operator", Travel Law Quarterly 3 (2013).

Christopher Hodges, "Collective Redress in Europe: The New Model", Civil JusticeQuarterly 29 (3) (2010).

Christopher Hodges, "New EU Frameworks for Consumer Complaints: Time for an Air Ombudsman", Travel Law Quarterly 3 (2014).

D. Collins, "Compulsory Arbitration Agreements in Domestic and International Consumer Contracts", King's Law Journal 19 (2) (2008).

Douglas Crozier & Babak Barin, Travel, "International Arbitration and Appropriate Discretion", International Travel Law Journal 1 (1999).

IanKilbery, "Juridiction and Choice of Law Clauses in Internet Contracts-Part One-Package Holidays", International Travel Law Journal 4 (2002).

Jamie Macdonald, "Tour Operator Class Actions in Canada", Travel Law Quarterly 3 (2013).

Kaufmann Kohler, "Globalization of Arbitral Procedure", Vanderbilt Journal of Transnational Law 36 (2003).

Laine Fogh Knudsena & Signe Balina, "Alternative Dispute Resolution Systems Across the European Union, Iceland and Norway", Social and Behavioral Sciences 109 (2014).

LouiseLongdin, "Alternative Disputes Resolution in the International Travel Industry: the New Zealand Position", International Travel Law Journal 1 (1997).

M. Piers, "Consumer Arbitration in the EU: A Forced Marriage with Incompatible Expectations", Journal of International Dispute Settlement 2 (1) (2011).

Norbert Reich, "Party Autonomy and Consumer Arbitration in Conflict: A 'Trojan Horse' in the Access to Justice in the E. U. ADR-Directive 2013/11?" Penn State Journal of Law & International Affairs 4 (1) (2015).

PabloCortés & Fernando Esteban, "Building a Global Redress System for Low-Value Cross-Border Disputes", International Comparative Law Quarterly 62 (2) (2013).

RuthBamford, "Assistance Available in Resolving European Cross-border Consumer Queries", International Travel Law Journal 4 (2004).

Stephen Mason, "Report from the Front Line-It's All Change at Court", Travel Law Quarterly 1 (2009).

Stephen Mason, "Travel Abroad. Sue at Home?" International Travel Law Journal 1 (2000).

Thomas Dickerson, "The Marketing of Travel Services Over the Internet and the Impact Upon the Assertion of Personal Jurisdiction: 2004", International Travel Law Journal 1 (2004).

Thomas Dickerson, "Travel Abroad, Sue at Home 2012: Forum NonConveniens & the Enforcement of Forum Selection and Mandatory Arbitration Clauses", Pace Law Review 32 (2) (2012).

Thomas Dickerson, "Travel Abroad. Sue at Home", International Travel Law Journal 3 (1997).

Youseph Farah & Leonardo Oliveira, "Releasing the Potential for a Value-Based Consumer Arbitration under the Consumer ADR Directive", 24 (1) European Review of Private Law 117 (2016).

(三) 外国判例

Asturcom Telecomunicaciones SL v. Cristina Rodríguez Nogueira, Case C – 40/ 08, Judgment of October 2009.

AT&T Mobility LLC v. Concepcion, 563 U. S. 333 (2011).

C. Broekmeulen v. Huisarts Registratie Commissie, Case C – 246/80, Judgment of October 1981.

Content Services Ltd. v. Bundesarbeitskammer, Case C – 49/11, Judgment of July 2012.

Dell Computer Corp. v. Union desConsommateurs, [2007] 2 S. C. R. 801 (Can.).

Discover Bank v. Superior Court, 113 P. 3d 1100 (Cal. 2005).

Elisa María Mostaza Claro v. Centro Móvil Milenium SL, Case C – 168/05, Judgment of October 2006.

Green Tree Fin. Corp. v. Randolph, 531 U. S. 79 (2000).

GuyDenuit and Betty Cordenier v. Transorient-Mosaïque Voyages et Culture SA. , Case C – 125/04, Judgment of January 2005.

Livio Menini and Maria Antonia Rampanelli v. Banco Popolare Società Cooperativa, Case C – 75/16, Judgment of June 2017.

Nordsee Deutsche Hochseefischerei GmbH v. Reederei Mond Hochseefischerei Nordstern AG & Co. KG and Reederei Friedrich Busse Hochseefischerei Nordstern AG & Co. KG. , Case C – 102/81, Judgment of March 1982.

PeterPammer v. Reederei Karl Schlüter GmbH & Co. KG, Case C – 585/08 & C – 144/09, Judgment of December 2010.

Seidel v. TELUSCommc'ns Inc. , [2011] 1 S. C. R. 531 (Can.).

Southland Corp. v. Keating, 465 U. S. 1 (1984).

后　记

本书是在我的博士论文基础上修改完成的。本书的写作过程就像电影《东邪西毒》里的经典台词，"每个人都会经历这个阶段，看见一座山，就想知道山后面是什么。但可能翻过去到山后面，你会发觉没有什么特别，回头看会觉得这边更好"。尽管有些遗憾，但也无悔尝试。

近年来，中国持续占据世界第一大跨境旅游者来源国之位且人均消费也居世界首位。我在欧洲留学之际曾和几个好友到多个国家旅游。每到一处景点，我都不由感叹：中国游客真多，仿佛置身在中国的景区！例如，2017年端午节，我们参观梵蒂冈大教堂，放眼望去大部分都是中国游客。我还注意到，由于中国游客数量庞大且消费能力强，很多外国旅游景点设有专门供中国旅游团使用的通道。另外，很多购物商店都配有华人销售员或会讲中文的销售员，还接受支付宝或微信支付，甚至很多外国小商贩都会讲一两句地道的中文以吸引中国游客！但与此同时，中国游客进行跨境旅游活动时合法权益频频受到侵害且难以获得有效救济的事件屡见报端，甚至不时成为新闻头条。由于西方在语言、宗教信仰、生活习惯等方面与中国存在较大的差异，自由行对于大部分中国游客来讲存在较大的困难。例如，英语在意大利的使用率很低，若意大利火车出现晚点或故障情况，那么列车员通常仅用意大利语进行通知。因此，跟团旅游是中国游客的首选，且跟团旅游费用基本都在中国出境游客的可承受范围内。然而，即使是跟团旅游仍不可避免地发生旅游纠纷。例如，我在欧洲旅游的过程中，也多次上演"人在囧途"，包括在罗马的公交车上险被偷，在威尼斯吃饭和坐火车被骗钱，在米兰大教堂前险被强制消费，购买假冒伪劣产品，等等。另外，连中国游客信赖的组团社或地接社也常侵犯游客的合法权益，如强制购物、遗漏旅游景点、强迫参加自费项目，对游客娱乐休闲目的的实现产生重大的消极影响。在此背景下，我对跨境旅游纠纷解决机制产生了极大的兴趣。经过文献调查发现，国内学者关于跨境旅游纠纷解决的研究较少。然而，国内外均对跨境游客合法权益的保护问题十分重视，尤其是联合国世界旅游组织、海牙国际私法会议以及欧盟对跨境旅游纠纷正进行相关的公约或法律起草工作。在和我的导师黄进教授沟通后，他对我的选题予以肯定，极大地增强了我开展跨境旅游纠纷解决研究的信心。

欧盟近些年在消费者保护研究领域取得突破性进展。瑞士比较法研究所有一个专门的欧洲法资料库。幸运的是，我在读博期间获得国家公派留学资格，赴瑞士比较法研究所开展为期一年的访学。该研究所坐落在瑞士洛桑市西郊、莱蒙湖畔，毗邻洛桑联邦理工学院和洛桑大学。1986 年至1987 年，黄进老师就曾在该研究所从事学术研究。能在导师当年学习的地方待上一年何其幸运！该研究所收藏了最新和最全的关于欧盟消费者保护和消费纠纷解决的研究资料，为我开展研究提供了良好的外部条件。不过，在资料收集过程中，我发现学者们的研究侧重欧盟消费纠纷的非诉讼解决机制，涵盖所有消费纠纷类型，只是在某些具体章节对旅游纠纷有所提及，并未进行深入研究。参考资料的缺乏一度给我的研究带来了较大的挑战。另外，在论文大纲的设计上，究竟是将诉讼和非诉讼纠纷解决方式均纳入讨论，还是针对非诉讼纠纷解决方式撰写，也成为我面临的一大难题。我的论文提纲围绕这两种思路进行了多次修改，但是对每一种思路又都不满意。困苦之际，向同在瑞士比较法研究所进行访学的向在胜老师请教。在向老师的帮助下，我总算走出论文提纲反复修改的困局。在此特别感谢向老师的指导和帮助！此外，应邀在瑞士比较法研究所进行短期访学的肖永平老师、喻术红老师、孟勤国老师和黄莹老师均对我的博士论文的撰写提供了宝贵的建议，并在生活上给予我家人般的关照。特别感谢肖老师、喻老师、孟老师和黄老师！我在博士论文写作过程中还得到瑞士比较法研究所胜雅律教授的悉心帮助。胜教授是欧洲著名的中国法专家和汉学家。虽然胜教授研究的领域和我的相差甚远，但是他尽可能给我提供帮助。胜教授基本每周都会选择一天从苏黎世坐三个多小时的火车来研究所，与我们每个中国学者进行半个小时的交谈。在交谈期间，他总是随身带着他所收集的与旅游领域有关的资料与我分享，并询问我需要什么帮助，这让我在异国他乡倍感温暖。在此感谢胜教授！

结束在瑞士的访学后，台北大学终身荣誉教授陈荣传老师还为我提供了宝贵的赴台北大学短期访学的机会，使我能够进一步完善博士论文。特别感谢陈老师及其夫人许黎慧女士对我博士论文的指导和对我生活上的关心和照顾！也特别感谢和我一起赴台北大学交流的陈杰同学对我博士论文的建议和对我生活上的照顾！

特别感谢黄进老师、郭玉军老师、刘仁山老师、何其生老师、乔雄兵老师、杜志华老师、李智老师、甘勇老师和梁雯雯老师对我博士论文提出的宝贵修改意见！感谢国际法所的邓朝晖老师、朱磊老师、安营老师和孙嘉彤老师等！感谢邹国勇师兄、李庆明师兄、胡炜师兄、李何佳师兄、傅攀峰师兄、陈星儒、李建坤等众多师兄弟姐妹们的帮助！感谢2015级国际私法博士班的所有同学，大家的不言弃精神一直鼓励我前进，特别是王雅菡同学！虽然一路走来有些不易，但正是有了你们的关爱和帮助，我才能够坚持到现在！再次感谢！

最后，要特别感谢我的家人，感谢生我养我的父母，感谢我的姑姑和伯伯，感谢我的兄弟姐妹们！感谢我的先生唐山和我的宝贝女儿唐天羽！家人无私的爱和殷切的期盼是我不断前进的动力！

图书在版编目（CIP）数据

跨境旅游纠纷非诉讼解决机制研究 / 连俊雅著. --

北京：社会科学文献出版社，2022.1

（北理国际争端预防和解决研究丛书）

ISBN 978 - 7 - 5201 - 9540 - 9

Ⅰ.①跨… Ⅱ.①连… Ⅲ.①旅游业 - 经济纠纷 - 研

究 - 中国 Ⅳ.①D925.105

中国版本图书馆 CIP 数据核字（2021）第 274309 号

北理国际争端预防和解决研究丛书

跨境旅游纠纷非诉讼解决机制研究

著　　者 / 连俊雅

出 版 人 / 王利民

责任编辑 / 易　卉

责任印制 / 王京美

出　　版 / 社会科学文献出版社（010）59367161
　　　　　　地址：北京市北三环中路甲 29 号院华龙大厦　邮编：100029
　　　　　　网址：www.ssap.com.cn

发　　行 / 市场营销中心（010）59367081　59367083

印　　装 / 三河市龙林印务有限公司

规　　格 / 开本：787mm × 1092mm　1/16
　　　　　　印张：16.5　字数：278 千字

版　　次 / 2022 年 1 月第 1 版　2022 年 1 月第 1 次印刷

书　　号 / ISBN 978 - 7 - 5201 - 9540 - 9

定　　价 / 98.00 元